# 세계의 선거제도

배 행 식 저

홍 익 출 판 사

# 서 문

이성적으로 통치되고 있는 사회 - 자유를 제한함으로써 개인으로부터 빼앗는 것 보다는 오히려 권리의 확대에 의해 개인에게 되돌려 주는 것이 훨씬 많은 사회 - 에서는 각자의 이익은 사회적인 정직한 행위에 있으며 평화와 질서와 선의를 확보하기 위해서는 오직 명료한 통찰만이 필요한 것이다.

그러나 정치제도가 혼돈하고 부조리하며 도움을 주지 않고 다스리기만 하고, 명령만 한다면 이러한 국가에서 어떻게 각 개인에게 법을 지키고 전체의 복지를 위해 이기심을 제한하라고 설득할 수 있겠는가?

사상이 없는 곳에서 혼돈이 지배자가 되는 것은 당연한 일이며 군중은 무지 속에서 서둘러 결정하고는 한가하고 조용한 때에는 후회하기 마련이다. 이런고로 확실히 국가의 경영은 최대한의 이성을 요구 하는 일이며 최고의 인물들의 자유로운 사상을 필요로 하는 문제이다.

가장 현명한 사람들에 의해 영도되지 않는다면 어떻게 사회가 구제되고 강해질 수 있을 것인가?

인류의 역사가 증명하는 최선의 제도는 민주주의다.

특히 대의민주주의는 정당과 여론을 통해 국민의 의사를 의회로 수렴하며 설득과 토론 다수결의 원칙을 통해서 국가의사를 결정하는 원리를 말한다. 여기서 가장 중요한 대의 민주주의 완성단계가 대표자 선출을 위한 선거제도가 필수적인 전제조건이 된다.

이런 의미에서 선거제도는 그 나라의 정치 구조가 민주적인지 여부 및 정도에 있어서 결정적인 판단기준이 된다. 가장 이상적인 선거제도를 찾아 국민주권의 실현을 위한 헌법적 가치를 현실화 시키는 것이 이 저서의 궁극적 목적이다.

본서는 정치적 현실에 일희일비하며 평소 관심을 가지고 있었던 선거제도에 관한 비교법적인 연구로서 박사학위 논문을 책 형식으로 출판한 것이다.

논문의 내용적인 면에서 좀 더 다양한 국가의 선거제도를 함께 연구하지 못한 점 등 아쉬운 부분이 많지만, 직장생활을 병행하는 상황과 능력의 한계를 솔직히 고백하면서 향후 보완하고 추가로 연구할 수 있는 기회가 있을 것으로 기대한다.

이 논문은 많은 분들의 도움이 있었기에 완성될 수 있었다. 먼저 학부시절부터 은사님으로서 많은 가르침을 주시고 삶의 깨우침을 주신 박남규 총장님께서는 저의 꿈과 관심사를 보시고 논문의 주제를 세워주셨고, 김현태 총장님께서는 논문의 틀과 내용을 지도해주셨다. 두 분 총장님께서 베풀어 주신 은혜를 글로써 모두 표현할 수 없음에 죄송할 따름이다.

논문의 심사위원을 맡아 무한한 애정과 열정적인 가르침을 주신 강기정 학장님, 김명용 학생처장님의 은혜에도 머리 숙여 감사드리며, 학내·외의 바쁜 일정에도 불구하고 기꺼이 심사위원을 맡아주시고 연구실로 불러 직접 귀중한 자료를 주시며 논문내용의 완성도를 높여주신 동아대학교 정만희 부총장님께도 깊이 감사드린다. 그리고 원고정리와 교정 작업에 많은 도움을 준 창원지방검찰청의 박해영 박사에게도 진심으로 감사를 드린다.

고향 거제에서 구순을 넘기시고도 농사일을 마다하시지 않는 존경하는 어머니의 숭고한 모습은 사랑하는 6남매와 자손들에게 삶의 지표가 되고 있다. 사랑스럽고 현명한 아내, 예쁘고 반듯한 두 딸과 함께 출판의 기쁨을 나누고자 한다.

2012년 8월<br>고향 거제의 쪽빛 바다를 생각하면서

# · 목 차 ·

## 제1장 서 론



## 제2장 국민주권의 원리와 선거제도

## 제3장 주요 국가의 선거제도

## 제4장 한국 선거제도의 문제점과 개선방안

## 제5장 결 론

# 제1장 서 론

## 제1절 연구의 목적

민주주의가 무엇인지, 그 본질에 관한 많은 논의가 있었다. 한스 켈젠(Hans Kelsen)과 막스 아들러(Max Adler)의 '민주주의의 논쟁'도 그 중 하나일 것이다. 이 논쟁에서 한스 켈젠은 그의 저서 '민주주의의 본질과 가치'(Vom Wesen und Wert der Demokratie)를 통해 민주주의의 이념으로서 자유와 평등을, 민주주의 주체로서 국민, 민주주의적 정치의 특징인 타협을 가능케 하는 의회와 다수결의 원리, 선거제도를 강조하고 있다.[1] 모리스 뒤베르제(Maurice Duverger)는 그의 저서 '정치제도와 헌법'(Institutions politiques et droit constitutionnel)에서 민주주의는 세 개의 주요한 요소를 포함하는 것으로 보고 있다. 보통선거로서 선거에 의한 통치자의 선출, 넓은 권력을 가지고 있는 의회의 존재, 독립한 법관에 의한 헌법과 법률에 근거한 법규범의 위계질서가 그 것이다. 이 제도들은 같은 목적을 가지고 있다. 그것은 시민의 자유를 보호하기 위하여 정치권력이 지나치게 강력해지는 것을 막는다는 것이며, 선거를 통해

---

1) Hans Kelsen, Vom Wesen und Wert der Demokratie, 2. Aufl., 1929, SS. 97-113.

대표자를 선출하는 것은 시민에게 통치자를 지명케 하며, 임기가 만료되면 권력을 쥐지 못하도록 하는 것이다.[2]

위와 같이 근대 자유주의 이후 가장 중요한 정치제도 내지는 이념으로 간주되는 민주주의는 기원 전 6세기 말 경 그리스 아테네로부터 시작된 아주 오래된 제도이다. 이렇게 시작된 민주주의는 각 국가에서 시대와 정치·사회적 환경에 따라 다양한 형태로 발전되어 오고 있다. 가장 이상적인 민주주의는 미국 링컨(A. Lincoln)대통령이 게티스버그(Gettysburg) 연설에서 말한 국민이 그들의 문제를 스스로 결정하고(by the people), 그 결정이 국민의 의사에 일치하며(of the people), 국민을 위한(for the people) 체제일 것이다.[3] 그러나 이러한 유토피아적 정치체제는 고대의 작은 규모의 국가에서 실현이 가능한 것으로 이해되고 있으며, 지금과 같이 큰 규모의 국가 단위에서는 도입이 어렵다. 현대의 국가에서 이러한 정치체제의 시행은 물리적으로 불가능하기 때문이다. 이와 같은 이유로 모든 국민이 직접 정치에 참여할 수 없으므로 대의민주주의가 등장하게 된다.

대의민주주의는 정당과 여론을 통해 국민의 의사를 의회로 수렴하며, 설득과 토론, 다수결의 원칙을 통해 국가의사를 결정하는 원리를 말한다.[4] 선거는 대표자를 뽑고 국가의사를 결정하는 수단이면서 국민을 통합하는 기능을 한다. 국민이 뽑은 대표자를 통해서 의사결정이 이루어지므로 국민의 다양한 의사에 대한 '여과작용'(filter)[5]도 한다. 대의민주주

2) Maurice Duverger, Institutions politiques et droit constitutionnel, presses universitaires de france, 1978, 김병규 역, 정치제도와 헌법, 삼영사, 1979, 68-69면.

3) 성낙인, "민주주의적 원리와 선거", 한국헌법학의 현황과 과제: 금랑 김철수 교수 정년기념논문집, 박영사, 1998, 173면.

4) 성낙인, 앞의 논문, 187면.

5) 성문헌법과 근대민주주의가 등장하던 초창기에 있어서 국가의사결정에 대의기관의 '여과작용'(filter)은 대의민주주의의 큰 장점으로 여겨졌다. Ian Budge, The

의의 이와 같은 장점은 국민의 경험적 의사의 단점인 편견과 격정, 충동 등에 대한 완충과 중화의 기능을 한다. 대의민주주의에서는 자신을 대표할 수 있는 대표자를 선출하고 그를 통해 자신의 의사를 간접적으로 전달한다. 따라서 대의민주주의에서는 대표자 선출을 위한 선거제도가 필수전제요건이 된다. 이와 같이 선거를 통해 나타난 국민의 자유로운 동의와 선택을 통해서 권력의 형성과 교체를 가능하게 하고 정당성을 부여하는 것이 대의민주주의의 핵심이다.[6] 대의정치의 본질은 선거에서 선출된 대표자들이 국민을 대신해서 국가의 주요 정책을 결정하는 것이다. 만일 선거제도 자체가 옳지 못해 선거를 통해 공직에 진출하고자 하는 후보자간의 경쟁이 공정하게 이루어지지 않는다면 선거는 본래적 기능을 잃게 된다. 실제로 어떤 선거제도를 채택하느냐에 따라 선거결과는 상당히 다르게 나타날 수밖에 없고 그런 이유로 선거제도의 채택에는 정치적 고려가 개입될 수밖에 없다.

통치구조에 민주적 정당성을 부여하는 선거의 기능은 무조건적으로 실현되는 것은 아니고 선거제도의 구체적 내용이 국민주권의 원리를 구현하는데 어느 정도 적합한가에 있다. 선거제도를 대표제형식이라고 하는 이유가 여기에 있다. 이런 의미에서 선거제도는 그 나라의 정치구조가 민주적인지 여부 및 정도에 있어서 결정적인 판단 기준이 된다.[7] 유

---

New Challenge of Direct Democracy, Cambridge: Polity Press, 1996, p. 75.

6) 헌법재판소는 실질적 국민주권의 관점에서 선거제도를 평가하고 있다. 즉 실질적 국민주권을 실현하기 위해서는 "선거제도는 모든 국민이 평등하게 국민대표를 직접 선출하여 국정을 위임하는 보통선거제도이고, 그 반은 언론의 자유를 통한 여론정치로 민의를 국정에 반영하는 자유선거제도이다"라고 하면서 선거제도의 중요성과 그 성격을 강조하고 있다(헌재 1996. 3. 28. 96헌마9 · 77 · 84 · 90).

7) Hans Kelsen, General Theory of Law and State, trans. by Anders Wedberg, New York: Russel & Russel, 1961, p. 292.

권자의 의사와 지지를 정확하게 반영하고 득표율과 의석률이 완전히 일치하는 이상적 선거제도는 현실적으로 어렵다. 왜냐하면 대표제의 형식, 선거구의 불평등 등의 선거제도의 여러 변수에 따라 득표율과 의석율의 차이는 생길 수밖에 없기 때문이다. 지나치게 정치안정을 추구하거나 선거관리의 효율성을 강조하여 유권자의 의사와 선택을 왜곡시켜 특정 개인이나 집단에게 유리하거나 불리하게 하는 선거제도는 국민주권의 원리를 구현하는데 적합하다고 할 수 없다. 그리고 사회 여러 세력의 정치적 의사와 욕구를 제대로 반영할 수 없는 선거제도는 결코 대표의 공정성을 보장할 수 없고 오히려 정치적 안정과 효율성을 저해하는 요소가 될 것이다. 선거제도가 정치체제와 일체감을 형성하지 못하거나 국민의 정치참여의 기회를 불합리하게 차단할 경우 국민주권을 명시하고 있는 헌법적 가치실현은 불가능 할 것이다.

우리나라의 선거제도도 국민주권과 대의제민주주의의 구현방법으로 기능하여 왔으나 지금까지의 선거관련 법령의 제정과 개정과정을 보면 부족한 점이 많았던 것도 사실이다. 지금까지의 선거법은 과거 부정선거의 역사적 경험에 따라 공정선거의 달성을 최우선 목표로 하고 있다. 이는 선거운동의 기간, 주체, 방법 등 넓은 범위에서 많은 제한을 내용으로 하게 되고 선거관련 운동의 과도한 규제로 이어져 선거를 통한 대표자의 평가와 자유로운 선거운동을 통한 유권자의 선거에 대한 정보제공을 막는 역기능을 하고 있는 것도 사실이다. 지나친 선거운동의 규제는 언론이나 표현활동의 민주적 토론을 통한 선거인의 적극적인 선택을 방해하게 된다. 따라서 선거운동이 선거관리위원회의 관리 감독 하에 후보자 중심으로 행해지고 선거인은 단지 수동적 위치에 놓이게 되어 선거의 주체이어야 할 선거인의 적극적 참여를 억제하여 국민들로부터 관심을 받지 못하는 선거로 전락할 우려가 있다.[8)]

민주주의국가의 헌법상 기본원리에는 자유·평등·보통·직접·비밀선거가 기본원칙으로 명시되거나 강조되고 있다. 헌법적 차원에서 참정권의 실효성과 기능을 높이는 합리적인 선거제도의 모색은 국민적 공감대를 갖는 민주정치와 사회공동체의 통합을 촉진하기 위한 것이다. 여기에 바람직한 선거제도, 헌법의 기본원리인 국민주권의 실현에 부합하는 선거제도를 모색하는 이유가 있다. 본 연구에서 선거제도를 비교법적으로 접근하고자 하는 이유는 선거제도를 성공적으로 운영하고 있는 외국의 사례를 참고하여 현행 우리나라 선거제도의 문제점 도출과 개선방안 제시의 필요성이 요구되기 때문이다. 본 연구는 외국의 선거제도의 내용과 특징을 살펴보고 이를 통해 우리나라에 맞는 보다 바람직한 선거제도를 모색하여 국민주권원리의 실현과 한층 더 성숙한 민주주의 구현에 이바지함이 목적이다.

## 제2절 연구의 범위와 방법

### Ⅰ. 연구의 범위

본 연구가 민주주의의 꽃이라는 선거제도의 비교법적 접근을 목적으로 하고 있으므로 선거제도와 관련이 있는 민주주의, 즉 국민주권도 연구의 대상으로 하였다. 제2장에서는 국민주권의 원리와 선거제도 일반이론에 관한 연구를 하였다. 국민주권의 원리에서는 민주주의의 의의와 주

8) 정만희, “선거제도에 관한 헌법재판소의 판례의 평가”, 공법학연구 제7권 제1호, 한국비교공법학회, 2006, 151면.

권에 대한 일반이론 및 현대적 의미를 검토한 후 국민주권원리의 구현 방법으로서 직접민주주의, 대의제도, 그리고 선거제도를 살펴보고, 아울러 선거제도의 일반적 이론으로서 선거의 기본원칙과 선거제도의 유형에 대하여도 살펴보았다. 이 부분에 대해서는 이미 많은 선행연구가 있으며, 대부분의 연구는 이미 완성·정립되었다고 할 수 있다. 그러나 민주주의와 선거제도는 고대로부터 현대에 이르기까지 많은 국가와 시대를 거치면서 형성·발전되어온 경험의 산물이므로 민주주의와 선거제도의 발전과정을 역사적으로 접근함으로써 이에 대한 이해를 한 차원 높일 수 있을 것으로 생각한다.

제3장에서는 주요 국가의 선거제도를 비교법적으로 고찰하고자 하였다. 먼저 현대 민주주의, 즉 선거제도의 기원이 되는 영미법계의 미국과 영국, 대륙법계의 대표적 나라로서 정치적 안정을 기반으로 높은 경제적 성과와 사실상 EU를 이끌고 있는 독일, 우리나라와 지리적으로 가까울 뿐만 아니라 정치·경제·사회·문화적으로 많은 부분에서 공감대를 형성하고 있는 일본을 다루었다. 미국에서는 독창적인 산물로서 성공적인 정치제도로 평가받는 대통령제와 이를 뒷받침하는 선거제도, 그리고 연방제하에서 각 지방의 독특하고 다양한 선거제도를 살펴보고자 하였고, 영국에서는 의원내각제적 정치형태와 함께 선거제도가 어떻게 발달되어 왔는지 선거제도의 변천과정을 중심으로 의회의원선거와 지방선거에 대하여 살펴보고자 하였다. 독일에서는 법적·정치적 실질적 권한이 의회를 중심으로 하는 총리에게 있으므로 사실상 총리의 선출이 결정되는 연방의회의원 선거를 중심으로 대통령과 지방의원선거제도의 내용과 특징을 살펴보고자 하였고, 일본의 경우 의원내각제와 중의원을 중심으로 이루어지는 선거제도의 특징을 살펴보고자 하였다.

제4장에서는 한국 선거제도의 문제점과 개선방안을 선거제도 일반과

각 공직선거별로 나누어 고찰하였다. 선거제도 일반에 관련되는 문제는 공직선거법을 중심으로 선거운동의 규제에 관한 내용 중 개선이 필요한 부분을 중심으로 논하였다. 그리고 대통령선거, 국회의원선거, 지방선거에서 각 공직선거별 문제점을 살펴보고 개선방안을 제시하고자 하였다.

제5장 결론에서는 주요국가의 선거제도의 내용과 특징을 요약·정리한 후 한국 선거제도의 문제점과 이를 개선·보완할 수 있는 바람직한 선거제도를 제시하고자 하였다.

## Ⅱ. 연구의 방법

사회과학의 연구방법 내지 접근방법은 다양하다. 이러한 연구방법은 학자에 따라서도 다양하게 분류되기도 하나, 여기서는 크게 역사적 연구방법, 이론적 연구방법 그리고 실증적 연구방법의 셋으로 나누고자 한다. 선거제도의 비교법적 연구에도 이러한 사회과학의 일반적인 연구방법이 적용된다.

첫째, 역사적 연구방법이다. 이 연구방법은 특정제도나 정치형태의 변화와 발전과정을 역사적인 관점에서 비교·분석함에 유용하다. 특정 국가에서 특정 제도의 발전과정이라는 독특한 현상을 분석하는 데에 장점이 있으나, 그 결과를 일반화하기 어렵다는 단점이 있다. 개별국가의 독특한 현상에 관한 연구만으로는 큰 의미를 찾기 어려우므로 자연스럽게 외국과의 비교법적인 연구가 가미된다. 법학연구에서 특정 제도의 승계과정이 될 수 있으며, 개별 국가에서의 특정제도의 발전사 내지 변천과정의 흐름이 될 수 있다. 영국에서 민주주의와 선거제도의 발전과정과 이러한 민주주의 정치체제와 제도가 유럽의 다른 나라와 일본에서 어떠한 모습으로 발전해 가는가에 대한 연구가 여기에 해당된다.

둘째, 이론적 연구방법이다. 전통적 연구방법으로서 제도와 기구 및 학설을 분석하고 검토한다. 선거제도에 있어서 각 개별 규정들의 헌법 합치성 여부의 이론적 주장과 근거에 관한 연구나, 주요 국가별 선거제도의 비교법적 연구가 여기에 해당한다. 이 방법도 역사적 연구와 비교법적 연구와 관련이 많다. 연구의 대상은 제도 이외에 학설·판례가 주류를 이룬다. 이론적 연구방법은 연구방법의 특성상 실익이 없는 이론적 형식논쟁에 빠질 위험이 있다는 단점이 있다.

셋째, 사회학적 연구방법이다. 이것은 경험과학적 접근방법 또는 행태학적 접근방법이라 한다. 인간의 사회관계를 중시하는 사회학의 특성에 중점을 두어 인간과 사회구조, 그리고 이 둘 사이의 관계를 과학적으로 관찰한다. 이를 이론적으로 설명하고 경험적으로 이해하며, 주로 조사라는 연구방법을 사용한다. 본 연구와 관련해서는 선거제도에 관한 일반국민의 인식, 투표율 하락을 높이기 위한 강제투표, 전자투표의 도입에 대한 찬·반 여부, 그 구체적인 이유를 분석·연구하는데 유용한 연구방법이 될 수 있다.

본 연구는 위의 연구방법을 바탕으로 선거제도 일반론에 관해서는 역사적 및 이론적 연구방법을, 선거제도에 관한 주요 국가의 제도 고찰은 비교법적인 연구방법을, 한국 선거제도의 문제점과 개선방안 모색에 관해서는 이론적 연구방법, 비교법적 연구방법, 사회학적 연구방법을 가미한 종합적 연구방법을 사용하고자 한다.

# 제2장 국민주권의 원리와 선거제도

## 제1절 국민주권의 원리

### Ⅰ. 민주주의와 주권이론

#### 1. 민주주의

민주주의라는 개념은 이를 사용하는 사람마다 다른 의미를 지닐 정도로 다양하며, 자유민주주의, 사회민주주의, 인민민주주의, 투쟁적민주주의, 의회민주주의, 국민투표적민주주의, 급진민주주의, 경제민주주의, 경영민주주의 등 많은 수식어가 첨가되어 영역이 확장되거나 축소된다.[1] 위에서 열거한 다양성을 포함할 수 있는 민주주의의 개념을 정의해보면, 민주주의는 사회(Gesellschaft)가 국가(Staat)로 조직되고 통일되는데 필요한 국가의 구조적원리(Strukturprinzip)로서, 국민의 정치참여에 의해서 자유, 평등, 정의를 실현시키고 국민으로 하여금 자신의 일에 대해 스스로 결정하게 하는 국민에 의한 통치(Volksherrschaft)를 뜻하는 국가의

---

1) Klaus Stern, Das Staatsrecht der Bundesrepublik Deutschland, Bd. Ⅰ. 2. Auflage, München: C. H. Beck, 1984, S. 588ff.

통치형태이다.[2)]

위와 같이 정의되는 민주주의에서 가장 중요한 요소는 국민 스스로 통치하고 자신의 일을 결정하는 것이다. 국민과 대립된 국민에 대해서 어떤 고유한 권위를 가지고 있는 다른 사람이 결정하는 것이 아니라, 국민이 결정하는 것이다.[3)] 그러므로 이상적 민주주의는 지배자와 피지배자가 일치하는 사실을 본질적 요소로 직접 민주주의를 의미하게 된다. 쿠르트 아이헨베르거(Kurt Eichenberger)는 동일성민주주의 관점에서 민주주의 개념규정을 '민주주의에 대한 이러한 개념규정은 스위스에서도 보편화된 민주주의의 표준이 되는 것이다'고 하였다.[4)]

민주주의의 개념에 관한 위와 같은 이론적 논의를 넘어 직접민주주의가 민주주의의 본래적 형태라는 것에 대한 정당성을 부여해주는 몇 가지 사례가 있다.[5)]

첫째, 직접민주주의는 기원전 4-5세기경 이른바 민주주의의 고전시대에 해당하는 아테네 민주주의의 특성이 전수된 것이다. 이 전통에 따르면, 아테네에서 일어나는 모든 중요한 문제에 대한 결정은 일정한 자격을 갖춘 시민이 모인 국민의회에서 이루어졌으며, 이러한 직접민주주의로 인해 통치권도 국민의회에 있었다.

둘째, 근대 민주주의의 아버지의 한 사람으로 일컬어지는 루소의 명제인 주권의 불가양성에서 민주주의의 정당성을 찾는 것이다. 주권은 절대적으로 국민에게 있다는 것이다. 루소는 국민의 주권은 타인에게로의 불

2) 정종섭, "대의제에 관한 비판적 연구", 박사학위논문, 연세대 대학원, 1989, 16-17면.
3) Ernst Wolfgang Böckenförde, Verfassung · Staat · Freiheit, Frankfurt: Suhrkamp, 1991, 김효전 역, 헌법 · 국가 · 자유, 법문사, 1992, 262면.
4) Kurt Eichenberger, Der Staat der Gegenwart, Frankfurt: Basel, 1980, S. 96.
5) 김효전 역, 앞의 책, 262-263면.

가양도의 것이며, 타인에 의해 대표될 수 없다고 한다.6)

셋째, 프랑스에서는 보불전쟁 패배이후 제2제정이 붕괴되고 그 후 계속된 혼란 속에서 굴욕적 강화조약에 반대하는 파리의 민중들이 1871년 '국민위병 중앙위원회'를 조직하여 창립한 파리 코뮌(Commune de Paris)이 대표적 사례다. 칼 마르크스(Karl Marx)는 그의 저서 '프랑스 계속투쟁'에서 직접민주주의적인 자기지배가 실현된 예로서 이것을 서술하고 있다. 마르크스에게 있어서 코뮌은 국가체제 자체는 유지하면서 기존의 국가권력만을 전복하는 과정으로서가 아닌, 지배계급을 타파하고 국민의 직접적인 자치를 구축하기 위한 국가 자체에 대한 혁명이라고 표현하였다.7)

위의 사례들은 민주주의의 이념에 가장 이상적인 직접민주주의의 중요성을 잘 설명해 주고 있다. 민주주의의 본질은 국민을 대표하는 대표기관을 구성하는데 두지 않고, 국민이 직접 자신이 통치하는데 두고 있다. 이러한 민주주의 개념 때문에 간접적인 대표제 민주주의는 실제적·기술적인 여건 하에서만 그 정당성이 인정될 뿐이다. 현대의 국가에서는 포괄해야할 광역화된 공간과 많은 인구 때문에 간접 민주주의가 불가피하다. 그러나 그것은 민주주의의 이념에 비추어 볼 때 차선의 방법이며, 본래적 의미의 민주주의는 아니다.

민주주의에 대한 이러한 사상은 대의민주주의에서 계속되고 있다. 민주주의의 조직형태를 보면, 여기에 유입된 직접민주주의의 요소들은 중요한 기능을 하고 있으며 '다수의 민주주의'(Mehr an Demokratie)를 나타낸다. 대의민주주의에서 대표제와 간접성의 요소들은 완전히 제거할

---

6) Jean Jacques Rousseau, The Social Contract, 1762, 신윤곤 역, 사회계약론, 배재서관, 1997, 57-58면.

7) Karl Marx, Erster Entwurf zum "Bürgerkrieg in Frankreich"=Karl Marx/Friedrich Engels, Werke, (Karl)Dietz Verlag, Berlin, Band 17, 5. Auflage, 1973, unveränderter Nachdruck der 1. Auflage, 1962, Berlin/DDR., S. 541f.

수 없다 하더라도 되도록 억제하고 최소화하는 것이어야 한다.[8] 이러한 민주주의 개념은 오늘날 우리들이 추구하는 이상적 민주주의의 토대를 형성한다. 실질적 의미에 있어서 민주주의는 아래로부터의 참여, 개개인에 관계된 모든 결정에 개인모두가 참여하는 것을 의미한다. 여기에서 지배권의 정당성에 대한 문제의 해답이 나온다. 더욱이 그것이 자기극복이라는 의미에서 결과적으로는 지배의 지양이라는 의미로 나타난다. 이것은 모든 시민이 토론을 통하여 결정과정에 참여하는 것이며,[9] 그럼으로써 지배의 성격은 상실되는 것이다.

## 2. 주권이론

### (1) 의의

주권이 국민에게 있다는 국민주권의 원리는 현재는 당연하게 이해되고 있지만 처음부터 그러한 의미를 가졌던 것은 아니다. 주권이론은 본래 교황과 황제의 권위에 기초한 중세봉건질서가 무너지고 각 국왕이 그 권위를 대체하면서 절대군주제를 옹호하는 이데올로기로 제시되었다. 따라서 주권은 대외적으로는 자주·독립성을, 대내적으로는 최고성을 특징으로 하는 권리로 이해되었다. 하지만 이러한 주권론도 단지 군주주권을 대변하는 정치적 이데올로기에 지나지 않는다. 그 후 주권론은 군주주권론과 국민주권론으로 대립하게 되었고, 이 두 가지 주권이론은 서로 투쟁하는 이데올로기로 위치하게 된다.

---

8) 김효전 역, 앞의 책, 264면.

9) Walter Euchner, Demokratietheoretische Aspekte der politischen Ideengeschichte, in: G. Kreß/P. Senghaas (Hg.), Politikwissenschaft, Frankfurt, 1971, S. 45.

## (2) 주권이론

### 1) 군주주권론

군주주권론을 보댕(J. Bodin)과 홉스(Th. Hobbes)에 의해 강력하게 주장되었다.[10] 근대의 주권개념을 최초로 제안했다고 평가받는 보댕은 왕권신수설에 따라 군주의 권력과 권위는 신으로부터 부여받은 절대적으로 항구적인 최고의 권력이라고 주장한다. 주권자인 군주는 절대 권력을 가지며 국민의 동의 없이도 법률을 제정, 공포할 권한을 갖게 된다. 그러나 보댕은 주권자인 군주도 신법과 자연법, 그리고 모든 민족에 공통으로 적용되는 몇 가지 실정법에는 복종해야 하며, 스스로 체결한 계약을 지켜야 한다고 주장함으로써 주권에 대한 최소한의 한계를 인정하였다.[11]

한편, 홉스는 인간을 이기적인 존재로 이해하였다. 그에 따르면 만인의 만인에 대한 투쟁적인 상태를 극복하고자 하는 이기적인 관심을 충족하기 위해 시민은 계약을 맺고 권력을 주권자에게 양도한다. 사회계약에 따라 효과적으로 공동체의 평화를 유지해야 하는 주권자는 리바이던(Leviathan)이라 불리는 절대적인 권력이 될 수밖에 없다. 주권자의 권력행사가 자연법에 구속될 수도 있지만 그것은 법적 의무를 준수하기 위한 것이 아니라 주권자에게 유리하기 때문에 일종의 도덕적 의무를 준수하는 것에 지나지 않는 것으로 보았다.[12] 보댕은 주권이 신법과 자연법에 의해 제한된다고 이해한 반면, 홉스는 그러한 주권의 한계를 인정하지 않았다는 점에서 차이가 있다.

10) 김철수, 헌법학개론, 박영사, 2007, 182면.
11) 장영수, 헌법학, 홍문사, 2007, 148-149면.
12) 장영수, 앞의 책, 149면.

### 2) 국민주권론

국민주권론의 기원은 고대 그리스의 아리스토텔레스와 중세의 토마스 아퀴나스에 의해 주장되었다. 그 후 근대에 들어 그로티우스(H. Grotius), 푸펜도르프(S. Pufendorf), 알투지우스(J. Althusius)에 의해 사회계약론과 결합되어 주장되기도 하였다.

또한 국민주권론은 로크(J. Locke), 몽테스키외(Ch. Montesquieu) 등에 의해 권력분립론과 결합되어 주장되었다. 홉스와는 달리 인간본성의 특징을 이성과 관용으로 이해한 로크에 따르면 자연 상태에서 인간은 평등하고 독립적인 존재이며, 생명·건강·자유·재산에 관한 자연권을 가진다. 그리고 국가권력은 사회계약을 통해 피치자의 동의를 얻을 수 있고, 피치자의 생명·건강·자유·재산에 관한 자연권을 보호할 수 있는 경우에만 정당한 것으로 이해하였다. 같은 맥락에서 로크는 국가권력에 대한 견제와 균형(checks and balances)을 강조하였다. 한편 몽테스키외에 따르면 권력은 주권과 행정권이라는 두 가지 유형으로 존재하며, 그리고 행정권은 입법권, 집행권, 사법권으로 구분된다.

국민주권론의 정점은 루소(J. J. Rousseau)이다. 그에 따르면 주권은 절대적이고 신성불가침한 것이지만, 일반계약의 한계를 넘지 않으며 넘을 수도 없다고 한다.[13] 시민위에 존재하는 하나의 우월적 존재로서의 nation을 부정한다. 그에 따라 선거는 반드시 보통선거여야 하며, 다른 사람들과 peuple을 형성하는 각 개인은 주권의 일부분을 갖게 된다. 주권은 전체의사의 행사이므로 결코 양도되어질 수 없으며, 주권은 집합적 존재이므로 그 자체에 의해서만 대표될 수 있으며, 권력은 이양될 수 있다 하더라도 의사는 결코 그럴 수 없다고 하였다. 그리고 주권을 양도할

13) 신윤곤 역, 앞의 책, 68.

수 없는 것과 같이 분할될 수 없다. 왜냐하면 의사는 전체적이거나, 그렇지 않거나 둘 중 하나이기 때문이다. 전자의 경우에 공표된 의사는 주권행위이며 법률이 된다. 후자의 것은 하나의 특수의사의 공표일 뿐이거나 행정기관의 행위이며, 그것은 하나의 명령에 불과할 뿐이다. 그리고 주권의 위임은 사실상 주권의 대표자에 의해 박탈되는 것을 의미하며, 주권의 분할은 주권을 무력하게 만들기 때문이다.[14]

peuple주권의 원리에 따를 경우 대표자는 모든 방식을 통해서 peuple에 의해 통제되어야 한다. 모든 peuple이 한 자리에 모이기 불가능할 경우 직접민주주의의 방식으로서의 국민투표를 할 수 있으며, 주권자와 대표자의 관계는 기속적으로 명령한 바에 따라 당선자에게 부여된 규율에 의거하여 형성된 위임, 즉 기속위임의 원리를 취하게 된다.[15] 국민투표나 peuple에 의해 결정된 일반의지는 가장 이상적인 상태에서 국민전체가 만장일치로 결정한 공통된 의사로서 모든 국민은 일반의지에 복종해야 한다.[16]

### 3) 의회주권론, 국가주권론, 법주권론

국민주권론 외에 의회주권론이나 국가주권론 또는 법주권론이 주장되기도 한다. 의회주권론은 영국에서 국왕에 대항하기 위해 의회의 권력을 강화시켰던 정치현실을 반영하여 주장되었다. 의회주권론은 의회의 정당성에 기초한 의회제정법의 우위 사상과 함께 주장된다.

국가주권론 또는 법주권론은 독일을 중심으로 하는 대륙계법에서 발전되었다. 국가법인설에 기초하여 군주와 시민의 권력투쟁에 있어서 평

---

14) 신윤곤 역, 앞의 책, 57-59면.
15) 성낙인, 앞의 논문, 180-181면.
16) 한태연, 헌법과 국민, 고시연구사, 1995, 74-76면.

화적 공존을 위한 타협과 같은 입헌군주제의 헌법적 상황에 대응하는 헌법이론을 의미했다. 국가의 주권이 문제될 때, 그것은 군주에게도 또한 그렇다고 해서 시민에게도 귀속되지 않는 중립적인 제3자로서의 국가에 귀속된다는 국가주권설을 주장함으로써, 주권을 둘러싼 권력투쟁에 있어서의 중재적 의미를 가진다. 군주주권론, 의회주권론, 국민주권론에 대한 타협으로 이해된다.[17]

### (3) 국민주권론의 현대적 의미

민주주의국가에서 '국민주권론'은 규범적의미의 보편적 원리로서 인정되고 있다. 그러나 현대사회에서 법과 국가의 정당성을 인정하는 입장에서는 국민주권론의 의미는 변화되어야 한다고 주장한다. 국민주권론의 개념 안에는 국가공동체의 의사결정과 국가권력의 정당성을 부여하는 절차의 참여자가 모든 국민이라는 절차적 의미만 남기 때문에 사실상 그 실체적 내용은 사라지기 때문이다. 따라서 국민주권론은 더 이상 국민이라는 실체가 주권이라는 실체를 소유하고, 그것을 현실적으로 행사한다는 것을 의미하지 않게 된다.

물론 국민은 국민투표권, 선거권, 정치적 표현의 자유와 같은 정치적 기본권을 소유하고 행사함으로써 하나의 통일된 전체로서 주권을 소유하고 행사하는 것처럼 보일 수도 있다. 하지만 이러한 정치적 기본권은 개인의 권리를 의미하는 인권의 관점에서 이해되어야 한다. 즉 정치적 기본권은 개인의 사적 자율성을 강화하기 위하여 보장되어야 하는 개인의 공적 자율성에 관한 권리로 볼 수 있다. 이런 의미에서 정치적 기본권도 인권에 속한다. 단지 개념적 명확성을 위하여 공적 자율성에 관한

---

17) 한태연, 앞의 책, 69면.

권리를 '주권'으로 표현하여 사적 자율성에 관한 권리인 '인권'과 구분하는 것도 가능하다. 그렇다고 해서 본질적으로 개인의 인권으로서 정치적 기본권을 의미하는 주권이 하나의 통일된 전체인 국민이 가지는 권리를 의미하는 주권이 될 수는 없다. 이런 의미에서 국민주권에서 말하는 국민은 '이념적 통일체' 또는 '관념적 크기'로서 실제로 주권을 행사하는 주체가 아니라는 주장이 타당성을 가질 수 있다.

그러나 국민주권론이 더 이상 아무런 실질적 의미도 갖지 못하는 것은 아니다. 근대민주주의의 발전과정에 있어서 국민주권이 민주주의와 동일시되고 또 국민주권이 관철·보편화되는 과정이 민주주의의 실현과정과 동일시 될 수 있었던 것은 양자가 동일한 이념을 추구하기 때문이다. 국민주권 이론은 인간의 이성에 기초하는 모든 개인의 인격적 평등을 전제로 하며, 개인 자율성의 최대한 보장에 그 정당성의 근거를 둔다.[18] 그러므로 국민주권의 중요한 의미는 국민이 국가의사를 결정하고 그것이 국가권력에 대한 정당성 부여의 근거가 되며 그리고 국가질서가 지향해야 할 방향을 제시함에 있다.

### (4) 국민주권의 실현방안

국민이 직접 국가의사를 결정하거나, 국가권력을 담당하는 대표자에게 지시하고 명령하는 직접민주주의가 국민주권론을 가장 이상적인 형태로 구현하는 제도일 것이다. 이러한 직접민주주의 대한 요구는 예를 들어 '치자와 피치자의 일치에 기초한 동일성 민주주의', '정당에 대한 기속위임에 기초한 정당국가적 민주주의', 또는 '선거인에 대한 기속위임에 기초한 평의회 민주주의' 등으로 표현되기도 한다.

---

18) 장영수, 앞의 책, 154면.

그러나 법과 국가의 정당성을 인정하고 이에 바탕을 두고 있는 간접민주주의도 필수적이다. 국가라는 조직에서 공동체의 의사결정을 끌어내고 그것을 실현하기 위해서 즉, 그러한 결정과 실현을 조직적으로 가능하게 하기 위해서는 법의 형식이 필요하다. 역으로 이러한 법의 제정과 집행, 적용을 위해서는 국가, 즉 국가권력과 국가기관이 필요하다. 한편 국가기관이 국민전체의 이익을 위해 책임 있게 국가권력을 행사할 수 있게 하기 위해서는 국민의 지시나 명령으로부터 자유로운 활동도 보장되어야 한다. 따라서 국민이 직접 국가라는 공동체의 의사결정을 내리고 집행하는 것이 아니라 국가권력과 국가기관이 국가공동체의 의사결정을 내리고 집행하며, 적용하는 간접민주주의로 국민주권론은 구체화될 수밖에 없다.

간접민주주의의 현실적 필요성을 인정하더라도 직접민주주의 요소도 여전히 필요하다. 여기서 중요한 것은 간접민주주의와 직접민주주의의 관계가 원칙과 예외의 관계에 있지 않는다는 점이다. 간접민주주의든 직접민주주의든 모두 다 국민주권주의를 구체화하는 제도로서 서로의 단점을 보완하는 관계로 이해되어야 하기 때문이다. 다만 법과 국가의 필요성과 현실적인 이유로 간접민주주의의 잠정적 우월성이 정당화될 뿐이다. 따라서 간접민주주의와 마찬가지로 국민주권론을 구체화하는 직접민주주의도 동일한 가치로 고려되어야 한다.

## Ⅱ. 국민주권 원리의 구현방법

### 1. 직접민주주의

#### (1) 의의

18세기 이후 근대국가에서 민주주의의 본질이 문제될 때 그 개념은 루소의 직접민주주의의 영향에 따라서, '치자와 피치자의 자동성'의 정치체제로 규정되었다.[19] 루소에 있어서의 이러한 치자와 피치자의 자동성 민주주의 개념은 논리 필연적으로 직접민주주의 그 자체를 의미하게 된다. 왜냐하면 루소에게 있어서 주권은 불가양인 까닭에 주권은 대표할 수 없으며, 그 행사는 인민 스스로가 해야 하기 때문이다.[20] 이러한 의미에서 직접민주주의란 국민이 직접 권력을 행사할 수 있는 제도를 말한다.

직접민주주의원리는 현실적으로 작은 규모의 집단에서 적용이 가능하다. 이러한 이유로 직접민주주의는 하나의 국가에서는 지방자치단체를 중심으로 활성화되어 있고, 연방국가에서는 인구나 면적이 넓지 않은 규모가 작은 주나 카운티에서 활성화되고 있다. 그러나 완전한 직접민주주의의 시행은 다음과 같은 이유로 현실적으로 어렵다. 첫째, 오늘날 영토의 광역성과 인구의 거대성을 보통으로 하고 있는 국가에 있어서 이러한 의미의 직접민주주의의 실시는 사회·기술적으로 불가능하다. 둘째, 국가의 기능을 입법과 행정, 사법으로 구별할 때 시민의 직접적 참여가 가능한 국가적 기능은 대체로 입법부분으로 제한되므로, 기술성, 신속성

19) Carl Schmitt, Verfassungslehre, 5. Auflage, Berlin: Duncker und Humbolt, 1970, S. 234.
20) 한태연, 앞의 책, 113-114면.

을 요하는 행정은 직접민주주의의 대상이 될 수 없다. 그리고 사법에 있어서 국민참여재판 등이 도입되고 있으나 재판에 시민의 직접적 참여는 사법의 본질적 요소인 독립성과 양립되지 않으므로 참여에 한계가 있을 수밖에 없다.[21)]

따라서 현대 민주주의 국가의 운영에 국민이 직접적으로 참여 할 수 있는 직접민주주의 방법은 국민투표(referendum), 국민발안(initiative), 국민소환(recall) 등으로 제한된다.

### (2) 직접민주주의의 유형

#### 1) 국민투표

국민투표는 광의로는 국민투표(referendum), 신임투표(plebiscite), 국민발안(initiative), 국민거부(veto), 국민소환(recall) 등을 포함하나 협의의 국민투표는 국민표결만을 의미한다.[22)]

#### 가. 국민투표의 개념

국민투표(referendum)란 헌법의 제정이나 개정, 법률의 제정이나, 개정 등 중요한 법안이나 국가의 중요정책을 국민투표로써 결정하게 하는 방식이다. 즉 어떤 경우 의회의 의결을 거쳤으나 그 효력을 발생시키지 않는 국가의사를 국민투표에 부쳐 국민의 찬반 형식으로 결정하는 방식이다. 그리고 이 국민투표를 협의의 국민투표 또는 고유의 의미에서의 국민투표라 하기도 한다.[23)]

---

21) 한태연, 앞의 책, 116-117면.

22) 박남규, “국민투표의 헌법적 기능과 그 전개에 관한연구”, 박사학위논문, 동아대 대학원, 1983, 20면.

23) Carl Schmitt, a. a. O., S. 260.

이 referendum은 그 대상에 따라 헌법referendum, 법률referendum, 특수적referendum, 재정적referendum 등으로 나누어지고, 다시 그 실시의 임의성 유무에 따라 강제적referendum과 임의적referendum으로 나누어진다. 구체적인 적용형식은 각 나라의 사정에 따라 다양하며, 그리고 plebiscite도 적용에 있어 referendum과 혼용되고 있다.[24]

### 나. 국민투표의 종류

(가) 헌법referendum

루소의 인민주권에 따른 근대적 의미의 국민투표는 헌법referendum으로부터 유래하는데, 일반적으로 헌법제정 국민투표와 헌법개정 국민투표로 나눌 수 있다. 이는 헌법의 제정 또는 개정에 있어서 국민투표에 의하여 국민의 인준을 받는 제도이다. 여기에는 정부형태에 관한 국민투표도 포함된다.[25] 헌법제정의회에서 성립된 헌법초안에 대하여 국민투표를 할 수 있고 헌법개정에 대한 국민투표도 행해진다.

그런데 이러한 헌법referendum은 초민주주의적 성격과 대의제 민주주의에서 의회에서의 합리적 절차를 회피하고 선전과 선동에 의해 민의를 조절할 수 있다는 점 때문에 전제적이거나 권위적 국가에서 많이 선호되어 왔다. 우리나라의 경우 1962년, 1969년, 1972년, 1980년, 1987년 5차례의 헌법referendum이 실시되었으나, 순수한 의미의 헌법referendum은 1987년 헌법개정시 실시한 국민투표가 유일하다. 후진국이나 전제국가 및 권위국가에서 referendum이 많이 실시되고 있는 이유도 위와 같으며, 이러한 국민투표는 referendum이라기 보다는 plebiscite의 성격이 짙다.[26]

---

24) 박남규, 앞의 논문, 20면.

25) 정부형태에 관한 국민투표로서는 1946. 6. 2.의 이탈리아와 1946. 9. 8.의 불가리아의 예를 들 수 있는데, 국민투표의 결과 군주제를 반대하고 국민주권국가를 채택하게 되었다.

(나) 법률referendum

법률referendum은 대의기관이 의결한 법률안에 대한 인준이라 할 수 있다. 이것은 국가권력의 행사에 의한 것이라고 할 수 있다. 16세기말 주권관념은 국가권력자체로서 단지 국가에만 귀속되는 특권으로서 인식되기도 하였으나, 헌법국가에서는 완전히 구별되는 것이다. 그러므로 법률 등의 국민투표권을 가능하게 하는 국가권력은 제도화된 국가의 권력적 힘으로서 일정수의 권력으로 구성되어 있는 실정적인 것이다.

법률referendum에 있어서 중요한 정치적 결정과 관련될 때에는 언제나 상의적 성격을 지니면서 정부의 신임과 결부되어 plebiscite적 성격이 강해진다. 특히, 스페인 헌법, 이집트 헌법의 규정이 그러한데, 우리 헌법의 경우에도 법률referendum은 제2차 개헌 당시 제72조에서 '대통령은 필요하다고 인정할 때에는 외교·국방·통일 기타 국가안위에 관한 중요정책을 국민투표에 붙일 수 있다'고 규정하였다. 이 조항은 신임투표적 성격이 강한데 우리 헌법사의 하나의 특징이라고 할 수 있다. 여기에서 '국가안위'는 중요정책을 형성하는 내용으로서 외교·국방·통일 등의 문제가 국가안위에 연결되는 것이어야 한다.

referendum의 대상이 되는 것은 대통령이 정하는 것이므로 제한이 없다는 견해[27)]도 있으나, 대통령이 필요하다고 인정할 때에는 그 회부여부를 결정할 수 있다는 조문만을 근거로 그 범위를 무제한으로 넓게 볼 수는 없다. 국민투표의 대상이 개별적 문제일 경우에는 대체로 상의적 국민투표로서, 특히, 그 발안자가 대통령일 때에는 대개는 그 신임여부와 결부되는 결단적 국민투표로 되기 때문에 신임투표적 국민투표의 출

26) 김철수, 법과 정치, 교육과학사, 1995, 172면.
27) 한태연, "레프렌덤과 쁠레비시뜨", 동아법학 제5호, 동아대학교 법학연구소, 1987, 112면.

현을 되도록 억제한다는 의미에서 투표의 대상범위를 되도록 제한적으로 해석해야 한다.[28]

(다) 국민투표의 개선방안

오늘날 국민투표에 대한 비판을 요약해 보면 국민투표의 성격이 지배자의 통치수단으로서 정치적 무기로 이용되고 있다는 것과 국민투표에 대한 국민의 보수적 경향을 들 수 있다.[29] 이러한 무기의 행사를 위한 발의권을 집권세력의 특정기관에 독점시키는 것은 민주주의에 중대한 위협이 될 수 있다. 따라서 국민투표발의권을 스위스나 미국에서처럼 시민에게도 부여하는 것이 바람직하다. 또한 국민의 보수적 성향에 대해서는, 시민이 이해 가능한 형태로 문제를 정리하고 간단하고 명확한 사안에 대하여 의견을 나타낼 수 있도록 한다면 국민투표의 본래적 목적인 시민의 직접 참여수단으로서 뿐만 아니라 국민투표율도 함께 제고시킬 수 있다.[30]

### 2) 국민발안

### 가. 국민발안의 개념

국민발안(initiative)이란 국민들에게 중요한 의안을 직접 발안하게하고 발의된 사항을 국민투표에 붙이는 국민투표의 한 형식이다. 관점에 따라 헌법initiative, 법률initiative, 특수initiative 등으로 분류된다. 미국의 직접입법 방법으로 분류되는 initiative는 직접입법, 직접발안, 국민발안 등

---

28) 강경근, "헌법 제72조와 법률국민투표", 월간고시, 1991. 5, 61면.

29) 박인수, "국민투표에 관한 헌법이론적 연구", 공법연구 제19집, 한국공법학회, 1991, 47면.

30) 장용근, "전자민주주의의 헌법적 연구", 박사학위논문, 서울대 대학원, 2004, 169면.

으로 설명되어 진다.[31]

찰스 아드리안(Charls R. Adrian)은 initiative를 다음과 같이 설명하고 있다. initiative란 일정수의 유권자에게 헌법·헌장·법률·조례 등의 제정, 수정의 제안을 인정하는 것이며, 그 제안을 유권자의 표결로 받아들이거나 거부하는 것이다. 이 방법으로 의회를 거치지 않고 입법의 효과가 발생하게 된다.[32]

### 나. 국민발안의 정치적 가치

국민발안은 전체 국민의 발안이 아니라 일부 국민의 발안이므로 정확한 의미에서 국민의 발안이라기보다는 국민에게서 유래하는 것에 불과하다. 국민발안의 민주적 정당성은 국민의 선거에 의해서 파생되는 의회의 정당성보다 더 근원적이고 국민대표의 면에서 더 대의적이라는 점에 근거한다. 특히, 이익단체나 선동정치가의 일방적 관심사를 제도화하기 위해 국민발안을 관철수단으로 이용할 위험이 있다. 또한 국민발안의 내용은 토론과 반론, 설득과 타협의 기회제공, 다양한 입장의 청취, 논증과 올바른 평가 등을 거치지 못할 경우 자칫하면 조악한 법안이 될 수 있다.[33]

그렇다고 국민발안이 채택할 가치가 없다고 성급하게 결론지어서는 안 된다. 국민발안이 정치적 분쟁의 효과적 해결과 정치적 자유의 귀중한 보증수단이 될 수 있는 여러 상황을 생각할 수 있기 때문이다.[34] 그리고 개인이나 집단에게 외부의 정치적·법적으로 중요한 부분에 대한 자신의 견해를 표명할 수 있게 하고, 정당이나 이익단체가 여러 가지 이

---

31) 박남규, 앞의 논문, 21면.
32) Charls R. Adrian, State and Local Government, 4th ed., Yew York: McGraw-Hill Book Company, 1976, p. 134.
33) 구병삭·강경근, 국민투표, 민음사, 1991, 21면.
34) 장용근, 앞의 논문, 170면.

유에서 대변하지 못하는 관심사를 제기할 수 있는 가능성을 부여한다.[35]

### 다. 국민발안의 도입 가능성과 필요성

우리 헌법은 1954년 2차 개헌과 1962년 제3공화국 헌법에 국민발안을 규정한 바 있다. 현행 헌법에는 국민발안에 관한 규정이 없다. 헌법 제2조 제2항은 "대한민국의 주권은 국민에게 있고 모든 권력은 국민으로부터 나온다"고 규정하고 있다. 따라서 의회민주주의와 국민발안이 완전히 양자택일의 관계에 있어 일방의 선택이 타방을 전적으로 배제하는 경우에나, 국민발안을 배제해야만 의회민주주의가 정치적으로 기능을 할 수 있는 예외적인 경우에만 국민발안은 금지된다. 국민발안이 의회민주주의의 일반원리에 저촉될 수도 있으나 이를 이유로 국민의 정치활동을 금지할 수는 없다. 민주주의의 원리에 의하여 시위나 집회, NGO의 활동을 통한 여론의 압력은 정당화되며, 국가든 개인이든 어느 누구도 이를 회피하거나 억압할 수 없는데, 이러한 압력에서 국가기관을 방어하기 위해서라도 국민발안의 도입이 요청된다.[36] 그리고 국민투표의 실질화를 위해서라도 국민발안은 허용되어야 하고 헌법에 이를 규정함이 타당하다.[37]

## 3) 국민소환

### 가. 국민소환의 개념

국민소환(recall)은 국민해직, 국민파면 등으로 불리어지고 있으며, 공직에 있는 자를 그 임기만료 이전에 국민투표에 붙여 해임시키는 제도이다.[38] 탄핵과의 차이점은 국민의 직접적 의사에 기초한다는 점이다.[39]

---

35) 허전, "국민발안제 시론", 인권과 정의 제162호, 대한변호사협회, 1990. 2, 71면.
36) 허전, 앞의 논문, 73면.
37) 장용근, 앞의 논문, 172면.
38) 박남규, 앞의 논문, 21면.

바이마르 헌법에서는 대통령을 임기만료 전에 의회제안 국민투표로써 해임할 수 있게 하였다. 미국의 각 주에서도 시장이나 의원, 법관 등에 대한 국민해직을 인정하고 있다. 스위스에서도 일부 주에서 채택되고 있으나 많이 활용되고 있지는 않다.[40]

## 나. 국민소환의 유형

국민소환의 유형을 이해하기 위해 먼저 지방자치가 발달한 미국의 경우를 살펴보기로 한다. 미국에서의 recall은 대략 5개의 유형으로 분류된다.[41] 첫째, 피선거공무원의 해직으로서 선거에 의해 임명된 법관은 제외된다. 이것이 가장 보편적인 형태이며, 보통 recall이라면 이것을 말한다. 둘째, 임용관리의 해직으로서 극히 제한적으로 활용되고 있으며, 몇몇 지방지차단체에서만 이 제도를 채택하고 있다. 셋째, 법관의 해직으로 법의 적용에 민의를 반영시킨다는 의미에서 채택되나 사법권의 독립을 침해할 우려가 있다. 넷째, 판결의 recall인데 법관의 recall을 대신해서 나타난 제도이다. 위헌판결의 정치성에 주목하여 위헌판결에 대한 국민의 의사를 묻는 것이다. 다섯째, 권고적 recall인데 연방관리에 관한 것으로 애리조나주 등에서 인정되고 있으며, 단순히 권고적 성격의 것이다.[42]

일본에서는 최고재판소 법관에 대한 국민심사(일본 헌법 제79조 제2항 내지 제4항)를 인정하고 있다. 최고재판소 법관의 임명은 그 임명 후 처음으로 행하여진 중의원 총선거를 할 때 국민의 심사에 붙이고, 그 후 매 10년을 경과한 후에 처음으로 행하여지는 중의원 총선거 때에 다시 심사를 붙이며 이 경우 투표자의 다수가 법관의 파면을 가결한 경우에 그 법

39) 구병삭, "탄핵과 국민파면제도", 월간고시, 1974. 8, 17면.
40) 구병삭, 앞의 논문, 22면.
41) 박남규, 앞의 논문, 22-23면.
42) 김철수, 앞의 책(법과 정치), 162면.

관은 파면되고 그 심사에 관한 사항은 법률로 정하는데 이것이 '최고재판소법관국민심사법'이다.[43] 이것도 일종의 국민소환제도라고 할 수 있다.

### 다. 주민소환제도

주민소환제도는 지역주민의 의사에 의해 지방자치단체의 대표자들을 그 직에서 물러나게 만드는 직접민주주의 제도이다.[44] 이 제도는 위법한 행위에 대한 법적 책임을 묻는 것이 아니라 지역주민이 지역의 대표자에 대해 정치적 책임을 묻는 것이라는 점에서 주민소송과는 본질적으로 구별되며, 법적 효과에서도 차이를 보인다.

우리나라에서는 주민소환에 관한 법률(이하 주민소환법)에서 이에 대해 자세히 규정하고 있다. 주민소환의 주체는 주민소환법 제3조 제1항에서 규정하고 있는데, 19세 이상의 주민으로서 당해 지방자치단체 관할구역에 주민등록이 되어 있는 자와 19세 이상의 외국인으로 출입국관리법 제10조의 규정에 따른 영주의 체류자격 취득일 후 3년이 경과한 자 중 같은 법 제34조의 규정에 따라 당해 지방자치단체 관할구역의 외국인등록대장에 등재된 자로 한정된다.

주민소환을 청구하기 위해서는 다음의 몇 가지 요건을 충족시켜야 한다. 첫째, 소환사유를 서면에 구체적으로 명시하여 관할선거관리위원회에 주민소환투표의 실시를 청구하여야 한다.

둘째, 시·도지사의 경우 당해 지방자치단체의 주민소환투표청구권자 총수의 100분의 10이상, 시장·군수·자치구의 구청장의 경우 주민소환투표청구권자 총수의 100분의 15이상, 지역구 지방의원의 경우 당해 지방의회의원의 선거구 안의 주민소환투표청구권자 총수의 100분의 20이상

43) 구병삭, 앞의 논문, 22면.
44) 장영수, 앞의 책, 332면.

의 서명이 있어야 한다.

셋째, 시·도지사에 대한 주민소환투표를 청구함에 있어서 당해 지방자치단체 관할구역 안의 시·군·자치구 전체의 수가 3개 이상인 경우에는 3분의 1 이상의 시·군·자치구에서 각각 주민소환청구권자 총수의 1만분의 5이상 1천분의 10이하의 범위 안에서 대통령령이 정하는 수 이상의 서명을 받아야 한다. 다만, 당해 지방자치단체 관할구역 안의 시·군·자치구 전체의 수가 2개인 경우에는 각각 주민소환투표청구권자 총수의 100분의 1이상의 서명을 받아야 한다.

넷째, 시장·군수·자치구의 구청장 및 지역구 지방의원에 대한 주민소환투표를 청구함에 있어서 당해 시장·군수·자치구의 구청장 및 당해 지역구지방의회 선거구 안의 읍·면·동 전체의 수가 3개 이상인 경우에는 3분의 1이상의 읍·면·동에서 각각 주민소환투표청구권자 총수의 1만분의 5이상 1천분의 10이하의 범위 안에서 대통령령이 정하는 수 이상의 서명을 받아야 한다. 다만, 당해 시장·군수·자치구의 구청장 및 당해 지역구지방의회의원 선거구 안의 읍·면·동 전체의 수가 2개인 경우에는 각각 주민소환투표청구권자 총수의 100분의 1이상의 서명을 받아야 한다(주민소환법 제7조).

그러나 주민소환법 제8조에는 청구제한사유를 규정하고 있는데, 구체적인 내용은 다음과 같다. 첫째, 선출직 지방공직자의 임기개시일부터 1년이 경과하지 아니한 때, 둘째, 선출직 지방공직자의 임기만료일부터 1년 미만일 때, 셋째, 해당선출직 지방공직자에 대한 주민소환투표를 실시한 날부터 1년 이내인 때에는 주민소환투표의 실시를 청구할 수 없다.

주민소환법 제21조 제1항에 따라 주민소환투표대상자는 관할선거관리위원회가 제12조 제2항의 규정에 의하여 주민소환투표안을 공고한 때부터 제22조의 제3항의 규정에 의하여 주민소환투표결과를 공표할 때까지 그 권한행사가 정지된다. 투표의 결과는 주민소환투표권자 총수의 3분의 1이상의 투표와 유효투표총수 과반수의 찬성으로 확정되며(주민소환법 제22조 제1항), 만일 전체 주민소환투표자의 수가 주민소환투표권자 총수의 3분의 1에 미달하는 때에는 개표를 하지 아니한다(주민소환법 제22조 제2항). 주민소환이 확정된 때에는 주민소환투표대상자는 그 결과가 공포된 시점부터 그 직을 상실하게 된다(주민소환법 제23조 제1항).

### (3) 직접민주주의의 적용

민주주의국가에서는 어느 정도의 직접민주주의 요소를 가지고 있다. 하지만 이것이 적용되는 범위는 제한적이다. 그 이유는 국민투표 등의 직접민주주의가 국민들이 아닌 의회나 대통령 등의 헌법상 기구에 의해서 제한적으로 발의되기 때문이다. 이는 기술적으로 국민발안의 요건을 충족하는 것 자체가 힘들기 때문이기도 한데, 이러한 이유로 정당이 내부적으로 의견일치를 볼 수 없는 문제들이 국민투표에 회부되는 특징을 가진다.[45]

그리고 일반적으로 영토문제를 포함한 헌법국민투표와 정치적·도덕적·사회적 문제를 포함하는 국민투표로 나눌 수 있는데, 전자의 경우는 헌법상 그 절차가 확립되어 있는데 반해, 후자는 그렇지 않고 주로 정당의 이데올로기와 일치하지 않는 사안들에 대해서 정당내부에서 서로 의견일치를 볼 수 없는 경우에 회부되는 성질을 갖는다.[46]

그런데 국민투표는 일반적인 선거보다 정당의 확고한 기반을 무너뜨릴 가능성이 있다. 하지만 실질적 내용을 살펴보면 대부분 정당내부에서

45) Ian Budge, op., cit., pp. 85-86.
46) Ibid., p. 86.

의 발의된 사안을 중심으로 하기에 정당의 기반을 약화시키는 것만은 아니다.[47]

국민투표를 중심으로 하는 직접민주주의가 혼란과 불안을 야기한다는 비판은 국민투표를 잘못 이해한 것으로서 전문가 집단인 정당내부에서 결론을 내리지 못한 사안이 주로 국민투표에 회부되는 것이 주요 이유이지 국민투표자체의 문제인 것은 아니다. 이러한 사례로 영국의 보수당에서의 EU가입여부를 중심으로 당론이 분열되어 국민투표에 회부되었던 것을 들 수 있다.[48]

정확한 의미에서 국민투표도 완전한 직접민주주의는 아니다. 그 이유는 발안자의 의사나 반대자의 의사를 정확히 대변하지는 못하기 때문이며, 국민투표가 아닌 다른 방법에 의해서 해결되어야 하는 국가위기와 정치과정의 공개라는 측면에서 중요한 의미를 갖는 경우도 있기 때문이다. 이러한 문제점이 있을 수 있지만 국민투표 등의 직접민주주의 요소에 대해서는 긍정적으로 평가할 수 있다.[49]

## 2. 대의제도

### (1) 의의

대의제도란 주권자인 국민이 국가의사나 국가정책을 직접 결정하지 않고 대표자를 선출하여 그들로 하여금 국민을 대신하여 국가의사나 국가정책 등을 결정하게 하는 정치형태를 말한다.[50] 국민이 직접 정책결정

47) Ibid., p. 88.
48) Ibid., p. 88.
49) David Butler and Ranney Austin, Referendums Around the World: The Growing Use of Direct Democracy, Washington: AEI Press, 1994, p. 263.
50) 권영성, 헌법학원론, 2009, 법문사, 719면.

에 참여하는 대신 정책결정을 맡은 대의기관을 선거로 뽑고, 대의기관의 정책결정 내지 통치권행사를 여론 내지 주기적인 선거에 의해 통제 내지 정당화한다. 즉, 대의기관의 선거를 통해 국민주권을 실현하는 통치기관의 구성 원리이다.[51] 따라서 통치를 위한 기관의 구성 원리로서 '대의제도'는 국민주권의 이념을 존중하면서도 현대의 대중사회가 안고 있는 여러 가지 민주정치에 대한 장애요인들을 합리적으로 극복하기 위하여 만들어진 '조직원리'이다. 따라서 대의제도는 국민주권의 이념을 실현하기 위한 통치기관의 구성 원리로 매우 중요한 의미를 가진다.[52]

### (2) 대의제의 구성요소

#### 1) 치자와 피치자의 이원성

대의제는 치자와 피치자의 이원성, 통치하는 '대표'와 통치 받는 '국민'의 구분을 전제로 한다. 이것은 국민이 직접 정치적인 결정을 내리는 것이 아니라, 그의 대표자를 통하여 간접적으로만 정치적인 결정에 참여하도록 하는 의사결정의 원리로서, 치자(Regierende)와 피치자(Regierte)가 별개로 구별되어 존재함을 의미한다.[53] 치자와 피치자의 구별을 전제하는 대의제에 있어서 민주주의는 국민에 의한 직접적 지배를 의미하는 것이 아니라, 국민의 수권과 동의에 의한 정부에 의한 통치를 의미하게 된다.[54]

---

51) 허영, 한국헌법론, 박영사, 2010, 641면.
52) 이종상, 헌법상권력구조론, 경남대학교 출판부, 1997, 329-330면.
53) Ernst Fraenkel, "Die repräsentative und die plebiszitäre Komponente im demokratischen Verfassungsstaat", in Heinz Rausch (Hrsg.): Zur Theorie und Gechichte der Repräsentation und Repräsentativverfassung, Darmstadt, 1968, S. 330ff.
54) 한태연, 앞의 논문, 6면.

대의제에서 치자와 피치자를 구별하고 있는 것은 현실적으로 양자가 같을 수 없다는 본질적 차이에 기인하는 것이기도 하지만, 이념적으로 통치에 있어서 철인에 의한 통치 내지 엘리트 정치를 지향하고 있기 때문이다. 이러한 점은 대의제를 주장하고 옹호한 사상가들의 생각에서도 분명히 드러나고 있으며, 대의제가 생겨난 당시의 정치구조를 통해서도 알 수 있다.[55)]

### 2) 선거제도

대의제는 국민주권원리를 실현시키기 위한 통치기관의 구성원리인 만큼 기관구성 방법으로 선거제도를 필수적으로 요구한다. 선거제도가 가지는 현대적 의미는 여러 가지가 있으나, 대의제 초기에서 선거제도는 군주의 절대적인 지배에 대항하여 진정한 국민의 대표자의 선출이라는 의미를 가졌다.[56)]

대의제에서 선거제도는 정책결정권을 행사할 뛰어난 능력을 지닌 인물을 선출하는 방법으로서의 가치와 함께 통치권력 내지 국가권력의 민주적 정당성의 확보의 한 방법으로도 가치를 지니고 있다. 대의제 초기에 대표자의 선출에 선거의 비중을 둘 때는 보통선거보다는 제한선거가 더 강조되었고 평등선거제보다 차등선거제도가 더 합리적인 제도로 주장되었다. 자유주의자인 존 스튜어트 밀(J. S. Mill)도 지식, 능력, 경험이 모자라는 사람들에 대한 선거권의 제한과 여러 단계의 복수투표제를 주장하였다.

이후 선거의 민주적 정당성 확보방법으로서 가치가 부각되면서 동시에 선거권의 확대도 이루어졌다. 선거는 국민이 다수의 후보자 중에서

---

55) 정종섭, 앞의 논문, 128면.
56) 정종섭, 앞의 논문, 130면.

일정한 선거절차에 따라 특정인을 대표자로 결정하는 행위로서,[57] 국민이 대표기관을 구성하는 민주적 방법임과 동시에 통치기관으로 하여금 민주적 정당성을 확보하게 하는 수단이라는 점은[58] 선거제도뿐만 아니라 대의제의 발전에서 중요한 의미를 가진다.[59]

### 3) 다수결의 원리

#### 가. 의의

다수결의 원리는 다수의 의사를 전체의 구속적인 의사로 간주하는 공동체의 의사결정원리를 말한다. 다수결원리는 근대의 민주주의에서 특징적인 원리인 것은 아니지만, 특히, 근대에 사회계약론과 결합하여 민주주의의 중요한 의사결정방식으로 자리 잡고 있다. 다수결원리가 다수의 지배를 말한다면 이것은 민주주의에서 중요한 의미를 갖지만, 형식적인 정당화수단으로 전락할 경우 문제가 될 수 있다.

#### 나. 다수결원리의 정당성

민주주의에서 다수에 의하여 내려진 결정은 전체의 의사로 간주되며, 다수에 반대한 소수에 대해서도 구속력을 가진다. 따라서 왜 소수는 다수의 결정에 따라야 하는가라는 의문이 생긴다. 이러한 질문에 대답하려는 것이 다수결원리의 정당성 근거에 대한 논의이다. 이것은 다수에 반대한 소수가 왜 다수에 의하여 내려진 결정을 마음속으로부터 인정하고 따르지 않으면 안 되는가에 대한 물음이라 할 수 있다. 다수결을 정당화하는 근거로서 언급될 수 있는 것은 크게 법적인 것과 내적인 것으로 나눌 수 있다.[60]

57) Klaus Stern, a. a. O., S. 302f.
58) 허영, 헌법이론과 헌법, 박영사,2007, 1072-1073면.
59) 정종섭, 앞의 논문, 131면.

먼저 법적인 관점에서 다수결의 원리를 정당화하려는 견해는 다수결 원리의 구속력을 일치된 의제의 합의나 묵시적 동의 또는 헌법에 존재하는 기본적 합의 등에서 구한다. 다수결원리의 존재를 추상적 가치로부터 도출하지 않고, 인간의 자율관념과 다수결원리 사이에 특별한 효력근거로서 동의란 개념을 설정한다. 그러한 점에서 이러한 견해는 사회계약론의 현대적 형태로 이해된다.

반면 내적으로 다수결원리를 정당화하려는 견해는 다수결을 합리성으로부터 정당화하려는 입장과 민주주의의 가치로부터 정당화하려는 입장으로 나누어진다. 전자는 내적으로 다수결의 원리를 정당화 하려는 견해 중 가장 오래된 주장으로 다수가 결정하는 것이 옳은 합리적인 결정일 수 있기 때문에 다수가 결정해야 한다고 한다. 의회주의와 관련하여 다수결의 경우 이성과 정의 또는 진리가 관철될 수 있는 확률이 크다는 것을 강조하고 있다.[61]

다수결을 민주주의의 가치로부터 정당화시키려는 방법은 민주주의를 어떻게 보느냐에 따라 다시 몇 가지로 세분된다. 켈젠은 다수결원리는 자유의 관점에서 정당화 된다고 한다. 켈젠은 다수결에 따를 때 가능한한 많은 사람이 자유로워진다는 것과 사회질서라고 하는 일반의사에 반하는 의사를 갖게 되는 사람이 가능한 적어야 한다는 기본이념에서 다수결원리의 정당성을 끌어낼 수 있다고 한다.[62]

이에 대하여 민주주의의 이념을 평등에 한정시키고 있는 라이프홀츠와 민주주의의 본질을 평등이라고 이해하는 헤세는 다수결원리의 정당성을 평등에서 구하고 있다. 특히, 헤세는 다수가 결정하는 것이 현실적 평등

---

60) 홍성방, 헌법학, 현암사, 2003, 134-135면.
61) 장영수, 앞의 책, 164면.
62) 한태연・김남진 역, 민주주의의 본질과 가치, 법문사, 1961, 20-21면.

의 최대한을 보장해 주기 때문에 다수결원리가 정당화 된다고 보았다.[63)]

위의 이러한 견해들 모두 일정부분 타당성을 가진다. 그러나 오늘날 국민과 정당을 동일시하는 정당국가에서는 정당에 의한 정치가 아닌 진정한 국민에 의한 정치가 이루어질 것을 요구하는 정치이념을 민주주의의 목표로 하고, 자유와 평등 내지는 평등한 자유를 통해 확보되는 인간의 존엄을 지향하고 있다. 다수결원리도 이러한 민주주의의 이해로부터 정당화될 수밖에 없다. 즉 다수결원리는 국민 개개인의 평등한 자유 내지 이러한 평등한 자유의 핵심적 부분인 자결권을 최대한 보장하는 것이다. 그렇게 함으로써 다수결원리는 대의제적 민주주의 하에서 인간의 존엄성을 최대한 보장할 수 있는 의사결정방법이 된다. 이러한 이유로 다수결원리는 민주적 정당성을 갖는다.[64)]

### 다. 다수결원리의 전제와 한계

#### (가) 다수결원리의 전제

다수에 의하여 어떤 결정이 실질적 효력을 발휘하기 위해서는 그 결정이 모든 국민에 의해서 받아들여져야 한다. 곧 다수가 다수결에 의해 자기지배를 실현하고 있는 반면, 소수는 자기의사에 반하여 억압받고 있다는 생각을 갖지 않도록 하는 여러 가지 전제요건이 충족되어야 한다. 다수가 결정하였다는 결과만으로 정당화되는 것은 아니고, 공동체의 존속·유지나 기본권 보장과 같은 근본적인 가치와 충돌하지 않아야 하며, 민주주의적 요청과 법치주의적 요청을 충족시킬 때에 정당화된다. 구체적인 내용은 다음과 같다.[65)]

---

63) Konrad Hesse, Der Gleichheitsgrundsatz im Staatsrecht, in: ders., Ausgwählte Schriften, 1984, S. 233ff(253f.).

64) 홍성방, 앞의 책, 135-136면.

65) 정종섭, 헌법학원론, 박영사, 2007, 124-125면과 홍성방, 앞의 책, 136-138면

첫째, 다수결원리가 정당하게 적용될 수 있기 위해서는 결정참여자들 사이에 평등한 지위가 전제되어야 한다. 민주주의는 국민이 합리적 결정을 내릴 사실적 능력의 여부와 관계없이 그들 모두를 정치적 영역에서 똑같이 취급한다. 이로부터 민주주의에서 다수결원리의 특징인 의회에서의 투표의 평등과 선거인단구성에서의 평등이 결합된다. 전자는 후자에 의해 보완된다. 민주주의에서 국가 또는 자치단체의 대표기관은 국민이 투표의 평등을 가지고 참여한 선거로 구성될 때에 정당성이 인정된다.

둘째, 다수결로 결정될 범위의 모든 구성원이 포괄되는 일정한 법적 유대, 곧 합의가 성립되어 있어야 하며, 구성원들 사이에는 어느 정도 동질성이 있어야 한다. 다수결이 소수를 구속할 수 있기 위해서는 다수의 전체에 대한 효력의 인정이 선행하는 기본적 합의에 기초하고 있어야 하며 이와 같은 합의는 신뢰를 전제로 한다. 다수결의 원리는 구성원들의 동질성을 기초로 타협과 절충에 의해서 조정되고 극복될 수 있는 상대적인 대립관계를 전제로 적용된다.

셋째, 다수결원리는 자유롭고 개방된 의사의 형성을 전제조건으로 한다. 다수결은 다수의 대안들 사이에서 결정한다는 것을 의미한다. 따라서 결정가능한 대안들에 관한 선택의 폭이 내용과 효력 면에서 실질적 표시에 따라 평가될 수 있는 상태에 놓이도록 모든 결정이 자기의 자유로운 의사에 따라 형성될 수 있어야 한다.

넷째, 다수결원리는 다수집단의 교체가능성을 전제로 한다. 왜냐하면 소수도 언젠가 다수가 될 수 있는 제도적·법적 가능성이 보장되지 않는 곳에서는 다수결원리는 영원한 다수의 영원한 소수에 대한 독재에 지나지 않게 되며, 소수자로 하여금 다수자의 결정을 승낙하거나 받아들이지

---

을 중심으로 요약·정리하였다.

못하도록 만들기 때문이다. 이러한 다수결원리의 동적 성격은 선거에서는 다수의 소수에의 변화가능성으로 표현되는 반면, 의회에서는 일반적으로 정부교체의 가능성, 여당과 야당의 교체가능성으로 표현된다. 동시에 다수의 교체는 이러한 방법으로 정치체제에 통합되고 헌법에 참여하는 정부가 될 수 있는 정당에 대하여도 중대한 의의를 갖게 된다.

다섯째, 다수결의 표결에 있어 표결에 이르기까지의 전 과정과 절차가 합리적이어야 한다. 표결의 대상에 대한 충분한 토론과 논의가 있어야 하고, 사안과 관련된 이해관계자의 의사표현기회도 보장되어야 한다. 서로 대립하는 쟁점에 대한 충분한 이해와 조정을 위한 전문가의 참여기회도 보장되어야 한다. 의사결정에 있어 이러한 과정과 절차의 정당성은, 특히, 절차적 민주주의에서 강조된다.

(나) 다수결원리의 한계

다수결의 원리는 일정한 한계를 가진다. 먼저 그것이 결정의 주체나 객체에 비추어 다수결원리를 적용함에 부적절하다고 생각되는 경우에 한계를 가지는데 이것을 내적 한계라 한다. 다수결의 주체 및 객체와 관련하여 결정의 용이, 관련성 선호의 강도문제, 전문자격의 문제, 이질적 구성단체와 국제사회의 경우가 여기에 해당한다.

이에 반하여 외적 한계는 다수결원리 자체로부터 나오지 않고 민주적 통치체제의 질서, 체제의 기능성으로부터 나온다. 다수결원리의 외적 한계는 가치관련 기본질서의 보호를 위한 법원칙들에 의하여 다수결원리의 적용이 제한되는 경우이다. 다수결원리의 외적 한계는 경우에 따라 다수결원리의 전제조건과 중첩될 수도 있다. 다수결원리의 외적 한계의 예로서는 기본권, 소수자 보호 및 다수결원리를 규정하고 있는 법규와 절차 등이 있다.[66]

### 4) 자유위임의 원칙

자유위임의 원칙은 선거를 통해 민주적 정당성을 획득한 대표자는 전체국민의 대표자로서 지역민의 지시나 명령에 구속받지 않고 오직 자신의 양심에 따라 직무를 수행하는 것을 말한다. 이는 대의제가 추구하는 목적과 대표자의 성격에서 도출되어지는데, 대표자는 더 이상 국민의 단순한 대변자가 아니며 대리인이나 수임자가 아님을 뜻한다. 대표자는 국민으로부터 부여받은 민주적 정당성에 입각하여 공공복리를 실현하는 방향으로 독자적인 의사결정을 해야 하는 만큼, 그 의사결정의 공공성, 독자성을 보장하기 위해서는 정책결정을 할 때마다 국민의 의사를 타진하고 국민의 지시에 따라 행동하고 결정해서는 안 된다.[67] 이러한 점이 자유위임원칙의 존재 이유이다.

물론 정당국가화 경향에 따라 국민이 정당을 매개로 대표를 선출하게 됨으로써 대표는 정당의사에 구속되어야 한다는 주장도 제기된다. 하지만 이러한 정당국가화 경향을 인정하더라도 그 전제는 정당내부의 민주화다. 내부적으로 민주화되지 못한 정당의 의사에 대표를 구속시키는 것은 정당을 매개로 국민의 의사를 빙자하여 정당의 보스나 지배집단의 의사를 대표에게 관철시킬 위험이 크기 때문이다. 정당내부 민주화의 정도가 약할수록 대표에게 자유위임의 원칙은 더 보장되어야 하다.

### 5) 대표의사의 국민의사로 의제

대표자가 결정한 정책은 국민 개개인의 의사에 따라 그것들을 통합한 것이 아니라, 대표자에 의해 전체국민에게 가장 이익이 되는 방향으로 판단되어진 의사로서 전체국민의 진정한 의사로 추정되는 의사이다. 양

66) 홍성방, 앞의 책, 138-139면.
67) Carl Schmitt, a. a. O., S. 212f.; Klaus Stern, a. a. O., S. 396.

심에 따라 자유롭게 활동하는 대표의 결정은 국민의 결정으로 의제되는 것이다.

이러한 국민의 추정적 의사(hypothetischer Volkswille)는 현실적으로 존재하는 경험적 의사(empirischer Volkswille)와 일치하는 경우도 있겠지만 항상 그런 것은 아니며 경우에 따라서는 서로 충돌하는 경우도 있다. 이러한 경우 추정적 의사가 우선시 된다. 국가의사(Staatswille)와 국민의사(Volkswille)가 일치하는 것이 민주주의의 이상이라고 말해지지만 대의제는 이들 양자가 일치되어야 함을 전제로 하진 않는다. 국가의사가 전체국민에게 가장 이익이 되는 방향으로 결정되도록 하자는 것이다. 이때의 국가의사란 국가라는 유기체가 존재하여 그 유기체가 가지고 있는 의사가 아니라 전체국민의 의사로 추정되는 추정적 의사가 정책으로 나타난 것을 말한다.[68)]

### 6) 대표의 정치적 책임

대표자는 국민에 대하여 책임을 진다. 다만 대표자가 국민에 대해 지는 책임은 정치적 책임이고 이 책임은 다음 선거에서 평가받게 된다.[69)] 이런 의미에서 선거제도는 국민이 대표를 정치적으로 재신임하거나 불신임하는 제도로서의 의미도 갖는다. 즉 대표자에게 법적책임을 물어 임기 중에는 소환할 수 없다. 이것은 국민과 대표의 의견불일치로 인한 갈등 유발시 양자 사이의 긴장을 고조시키는 원인이 되기도 한다. 이러한 갈등과 긴장을 완화시킬 수 있는 최선의 방법은 시민사회의 공론영역을 제도화하여 입법적 '정책'이든 사법적 '논증'이든 시민사회의 동의와 합의를 얻어 가는 절차를 제도적으로 보장하는 것이다.

---

68) 정종섭, 앞의 논문, 136면.
69) 권영성, 앞의 책, 720면.

### (3) 대의제의 문제점

#### 1) 권력의 독점

대의제는 본질적으로 신임과 책임, 통제와 절제를 바탕으로 하는 통치기관의 구성 원리인 만큼 독재, 전제, 전체주의체제와는 조화될 수 없다. 따라서 대표제하에서 권력의 견제와 균형이 요구되어지고, 입법·행정·사법 상호간의 견제가 요구된다.

그러나 이러한 이론적 접근은 현실정치와는 많은 차이가 있다. 기존의 대의제하에서의 국가권력은 다수당과 이들이 구성하는 집행부가 독점하고 있으며, 국가기관 상호간의 권력분립시스템은 밀실정치에서 무력화될 수 있다. 따라서 기존의 단순한 권력분립의 이론만으로는 대의제의 문제를 해결할 수 없다. 이것을 해결하기 위해서는 국민의 적극적인 참여를 통해 권력을 실질적으로 통제할 수 있는 메커니즘이 필요하다.

#### 2) 공개와 토론의 소외

대의제에서는 절대주의 체제하의 관료적 밀실정치를 배제하고, 국정운영이 특정 집단에 의한 지배로 전락하는 것을 방지하기 위해 공개적 토론과정이 중시된다. 대의제는 치자의 피치자에 대한 책임과 피치자의 치자에 대한 신뢰에 기초하고 있으므로 공개성의 확보는 필수적이다.

토론은 합리적인 논거에 의해서 상대방에게 진리와 공정성, 타당성을 납득시키거나 상대방으로부터 설득당하는 것을 의미한다. 따라서 이러한 토론은 기꺼이 설득당할 수 있는 각오와 당파적 구속으로부터의 독립, 이기적이고 사적인 이익에 구애를 받지 않을 것 등을 전제조건으로 하고 있다.[70)]

---

70) Carl Schmitt, a. a. O., S. 319.

그러나 오늘날에는 대의기관의 관료화 경향으로 공개와 토론이 외면당하고 있다. 의회는 비밀 상태에서 은밀하게 정책을 심의·의결하고 있으며, 단지 형식적으로 그 결과만 공개의회에서 투표의 형식으로 공표하는 형태를 취하고 있다. 밀실정치의 배제는 모든 정치적인 병폐와 부정, 부패의 방지책으로 요구된다.[71] 왜냐하면 정책결정과정의 공개와 토론과정이 배제되고 밀실정치에 의존하는 것은 통치구조가 개인체제로 변질되었음을 의미하며 동시에 대의제를 부정하고 약화시키는 요인이 되기 때문이다.[72]

### 3) 엘리트정치의 타락

대의제가 엘리트 중심의 통치를 지향하는 이유는 엘리트들의 이성·능력·사명감의 기대와 공적 업무의 전문성의 요구에 부응하려는 것이다. 그러나 현실 정치에서는 엘리트가 대표자로 선출된다는 보장도 없으며, 선출된 엘리트들도 그들의 지식과 공적지위를 공익을 위해서 뿐만 아니라 자신들의 이익을 추구하는데 이용하고 있다. 정책결정에 있어서 자신의 이익과 상충되지 않는가를 먼저 검토한 후 그들의 이익과 부합할 때 정책으로 결정하는 경향을 보이고 있다. 이러한 현상은 정당의 출현으로 더욱 가속화되고 있다.[73]

대의제하에서는 국민은 대표자에게 국가를 운영하는 임무를 맡기고 자신은 대표자를 선출하고 통제함으로서 헌법기관을 구성하는 주권자로서의 지위를 유지한다. 대의제는 제한된 수의 사람인 대표자에게 정책결

---

71) Ebenda., S. 319.

72) 권위주의체제에서 흔히 발견되는 의회에 대한 막후협상, 법률안의 날치기통과, 본회의에서의 의원들의 퇴장, 밀실외교 등은 모두 공개적 토론을 전제로 하는 대의제의 원리를 부정하는 형태이다. 정종섭, 앞의 논문, 204면.

73) 정종섭, 앞의 논문, 205면.

정권을 맡기는 것인데, 대의제의 타락은 엘리트정치의 타락으로 이어지게 된다. 따라서 엘리트정치의 타락이 그대로 정치기능에도 나타날 때 엘리트중심의 통치를 지향하는 대의제는 위기를 맡게 되는 것이다.[74]

### 4) 대표기관의 대표성 약화

대표기관이 국민의 대표자로서 대표성을 유지할 수 있는 것은 전체국민을 대표하여 정책결정권을 성실히 수행하기 때문이다. 그러나 오늘날에는 국가정책은 대의기관에서 공식적으로 결정되지 않고 정당의 대표자간의 사전합의나 비공개로 결정되며, 대의기관은 절차상 경유하는 형식기관일 뿐이다. 이러한 대표기관의 대표성 약화 현상은 정당의 대표자간에 타협한 내용이 법률안의 형식으로 의회에 상정되거나, 비대해진 관료집단이 정책의 집행단계와 정책의 입안단계에 적극적으로 개입하는 경우에서 볼 수 있다.

특히, 관료제의 비대화 현상이 문제점으로 부각되고 있다. 현대국가에서 정책결정과 집행에 있어서 요구되는 전문성, 기술성, 체계성으로 말미암아 관료의 존재필요성은 높아지고 있다. 국가는 정책입안단계에서부터 집행단계에 이르기까지 적극적으로 개입하고 있으며, 실질적으로 정책을 입안하고 그 정책에 필요한 입법과 집행까지 담당하고 있다.[75] 결국 이러한 현상이 대의기관인 의회의 형식화를 가속화시키고 있다.

관료제의 비대화에 못지않게 대의제를 위협하는 것은 특정관료의 특정이익 추구현상이다. 의회를 대신하는 위치에서 관료가 특정한 집단의 이익을 추구할 경우 그것은 전체국민의 이익을 추구해야 하는 대의제의

---

74) Robert Michels, Political Parties, New York: Collier Books, 1962, p. 342ff.

75) Peter Kellner and Norman Crowther-Hunt, The Civil Servant: An Inquiry into Britain's Ruling Class, London: MacDonald and Jane's, 1980, p. 84ff.

원리를 부정하는 것이 된다. 관료제의 역기능이 계속적으로 강화되는 현상은 오늘날 대의제를 위협하는 심각한 요인이 되고 있다.

### 5) 정당국가화 경향으로 인한 무기속위임 원칙의 위협

현대 의회정치에 있어서 불가피한 현상으로 나타난 정당국가의 경향은 전통적인 의회주의의 변질을 가져왔고,[76] 의회주의에 가장 큰 영향을 미치고 있다.[77] 정당은 국민의 정치적 의사형성에 참여하여 이를 촉진시키고 통합시켜, 상향식 국가의사형성의 중개자로 기능을 함과 동시에 권력행사의 정당성을 국민과 이어주는 교량적 역할을 한다.

정당이 국민의 전체이익을 위해 활동해야 함은 당연하지만, 정당의 본질상 특정집단의 영향을 받으면서 존재하고 유지될 수 있다.[78] 정당은 국민의 자발적인 조직이므로 이러한 조직이 헌법기관과 같이 활동할 것을 기대하는 것은 대의제의 전제와 정당의 본질적 기능을 간과한 것이다. 국민의 자발적 조직은 그 외형이 어떻든 간에 본질은 특수이익을 추구한다는 인식에서 대의제의 원리는 출발하고, 대의기관의 존재근거가 발견되기 때문이다. 이러한 점에서 정당은 대의제를 활성화시키는 동시에 위협하는 요소이다. 의원의 정당기속이나, 교섭단체 기속문제, 그리고 정치자금문제에 있어서도 정당은 특수이익이나 집단에 예속될 우려가 있기 때문에 대의제의 자유위임원리와 충돌하게 된다.[79]

---

76) Gerhard Leibholz, Strukturprobleme der modernen Demokratie, Karlsruhe: C. F. Müller, 1958, S. 93ff.
77) 최용기, 헌법원론, 대명출판사, 2009, 489면.
78) 정종섭, 앞의 논문, 212면.
79) 허영, 앞의 책(헌법이론과 헌법), 893면.

### 6) 대중사회화 현상

사회학적 분석에 의하면 현대사회는 반 엘리트주의적 성격으로 대중사회로 변화되고 있으며 이러한 현상은 민주주의 실현에 도움이 되기도 하며, 다음과 같은 이유로 민주주의의 발전을 가로 막는 장애가 되기도 한다. 대중사회에서 대중은 다양한 직업·사회계층·생활태도를 지닌 개개인의 비조직적인 집단으로서, ① 삶에 대한 욕망을 무제한으로 확대시키면서 자신의 이익추구에 열중하고 모든 권위를 부정하며, ② 자신이 속한 영역외의 집단과의 의사소통이 거의 없고 개개인은 자신의 결정이 가장 옳고 완전한 것이라고 확신하며, ③ 그 행동은 감성적이고 즉흥적이며 공공의 이익보다 자신의 이익에 민감하고, ④ 통치질서 내에서 규범과 권위를 경시하면서 이에 복종하려 하지 않으며, ⑤ 스스로의 자율성을 상실한 상태에 있기 때문에 선전·선동에 빠져들기 쉽다는 점에서 민주주의의 발전을 저해하는 요인이 되고 있다.[80)]

### 7) 이익집단 · 압력집단의 영향력 증대

현대사회가 복잡하고 다양해짐에 따라 다양한 의사와 이익을 표현하고 대변하는 이익집단이 증가하고 있다. 이익집단은 그들 자신의 특수이익을 추구하는 것을 최우선 목표로 한다. 이익집단은 다양하게 산재된 부분이익들을 일정한 범위로 조직화하는 점에서는 대의제의 단점을 보완해 주기도 하지만, 자신들의 이익실현에 매우 적극적이며 이러한 성향은 대의제를 위협한다.[81)]

---

80) William Kornhauser, The Politics of Mass Society, Glencoe: The Free Press, 1959, p. 21ff.; 사회사상연구회, 대중의 반역, 한마음사, 1987, 20, 61면.

81) Reginald J. Harrison, Pluralism and Corporatism: the political evolution of modern democracies, London: Allen and Unwin, 1980, p. 64ff.

특히, 이익집단이 국가의 정책결정에 있어서 압력단체와 같은 기능을 할 경우 많은 부작용을 낳게 된다. 이익집단이 영향력을 강화해 정책결정과정에 깊숙이 개입하거나 정당에 대하여 강한 지배력을 행사할 경우에 정책결정은 왜곡될 수 있다. 이익집단은 본질적으로 그들의 부분이익을 전체이익보다 우선시 하므로 이러한 집단의 활동 강화와 영향력의 증대는 결국 대의제를 위협하는 요인이 되는 것이다.[82]

### 8) 국민의 직접참여욕구의 증대

인간의 생활영역이 확대됨에 따라 국민의 욕구도 다양한 형태로 나타나고 있다. 정치적 측면에서 대의기관이나 정당 등이 그에 적절히 대응하는 역할을 하지 못하면서 이익집단으로 변질되고, 대의기관이 전체국민의 대표자로서 공공복리를 실현함에 나타나는 기능저하현상은 국민으로 하여금 직접적으로 그들의 의사를 표현하게 만들고 정책결정에 참여하려는 욕구를 불러일으키고 있다.[83] 이러한 국민들의 직접적 의사표현은 정책결정에 대한 집단항의, 장외반대운동, 가두시위, 서명운동, 공청회개최, 집단민원제기 등 다양한 형태로 나타난다.[84]

국민의 비공식적인 직접적 의사표현행위는 대의제를 보완하는 기능을 하면서도, 전통적 의미의 대의제의 기능을 약화시키고 있다.[85] 그러므로 대의제 중심의 현대 민주주의에서 이러한 현상을 방치할 수 없다. 중요한 것은 이것을 어떻게 대의제원리에 수렴시키고 의사표현의 통로를 공식화 하느냐이다. 이것은 국민참여, 시민참여의 문제로 귀결된다. 결국

---

82) 정종섭, 앞의 논문, 218-219.

83) Peter Cornelius Mayer-Tasch, Die Bürgerinitiativbewegung, Hamburg: Rowohlt, 1976, S. 35ff., 58ff.

84) Ebenda., S. 9ff.

85) 권영성, 앞의 책, 724면.

국민의 직접적 의사표현이나 직접행동의 경향은 대의제가 현실에서 제 기능을 다하지 못하고 있음을 알려주는 경고이며, 현대의 대의제가 풀어야할 과제인 것이다.[86]

### (4) 해결방안

대의제의 문제점을 극복하기 위해서는 우선, 국민들의 다양한 이해관계를 의회 속으로 끌어들여 이를 이용할 수 있는 선거제도의 개혁이 필요하다. 둘째, 정당의 민주화와 관련된 것으로 현대의 정당국가화 경향의 장점을 살리기 위해서 주권자인 국민이 직접 국정에 능동적으로 참여할 수 있는 제도적 장치를 마련하고 이를 유효적절하게 이용하는 것이다. 셋째, 국민의 알권리 보장을 위해 정보사회에서의 국민 참여와 비판의 길을 넓히는 한편, 여론조사결과의 공정성과 정확성을 확보함으로써 국민의 살아있는 의사에 정치인들이 귀를 기울일 줄 아는 정치문화와 분위기를 만들어가는 것이다.[87] 그리고 지방자치제의 활성화를 통하여 지방의 문제는 지방민 스스로 결정하는 참여 민주주의의 메커니즘을 적극적으로 실현하는 것도 중요하다.

결국 직접민주주의를 정착시키고 보장할 수 있는 방향으로의 제도개혁이 필요하다.[88] 법적으로 보장된 제도를 통해 국민의 주권자로서의 영향력과 참여가 현실적으로 보장되어야 하기 때문이다.[89]

86) 정종섭, 앞의 논문, 220-221면.
87) 장영수, 앞의 책, 162면.
88) 최용기, 앞의 책, 490면.
89) 성낙인, 선거법론, 법문사, 1998, 620-621면.

## 3. 선거제도

자유민주주의 국가에서 선거는 주권자인 국민이 그들을 대신하여 국정을 담당할 대표자를 선출하는 행위로 이해된다. 이러한 대표자의 선출이 갖는 실질적 의의는 국가권력을 행사할 수 있는 정당성을 대표자에게 부여하는 것이다.[90] 주권자인 국민의 의사는 선거를 통해서 구체화되고 현실화되기 때문에 자유민주국가의 통치질서에서 국민의 의사가 직접 통치기관의 구성에 반영되고, 모든 통치권의 민주적 정당성이 확보될 수 있는 선거제도를 마련하는 것이 통치구조의 기본적인 요청이라고 할 수 있다.

그리고 자유민주적 통치질서에서 선거는 민주적인 정치참여의 본질적인 수단으로서의 의미를 갖는다. 국가권력의 창설과 국가 내에서 행사되는 모든 권력의 최후적 정당성을 국민의 정치적인 합의에 귀착시키게 하는 통치기구의 조직원리라는 점에서 선거는 국민의 참정권과 불가분의 관계에 있다.[91] 선거제도를 마련하는데 있어서 참정권의 헌법상 의의와 기능을 존중해서 참정권에 내포된 기본권적인 의미와 내용이 최대한으로 보장되는 제도적 장치를 만들어야하는 이유도 바로 이 때문이다. 현대 자유민주국가의 헌법질서에 자유·평등·보통·직접·비밀선거의 원칙이 선거법의 기본원칙으로 명시되거나 강조되는 것도 헌법이 보장하

---

90) 장영수, 앞의 책, 288면.

91) 대의제민주주의에 바탕을 둔 우리 헌법의 통치구조에서 선거제도는 국민의 주권행사 내지 참정권행사의 과정으로서 국가권력의 창출과 국가 내에서 행사되는 모든 권력의 정당성을 국민의 정치적인 합의에 근거하게 하는 통치기구의 조직 원리이다. 따라서 선거에 있어서 모든 국민이 평등하게 참여할 수 있는 기회를 보장하는 것은 필수불가결한 요소이며, 이에 따라 헌법은 평등선거의 원칙과 선거운동의 균등한 기회의 보장을 규정하고 있다(헌재 1996. 8. 29. 96헌마99).

는 참정권의 실효성과 기능을 높임에 있다. 합리적인 선거제도의 마련은 모두가 공감할 수 있는 민주정치의 실현을 가능하게 함으로 사회공동체의 통합을 촉진하는 수단이 된다.[92] 선거제도의 구체적인 내용은 제2절 선거제도의 일반이론에서 살펴보도록 하겠다.

# 제2절 선거제도의 일반이론

## Ⅰ. 선거의 의의와 기능

### 1. 선거의 의의

선거는 선거인이 다수의 후보자 중에서 일정한 선거절차에 따라 특정인을 대표자로 결정하는 행위로서 국민의 대의(표)기관을 구성하는 민주적 방법인 동시에 통치기관으로 하여금 민주적 정당성을 확보케 함으로써 대의민주주의를 실현하기 위한 불가결한 수단이다. 현대의 산업화된 대중사회에서 국민이 그 주권에 의해서 통치권을 통제할 수 있는 가장 효과적인 최상의 방법이 선거이기 때문에 선거의 민주정치적 의미와 기능이 강조된다.

그러나 민주주의국가가 아닌 많은 나라에서도 선거가 행해지기도 한다. 이들 나라에서 선거는 민주주의와 무관한 기관구성의 단순한 기술일 수도 있다. 이 경우 선거는 세습제나 당연직 또는 임명에 의한 기관구성

---

92) 허영, 앞의 책(한국헌법론), 735-736면.

의 방법에 갈음하는 기관구성의 또 다른 기술에 지나지 않기 때문에 민주적 의미와 기능을 갖는다고 볼 수 없다. 보통선거의 원칙 등 오늘날과 같은 민주적인 선거제도가 확립되기 이전부터 선거가 실시되었던 것은 선거가 처음에는 민주주의 이념의 실현과는 관계없이 단순히 기관구성의 하나의 기술로 기능했었기 때문이다. 오늘날에도 북한 등 공산국가를 비롯한 전체주의국가에서 행해지는 각종 선거는 '대의민주주의이념의 실현'보다는 '기관구성의 단순한 기술'로서의 의미와 기능이 더욱 강하다고 볼 수 있다.93)

## 2. 선거의 기능

### (1) 대표의 선출

선거의 가장 중요한 기능은 대표를 선출하는 것이다. 국민은 국정의 연원으로서의 지위를 가지며, 국가의 작용은 직·간접적으로 국민의 의사에 따라 행해져야 한다. 이러한 요청을 완전히 충족시키기 위해서는 국민이 능동적으로 현실의 국정에 참가해야하나 국민의 수나 국정의 규모로 보아 국민의 직접적 국정참여를 바라는 것은 불가능하며 또한 적당하지도 않다. 따라서 국민이 선정한 대표자를 통해서 국정을 운용하는 대표민주제(간접민주제)를 원칙으로 하고 있으며 이를 위해 선거의 방법을 사용하고 있다.

대표의 문제는 민주주의에서 핵심적 이론이다. 홉스, 로크, 루소, 밀 등 근대의 사상가들이 깊이 있게 다룬 문제이기도 하다. 역사적으로 보면 대표를 선정하는 방법으로 여러 가지가 있었지만 그 중 민주주의 원

93) 허영, 앞의 책(한국헌법론), 764-774면.

리에 가장 부합하는 대표의 선출방법은 선거이다.[94)]

### (2) 선택대안의 제공과 통제

선거는 다수의 다양한 정당, 후보자, 정부, 정책 등 대안을 놓고 유권자들로 하여금 하나를 선택하게 하는 기회를 제공하는 기능을 한다. 민주정치의 과정에서 유권자는 둘 또는 그 이상의 정당들 가운데서 하나를 선택하게 된다. 이들 정당은 그 시점에서 문제되는 쟁점에 대해서 서로 다른 입장을 취하는 경우가 많다. 따라서 선거는 사회를 분할시키는 쟁점을 해결하는 데 도움을 주게 된다. 국민의 동의에 의해서 국정의 책임자가 교체된다는 의미는 정견과 정책을 달리하는 공직 후보자들 간의 자유로운 경쟁과 유권자의 자유로운 선택을 전제로 하게 된다. 한스 켈젠(Hans Kelsen)도 그의 저서 민주주의의 본질과 가치에서 선거를 통한 지도자의 정치적 책임과 교체를 강조 하고 있다. 이의 근거로 지도자의 자질은 초자연적인 것이 아니며 사람은 누구나 지도자가 될 수 있다고 하고 있으며, 그것은 어느 한 사람 또는 소수의 독점물이 될 수 없다고 하면서, 참다운 민주주의 모습은 지도자가 비교적 빨리 교체되는 사실에서 발견할 수 있다고 하고 있다.[95)] 임기가 보장된 지도자의 경우에도 법률에 따라 소환투표의 방식으로 통제를 하게 된다.

### (3) 국가기관의 구성

선거는 기관 창설의 기능을 한다.[96)] 민주정치에서 선거는 정부를 구성

---

94) 김광수, 선거와 선거제도, 박영사, 1997, 20면.
95) Hans Kelsen, Vom Wesen und Wert der Demokratie, 2. Aufl, 1929, S. 107-108.

하는 통로의 역할을 한다. 국정의 최고 책임자인 대통령을 국민들이 직접 선거하는 대통령제 정부형태에서 이러한 기능은 분명하게 드러난다. 그러나 대통령제보다 의원내각제적 정부형태를 채택하고 있는 국가들이 더 많기 때문에 유권자들이 직접 투표하여 정부를 구성한다는 것은 비교적 드문 경우에 해당한다. 그보다 유권자들은 한 사람의 대표자 또는 정당에게 투표를 할 뿐이고 선거 후 대표기구로서 의회 내지 정치적 세력관계에 의해서 정부가 구성되는 경우가 더 많다. 물론 정부구성을 위해 필요한 의회의 다수의석을 확보하기 위해서는 정당간의 연합이 필요한 경우도 많다. 이때도 선거는 한 사람의 후보자 또는 정당에 권한을 위임하는 의미를 갖기 때문에 정부구성의 기능과 관련이 많다.

선거는 권력을 맡길 인물을 선택하는 과정을 통해서 정책에 영향을 미칠 수 있게 된다. 유권자들은 정책적 입장을 달리하는 여러 명의 후보자 가운데 한 사람을 정책결정에 관여하게 되는 대표로 뽑는다. 따라서 선거는 간접적으로 정부의 정책에 영향을 미치는 효과를 갖게 된다.[97]

### (4) 정부에 대한 정통성 부여

선거는 정부에 정통성을 부여해 준다. 선거를 통하여 대중의 여론을 수용하고 또 정치적 책임관계가 분명해질 때 정부는 '적격자가 정당한 방법'으로 통치한다는 정통성을 얻게 된다. 선거는 권한을 위임하는 합법적인 절차로서 정부에 정통성을 부여한다. 정부는 정통성을 인정받게 될 때 보다 효과적인 통치를 수행할 수 있게 된다.[98]

96) Ebenda, S. 104.
97) 김광수, 앞의 책, 21면.
98) 김광수, 앞의 책, 21면.

## Ⅱ. 선거권의 법적 성격

### 1. 개인적 권리설

개인적 권리설은 선거권을 개인의 권리라고 하는 사상으로 이는 근대 자연법학자들인 로크, 몽테스키외, 루소 등의 이론에서 등장하고 있다. 그들은 자연법의 입장에서 국민주권을 주장하고 국민은 모든 주권의 행사에 참여하는 권리를 갖는다고 주장하여 선거권은 태어나면서 가지는 불가양의 것으로 인간의 자연권에 속하는 것이라고 하였다. 이러한 선거권의 사상은 1789년 프랑스 혁명의회에서 로베스 삐에르 등에 의해 주창되어 1793년 헌법과 선거법 속에 그 결실을 보게 되었다.[99] 순수한 개인주의적 자연법학설에 의한 이러한 선거권의 관념이 민주정치의 계몽적 이데올로기로서 중요한 역할을 했음은 부인 할 수 없는 사실이다.

### 2. 공무설

공무설은 선거권을 국가의 목적을 위해 부여한 것이라고 하는 국가주의적 실정법학자의 주장이다. 이 설에 의하면 선거는 본래 단체의 행위이고 개인은 단지 단체행위를 위하여 필요한 개별적 행위를 수행하는데 불과하다고 한다. 따라서 선거는 선거인단의 일원으로서 집단적으로 행해지는 공적 직무라고 보는 데에 그 특색이 있다.

선거가 개인의 권리의 대상이 되는 것을 부인하는 이와 같은 공무설은 1791년 프랑스 헌법의회에서 표명되어 그 후의 왕정복고시대의 이데올로기를 지배하였다. 그러나 선거권이 권리가 아니고 공무라는 관념은

---

99) 林田和博, 選擧法, 有斐閣, 1958, 37頁.

프랑스보다는 독일에서 발전하였다. 독일에서 공무설에 큰 영향을 끼친 라반트에 의하면 선거권은 하나의 주관적인 개인의 이해 속에 기초한 권리로서 인정되는 것이 아니고 객관적인 법의 반사로서 인정된다고 하였다. 선거권은 주관적인 '선거하는 권리'가 아니며 단지 의회의 구성절차에 관한 헌법규범의 반사에 지나지 않는다고 한다.100)

선거권에 관한 이러한 해석은 선거행위의 협동적 요소로서의 국가의 행정활동을 지나치게 강조한 것으로서 비판을 받는다.101)

### 3. 권한설

권한설은 선거행위를 국가기관의 활동으로 봄으로써 선거권을 기관권한으로 보는 것이다. 이 설의 대표적 주장자인 옐리네크에 의하면 선거란 국가기관의 선임을 의미함으로 선거에 참여하는 것은 국가기능의 행사이며 그것 자체가 기관활동이다. 선거인은 선거의 순간에 있어서 국가기능의 행사자가 되고 선거라고 하는 국가기능의 행사를 마치면 다시 사인의 지위에 복귀하게 된다. 이와 같이 선거권은 '선거하는 권리'로서 존재하지 않으며, 선거하는 권리의 주체는 관리의 임명의 경우와 마찬가지로 항상 국가이며 개인이 이러한 권리를 갖는 것처럼 보이는 것은 실제는 법의 반사에 불과하다고 본다. 이러한 점에서 권한설은 공무설과 같으나 선거권에 대하여 개인적 청구권을 인정하는 점에서 공무설과 구별된다. 권한설에 의하면 일반적으로 선거의 관리·집행 또는 투표에 있어서 개인의 이익은 법에 의한 보호를 받는다.

---

100) P. Laband, Das Staatsrecht des deutschen Reichs, Bd. Ⅰ, 5. Aufl., 1911, S. 331.

101) 정만희, 헌법과 통치구조, 법문사, 2003, 338면.

그러나 이와 같은 개인의 이익의 보호는 개인이 선거인으로서 즉, 적극적 신분을 가진 자로서의 '자격의 승인'을 의미하는 것에 불과하다. 옐리네크는 개인의 국가기관으로서의 활동에 대한 자격의 승인은 이러한 활동의 허용을 구하는 가능성을 부여한다는 사실을 지적하여 선거권이 단순한 반사적 이익이 아니라 선거인으로서 인정되는 자격·권한으로 보고 이에 수반하는 개인적 청구권을 인정하는 것이라고 하였다.[102]

## 4. 이원설

이원설은 선거권을 공무수행과 권리의 복합으로 보는 견해로서 통설적 입장이다. 선거인은 선거를 통해서 국정에 관한 자기의 의지를 주장하는 기회를 부여받는 동시에, 선거인단이라고 하는 공무에 참가하는 것으로 전자의 의미에서 참정의 권리를 가지며 후자의 의미에서 공무집행의 의무를 갖기 때문에 선거권에는 권리와 의무라는 이중의 성질이 인정된다.[103]

선거의 목적은 국가를 위한 국가기관을 구성하는데 있다. 그러나 개인은 선거인으로서 국가의 기관에 그치는 것이 아니고 의회의 창조를 위한 불가결한 인적 수단이다. 따라서 선거권은 개인의 국가기관으로서의 활동을 허용하는 것에 그치는 것이 아니라 그것은 정치적으로 오랜 투쟁 속에서 획득한 개인의 국가의사의 형성에 참여하는 권리이다. 이와 같이 선거를 국가목적을 위한 공무로서 또는 선거권을 헌법 내지 선거법에 의해 보장된 주관적 권리로서 파악하는 것이 타당하다.

선거권의 법적 성격을 이와 같이 권리적 성격과 공무적 성격으로 볼

---

102) G. Jellinek, System der subjektiven öffentlichen Rechte, 1960, S. 136ff.
103) 淸宮四郞, 憲法 I, 有斐閣, 1972, 135頁.

때 문제가 되는 것은 선거권의 행사를 선거인의 자유의사에 맡길 것인가 아니면 의무화할 것인가의 문제이다. 선거권 행사의 의무화는 19세기 중엽 스위스의 일부 주에서 시작하여 그 후 벨기에(1893년), 스페인(1908년), 아르헨티나(1912년), 불가리아(1919년), 체코슬로바키아(1920년) 등에서 채용되었다. 강제투표제는 헌법 또는 선거법에 의해 채용되어 그 의무위반에 대해 견책, 위반자의 신상공개, 또는 형벌적 제재로서의 벌금 그 밖에 정치적 제재로서의 공민권의 정지 등이 있다.

그러나 투표의 강제는 선거결과의 객관적 공정을 보장할 수 없으며 강제투표제는 선거권의 권리적 성질과 모순되는 것으로서 선거의 의무위반에 법률상의 강제를 과하는 것은 타당하지 못하다. 따라서 선거권의 행사는 선거인 각자에 맡길 수밖에 없다. 기권자 없이 모든 유권자가 선거에 참여하는 것이 바람직한 것이지만, 그것은 전적으로 정치적 평가의 문제이지 법적인 평가의 문제는 아니다.

## 5. 소결

위와 같이 선거권의 법적성격에 대해서 살펴보았다. 선거권이란 국민의 기본권인 참정권의 가장 핵심적인 요소로 선거에 참가할 수 있는 권리로써 주권자인 국민의 주권행사에 관한 주관적 공권인 동시에 국민주권에 입각한 민주주의를 실현하기 위한 객관적 가치질서를 뜻한다. 이런 측면에서 볼 때, 헌법 제24조의 권리성과 공직선거법 제6조 제3항의 선거권 행사의 의무규정을 합리적으로 해설할 수 있는 이원설이 타당하다고 본다.

물론 위의 이원설에 대해 비판이 없는 것은 아니다. 그들은 '권리일원설'을 주장하면서 이원설은 라반트 등에 연원하고 있는 역사적 한계성을 그대로 현대에 와서도 적용하고 있다고 비판하고 선거권은 자연권으로서 일의적으로 파악하여야 한다고 주장하기도 하지만[104] 선거권의 객관적 가치질서의 성격과 선거권 행사의 의무적 성격을 설명하기에는 부족하다.

## III. 선거의 기본원칙

경쟁적이고 민주적인 선거가 되기 위해서는 '선택의 가능성'이 주어지고 '선거의 자유'가 보장되는 것만으로 충분하지 않다. 선거절차의 모든 과정에서 국가권력이 절대적으로 정치적인 중립뿐만 아니라 선거권과 피선거권의 결정, 선거구의 분할, 후보자의 추천과 결정, 선거운동, 투표, 개표와 합산, 득표수에 상응한 의석의 배분, 그리고 선거에 관한 소송 등에서 모든 선거참여자와 정당에게 균등한 지위와 기회가 보장되는 것이 필요하다.

따라서 국민주권에 입각한 대의민주주의를 실현해야 된다는 민주정치의 현대적인 당위명제를 충족하기 위해서 대부분의 민주주의국가는 선거법의 기본원칙을 헌법 또는 각종 선거법에 명문으로 규정하고 그 합리적인 운용을 위한 제도적인 장치를 마련해 놓고 있다. 보통·평등·직접·비밀·자유선거의 원칙이 바로 그것이다. 우리 현행헌법(제41조 제1항과 제67조 제1항)도 이 같은 선거법의 기본원칙을 명문으로 규정하고 있다.

통치권의 민주적 정당성을 확보하기 위한 수단으로서의 이 같은 선거

---

104) 정만희, 앞의 책, 339-371면.

법의 기본원칙은 국민의 의사표현의 자유와 함께 자유민주적 통치질서의 가장 기본적인 전제조건이다.[105] 따라서 선거제도의 기본원칙이 국가권력을 기속하는 것은 당연하다. 또 선거제도의 기본원칙은 비록 그것이 국민의 기본권의 형식으로 규정되고 있지 않다고 하더라도 기본권과 유사한 성격을 갖는 국민의 주관적 공권을 발생시킨다.

## 1. 보통선거의 원칙

보통선거는 제한선거에 반대되는 개념으로 평등선거의 원칙과 마찬가지로 일반적인 평등원리의 선거법상 실현원리이다. 보통선거라 함은 모든 국민은 누구나 선거권과 피선거권을 가져야 한다는 원리이다. 따라서 국민인 이상 성별·인종·언어·재산정도·직업·사회적 신분·교육수준·종교·정견 등에 의해서 선거권과 피선거권의 제한을 받아서는 안 된다는 것을 뜻한다.

보통선거의 원칙은 평등선거의 원칙과 함께 일반적 평등원칙과의 관계에서 볼 때 특수적 평등원칙으로서의 의미를 갖는다. 양자의 관계는 일반법과 특별법의 관계와 유사한 관계가 존재하고 연혁뿐만 아니라 원리상의 차이가 있다. 일반적 평등원칙은 동등한 조건에서 동등하게 취급하고 다른 조건하에서는 다르게 취급하는 것을 요청하지만, 보통선거의 원칙은 국민 개개인의 속성으로서 갖고 있는 각각의 차이에 관계없이 원칙적으로 모든 국민에게 선거권을 보장하도록 하는 것이다. 또한 보통

105) 그러나 선거법의 기본원칙은 역사적인 정치발전과정에서 오랜 세월에 걸쳐 점진적으로 확립된 것이기 때문에 그 구체적인 내용도 시대와 나라에 따라 다르다는 점을 유의할 필요가 있다. 예컨대 보통선거의 원칙만 하더라도 19세기에는 단순히 남자만의 선거권을 의미했었고 스위스에서는 1971년에 와서야 비로소 여자의 선거권이 인정되었다.

선거의 원칙은 평등선거의 원칙과도 명백히 구별되지 않으면 안 된다. 전자는 선거권의 실질적인 면에서 유무에 관한 차별을 금지하지만, 후자는 주로 선거권의 내용에 관하여 차별을 금지하는 것이다. 보통선거의 원칙의 작용에 있어서는 다음과 같은 점에 유의할 필요가 있다.[106]

첫째, 보통선거의 원칙은 선거권의 실질적인 유무에 관한 차별을 금지하는 것이다. 따라서 이 원칙은 선거권의 귀속에 관한 차별뿐만 아니라 선거권의 행사에 있어서의 차별도 금지한다. 부재자투표제의 문제는 이 후자의 문제에 해당한다.[107]

둘째, 보통선거의 원칙에 의해 보장되는 선거권은 광의의 개념으로 파악해야 한다. 즉 이 원칙은 협의의 선거권뿐만 아니라 피선거권의 보장도 포함한다.

셋째, 보통선거원칙의 작용은 한계기준이 문제된다. 보통선거의 원칙이라고 하는 것은 절대 무제한으로 타당한 것이 아니고 일정한 한계에 복종하지 않을 수 없지만 국민주권의 원리와의 관계에서 이 원칙의 중대성에 비추어 그 한계는 특별히 신중한 배려를 필요로 한다. 따라서 일반적 평등원칙에 관하여 적용되는 합리적 이유의 기준이 그대로 보통선거의 원칙에 적용될 수 없다.[108] 보통선거의 원칙은 그 작용을 한정하는 특별히 정당한 사유가 없는 한 그 원칙의 적용을 회피하는 것은 허용될 수 없다.

넷째, 보통선거의 원칙은 작용의 한계에 관하여 선거권의 법적 성격론이 상당히 큰 의의를 갖는다. 선거권의 본질을 개인적 권리로 볼 것이냐

---

106) 정만희, 앞의 책, 341면.
107) Karl-Heinz Seifert, Bundeswahlrecht, 3. Aufl., München: Vahlen, 1976, S. 41f.
108) Hans Meyer, Wahlsystem und Verfassungsordnung, Frankfurt, 1973, S. 144.

공무의 수행으로 보느냐 또는 양자의 결합으로 볼 것인가에 따라 보통선거의 원칙의 한계론에 미묘한 영향을 미치게 됨을 유의해야 한다.

보통선거의 원칙은 무제한적으로 적용되는 것이 아니라 일정한 요건을 갖추어야 한다. 선거법에 일정한 요건이 규정되어 있으며, 그 중 적극적 요건으로서 국적·연령·주소 등이 있다. 먼저, 선거권은 한 나라의 국민이 국정에 참여하는 권리이므로 외국인에 선거권이 인정되지 않는 것은 문제가 되지 않는다. 그리고 선거연령에 대해서 공직선거법은 제15조 제1항에서 19세 이상의 국민으로 제한하고 있다. 이 규정은 세계 각국의 선거연령에 맞추어 2011년 11월 개정되어 20세에서 19세로 하향조정된 것이다.

그리고 경우에 따라서는 선거인명부의 등록요건으로 거주제한을 요구할 수도 있다. 외국의 경우 선거인 명부의 등록요건으로 3개월 이상의 거주를 규정하고 있기도 하고 있으나, 우리의 현행 공직선거법은 선거를 실시하는 때마다 구(자치구가 아닌 구를 포함한다)·시(구가 설치되지 아니한 시를 말한다)·군의 장은 대통령선거에서는 선거일 전 28일, 국회의원선거와 지방자치단체의 의회의원 및 장의 선거에서는 선거일 전 19일 현재 제15조에 따라 그 관할 구역에 주민등록 또는 국내거소신고가 되어 있는 선거권자(지방자치단체의 의회의원 및 장의 선거의 경우 제15조 제2항제3호에 따른 외국인을 포함하고, 제218조의13에 따라 확정된 재외선거인명부 또는 다른 구 · 시 · 군의 국외부재자신고인명부에 올라 있는 사람은 제외한다)를 투표구별로 조사하여 선거인명부작성기준일부터 5일 이내에 선거인명부를 작성하여야 한다고 규정하고 있다. 이 경우 선거시에 주민등록의 대거 위장전입이라는 문제점이 발생할 수 있으므로 입법의 보완이 요구된다.[109]

이와 같은 선거권의 적극적 요건을 충족하고 있는 경우에도 소극적 요건, 즉 결격사유에 해당하는 자는 선거권을 갖지 못한다. 현행 공직선거법은 제18조 제1항에서 결격사유로 1. 금치산선고를 받은 자, 2. 금고 이상의 형의 선고를 받고 그 집행이 종료되지 아니하거나 그 집행을 받지 아니하기로 확정되지 아니한 자, 3. 선거범, 「정치자금법」 제45조(정치자금부정수수죄) 및 제49조(선거비용관련 위반행위에 관한 벌칙)에 규정된 죄를 범한 자 또는 대통령·국회의원·지방의회의원·지방자치단체의 장으로서 그 재임중의 직무와 관련하여 「형법」(「특정범죄가중처벌 등에 관한 법률」 제2조에 의하여 가중처벌되는 경우를 포함한다) 제129조(수뢰, 사전수뢰) 내지 제132조(알선수뢰)·「특정범죄가중처벌 등에 관한 법률」 제3조(알선수재)에 규정된 죄를 범한 자로서, 100만 원 이상의 벌금형의 선고를 받고 그 형이 확정된 후 5년 또는 형의 집행유예의 선고를 받고 그 형이 확정된 후 10년을 경과하지 아니하거나 징역형의 선고를 받고 그 집행을 받지 아니하기로 확정된 후 또는 그 형의 집행이 종료되거나 면제된 후 10년을 경과하지 아니한 자(형이 실효된 자도 포함한다), 4. 법원의 판결 또는 다른 법률에 의하여 선거권이 정지 또는 상실된 자로 규정하고 있다.

## 2. 평등선거의 원칙

평등선거는 차등선거 내지 불평등선거에 대한 개념으로서 일반적인 평등원리의 선거법상의 실현원리이다. 따라서 모든 선거참여자가 모든 선거절차에서 균등한 기회를 가져야 함은 물론이고 선거를 통한 정치적 의사형성과정에서 모든 국민은 절대적으로 평등한 영향력을 행사할 수 있어야 한다. '투표가치의 평등'과 '선거참여자의 기회균등'이 평등선거의

109) 정만희, 앞의 책, 343면.

핵심적인 두 가지 내용으로 간주되는 이유도 그 때문이다.

### (1) 투표가치의 평등

평등선거의 원칙은 우선 모든 선거인의 투표가치가 평등하게 평가될 것을 요구한다. 평등선거는 이처럼 제1차적으로 투표가치가 동일하게 평가되는 선거를 뜻하기 때문에 선거인의 재산·수입·납세·교육·종교·인종·성·정치적 소견 등에 따른 투표가치의 차등평가는 허용되지 않는다.

그런데 '투표가치의 평등'에서 특히 주의해야 할 점은 투표의 '산술적 계산가치의 평등'뿐 아니라 투표의 '성과가치의 평등'도 함께 포함된다는 사실이다. 따라서 평등선거에서는 이 두 가지 내용의 투표가치의 평등이 함께 실현될 수 있어야 한다. 다수대표선거제도에서는 그 제도의 성격상 투표의 산술적 계산 가치면에서 절대적인 평등이 실현되면 되지만, 비례대표선거제도에서는 투표의 '산술적 계산가치'뿐 아니라 그 '성과가치'까지도 평등해야 한다.

보통선거와 평등선거의 원칙에서 나오는 이 같은 'one man, one vote, one value'의 요청 때문에 입법권자는 특별히 선거구의 분할, 의석배분방법 등을 정하는 데 세심한 주의를 해야 한다. 선거인수에 있어서 선거구간의 편차가 너무 크게 벌어지도록 선거구를 분할한다든지, 투표의 성과가치의 평등을 무시한 정책적 의석배분방법을 채택한다든지 하는 것 등이 모두 평등선거의 원칙에 반한다. 이와 관련하여 헌법재판소는 선거구간 인구편차의 합헌성기준을 명백하게 제시하고 있다.[110)]

110) 헌재 2001. 10. 25. 2000헌바92.

### (2) 선거참여자의 기회균등

평등선거에서 중요시되어야 하는 또 다른 내용은 모든 선거참여자와 정당에게 모든 선거절차에서 '균등한 기회'가 보장되어야 한다는 점이다. 현대의 정당국가에서 정당의 지위와 기능이 커지고 선거가 정당중심으로 행해지게 된다는 점을 감안할 때 선거에서 모든 정당에게 균등한 기회가 주어지는 것은 민주정치의 실현을 위해 특히 중요한 의미를 갖는다. 그러나 무소속후보자나 비 정당정치단체라고 해서 선거절차에서 불리한 대우를 받아서는 안 된다.

평등선거를 실현하기 위한 기회균등의 요청은 모든 선거절차에서 국가의 공권력이 엄격한 중립을 지킬 때에만 그 실효성을 기대할 수 있기 때문에 국가의 공권력이 정당간의 선거전에 편파적으로 개입하거나 간섭하는 것은 허용되지 않는다. 그러나 국가의 공권력의 합리적인 결정에 따른 불가피한 이유 때문에 정당을 차별대우하는 것은 허용된다. 예컨대 국영방송이 선거참여정당에게 선거운동을 위한 방송시간을 할당하는 경우에도 정당의 크기(직전선거에서의 득표율 또는 의석수 등)에 따라 방송의 횟수와 방송시간의 장단을 조정하는 것은 가능하다. 또 입후보등록을 위해서 일정 수 이상의 선거인의 추천을 받도록 하는 것도 기회균등의 원칙에 벗어나는 것은 아니다. 나아가 군소정당의 난립과 정국 불안을 막고 효율적인 정책수행을 위해 선거법에 '저지조항'을 두어 일정비율 이상의 득표를 한 정당에게만 비례대표제에 의한 의석배분을 하고 선거운동경비를 보상하는 것, 지역구국회의원후보자에게만 예비후보자 제도를 두는 것 등도 기회균등의 정신에 반한다고 볼 수 없다. 또 일정한 수준의 득표를 하지 못한 후보자의 기탁금을 국고에 귀속시키는 제도도 기회균등에 위배되지 않는다는 것이 우리 헌법재판소의 입장이다.[111)]

## 3. 직접선거의 원칙

직접선거라 함은 간접선거에 대한 개념으로서 선거인 스스로가 직접 대의기관을 선출하는 것을 말한다. 간접선거는 일반선거인의 투표가 직접으로 후보자를 당선시키는 효력을 갖지 않고, 후보자의 당선은 일반선거인에 의해 선출된 중간선거인의 투표에 의해 결정되는 경우를 말한다.

간접선거제의 근저에는 대중에 대한 불신이 자리를 잡고 있다. 유권자 대중은 일반적으로 지성과 교양에 있어서 부족하며 선동에 휩쓸리고 일시적인 감정과 이해에 따라 움직이기 때문에 냉정하고 적정한 판단을 내릴 수 없다는 것을 전제로 하고 있는 것이다. 이러한 사상은 특히 과거 민주주의가 발생한 초창기에 많이 주장되어졌다. 그러나 오늘날 정보와 지식의 보편화, 평등주의 사상의 보급 등으로 대중의 지적 수준과 사회참가가 향상됨에 따라 간접선거제 주장의 근거가 약해졌다.

그리고 직접선거의 경우 간접선거에서처럼 선거인과 대의기관 사이에 또 다른 중간선거인이 없기 때문에 선거인과 대의기관 사이에는 직접적인 신임과 위임관계가 성립하게 된다. 따라서 직접선거에서 중요한 것은 선거인이 특정인 또는 특정정당에 대한 투표를 통해서 그에 대한 신임을 표시하기 이전에 이미 그 특정인 또는 특정정당의 득표에 영향을 미칠 수 있는 모든 법적·정치적 영향행위가 완결되어야 한다는 점이다. 따라서 이미 투표가 행해진 다음에 비례대표제에 의한 전국구후보의 순위나 사람을 바꾸는 행위는 직접선거의 원칙에 대한 침해다.

간접선거에서 직접선거로의 발전 변환 과정을 살펴보면 다음과 같다. 역사적으로 프랑스의 1791년 헌법에 처음으로 간접선거가 채택되어 실시되어 오다가 1848년 헌법 이래 하원의원선거에 직접선거가 채택되었

111) 정만희, 앞의 책, 344면.

으며 현재는 상원의원선거의 경우에도 직접선거가 일반적으로 채택되고 있다. 미국의 경우에는 연방상원의원의 선출이 1913년까지 각 주 의회에 의한 간접선거를 통해 이루어 졌다. 오늘날 간접선거제는 일부 국가의 제2원의 선거나 대통령선거에 채택되고 있다.112)

이러한 간접선거에 대해서는 대부분의 견해는 부정적인 의견이며 그 이유는 다음과 같다. 간접선거에 있어서 중간선거인의 의사와 일반선거인의 의사가 합치한다면 중간선거인의 존재는 무용한 것이 되고 양자가 합치하지 않으면 중간선거인의 존재는 유해한 것이 되기 때문이다. 또한 간접선거는 현대의 대의민주주의에 적합하지 않다. 더욱이 정당의 발달에 의해 일반선거인은 후보자의 경향성에 관하여 명확한 판단이 가능하게 되었으며, 정당국가시스템에서 간접선거는 그 존재근거를 잃었다고 보고 있다. 직접선거의 원칙은 대표의 위조 또는 변조를 막는 데에 그 제도적 본질이 있으며, 간접선거에서 직접선거에로의 전환은 민주주의와 인권의 발전의 필연적 귀결이라고 할 수 있다.113)

## 4. 비밀선거의 원칙

비밀선거라 함은 '공개투표' 내지 '공개선거'에 대한 개념으로서 투표에 의해서 나타나는 선거인의 의사결정이 타인에게 알려지지 않도록 하는 선거를 말한다. 따라서 구두로 투표하고 선거업무종사원이 그것을 기록하는 방법의 공개투표는 물론이고, 공개석상에서 거수 또는 호명의 방법으로 행하는 '공개투표'가 모두 비밀선거의 원칙에 반하는 것은 물론이다.

비밀선거는 역사적으로 공개선거에 대항하여 형성 발전한 것으로 옛

---

112) 小平修, 現代世界の選擧と政堂, ミネウ"ァ書房, 1982, 50頁 .
113) 정만희, 앞의 책, 344-345면.

날에는 의회선거가 일반적으로 공개선거가 원칙으로 되어 구두·거수 등에 의해 행해져 왔다. 이는 선거인의 책임을 분명히 할 수 있다는 데에 그 근거가 있는 것이나, 반면에 이는 사회적 약자의 자유의사의 표시를 현저하게 방해하여 매수·압력에 의한 선거부패의 원인이 되는 것이었다. 이러한 비판론에 따라 프랑스에서는 1789년 선거법에 의해 최초로 투표용지에 의한 무기명투표가 제도화되었으며 그 후 1848년 독일과 1872년의 영국에서 실시되었다. 19세기 말에는 유럽 각 국에 용지투표제가 보급되었다.114)

비밀선거 원칙의 작용에 관하여는 다음과 같은 점에 유의할 필요가 있다. 첫째, 비밀선거의 원칙은 투표시만 타당한 것이 아니다. 따라서 어떻게 투표할 것인지 또는 누구에게 투표하였는지 확인하는 것은 금지된다. 법원에서 이 점에 관한 증언을 구하는 것은 허용되지 않으며, 공권력이 투표내용에 관하여 질문하는 것도 허용되지 않는다. 둘째, 비밀선거의 원칙은 사인간의 경우에도 타당하다. 특히 직업상 또는 경제상의 종속관계에 있는 경우에는 신중한 배려를 필요로 한다. 셋째, 선거인 자신은 원칙적으로 투표의 비밀을 유지할 의무는 없다. 투표 전 또는 투표 후에도 투표내용에 관하여 의사를 표시하는 것은 무방하다. 그러나 투표시 투표의 비밀은 권리인 동시에 의무라고 할 수 있다. 공직선거법에서도 투표의 비밀보장에 관한 규정을 두고 있다. 그러나 투표의 비밀을 침해하지 않는 범위 내에서 행하는 이른바 출구조사는 비밀선거의 원칙에 위배되지 않는다. 그리고 비밀선거의 원칙은 투표의 내용뿐만 아니라 투표의 유무에 관하여도 적용될 수 있는 것인지 문제 될 수 있다. 선거에의 불참도 그것 자체가 정치적 의사의 결정으로 볼 수 있으므로 불투표

114) 小平修, 前揭書, 53-54頁.

자의 공시 등은 비밀선거의 원칙에 반하는 것으로 허용될 수 없다.[115)]

그리고 오늘날 비밀선거의 실현은 선거업무담당기관이 투표의 비밀을 보장할 수 있는 투표용지·기표소·투표함 등을 사전에 완벽하게 준비함으로써만 가능하기 때문에 비밀선거의 성패는 그 큰 부분이 선거준비와 선거업무조직에 달려 있다고 할 것이다. 선거업무담당기관을 일반 행정기관과는 별도의 독립기관으로 구성해야 된다는 요청이 그래서 나온다. 우리 헌법상의 선거관리위원회(제114조 이하)조직은 이 같은 관점에서 볼 때 제도적으로 합리적이다.

### 5. 자유선거의 원칙

자유선거란 강제선거에 대한 개념으로서 선거인이 강제나 외부의 어떠한 간섭도 받지 않고 자기의 선거권을 자유롭게 행사할 수 있는 것을 말한다. 선거의 자유는 광의와 협의의 두 개의 의의를 생각할 수 있다. 협의에 있어서는 선거인이 외부로부터 직접·간접의 강제 또는 부당한 압력을 받지 않고 선거권을 행사하는 것을 의미한다.[116)] 이와 같이 자유선거에서 중요한 것은 선거인이 그 선거권을 자유롭게 행사하는 것이기 때문에 선거권행사 그 자체를 제한하는 것이 아닌 한 외부의 영향을 완전히 배제하는 것은 아니다.[117)] 또 자유선거의 원칙은 '선거의 내용'뿐 아니라 '선거의 가부'까지도 선거인의 자유로운 결정에 맡겨질 것을 요구하기 때문에 '선거의무'를 헌법적 차원이 아닌 법률로 규정하는 것은 허용될 수 없다. 광의에 있어서 선거의 자유는 선거과정총체에 있어서의

---

115) 정만희, 앞의 책, 346면.

116) V. Mangolt-Klein, Das Bonner Grundgesetz, 2. Aulf., 1959, S. 881.

117) 따라서 선거에 관한 여론조사의 결과를 선거일 전 6일부터만 공표·보도하지 못하게 하는 것은 허용된다(공직선거법 제108조).

자유를 의미한다. 입후보의 자유와 선거운동의 자유는 광의의 선거의 자유에 포함된다. 이와 같이 자유선거의 원칙은 포괄적으로 해석하지 않으면 안 되며 그렇게 함으로써 선거과정총체에 있어서의 자유의 계기를 통일적으로 파악할 수 있다.[118]

우리의 헌법은 자유선거의 원칙을 명문으로 규정하지는 않고 있지만 민주적 선거법의 나머지 네 가지 기본원칙을 채택하고 있기 때문에 그 속에는 자유선거의 원칙도 당연히 포함된다고 보는 것이 옳다.[119] 우리 헌법재판소도 같은 입장을 보이고 있다.[120]

자유선거의 원칙은 먼저 투표의 자유를 보장한다. 선거인은 외부로부터 강제나 부당한 압력을 받지 않고 선거권을 행사하는 투표의 자유를 가진다. 따라서 투표내용을 이유로 한 공무원에 대한 불이익처분은 위헌이다. 즉 자유선거는 선거의 비밀이 엄격하게 보장되는 것을 전제로 하는 것이다.[121]

투표의 자유는 국가기관, 특히 행정기관과의 관계에서 보장되어야 하는 것뿐만 아니라 사인간의 문제에 있어서도 직업적 또는 경제적인 사실상의 종속관계에 있는 경우에는 이 취지에 특히 엄격하게 타당한 것이 되지 않으면 안 된다. 또한 투표의 자유는 후보자 선택의 자유뿐만 아니라 후보자불선택의 자유도 보장한다고 보아야 할 것이다. 이는 강제투표제의 문제와 관련되는 것으로서 강제투표의 목적이 기권자에 대한 일정한 제재를 통하여 기권율을 가급적 감소시켜 의회제도의 운용을 원

---

118) 정만희, 앞의 책, 347면.

119) 독일 헌법은 제38조 제1항에서 연방의회의 선거는 보통·직접·자유·평등·비밀선거에 의해 보장된다고 규정하여 자유선거의 원칙을 명문화 하고 있다.

120) 헌재 1994. 7. 29. 93헌가4, 6(병합).

121) K. Hesse, Grundzüge des Verfassungsrechts der Bundesrepublik Deutschland, 14. Aufl., 1984, SS. 56-57.

활하게 하려는 데에 있는 것이지만 기권에 의한 후보자 선택의 소극적 판단도 주권자의사의 표시라고 볼 때 투표의 강제는 허용되기 어렵다.

광의의 선거의 자유에 있어서는 입후보의 자유와 선거운동의 자유가 중요한 문제이다. 입후보의 자유는 국민주권의 원리와 직결되는 피선거권의 행사로서의 측면에서 그 자유는 원칙적으로 보장되며 그에 대한 제약은 예외적인 경우에 한정된다. 선거운동의 자유는 민주주의 사회의 필요적 구성요소이다. 그것은 헌법상 주관적으로는 표현의 자유의 일환으로서, 객관적으로는 자유선거의 원칙의 대상으로서 보장되는 것이다. 선거운동의 자유는 후보자에게는 그의 정치적 견해를 유권자에게 호소하는 수단이며, 선거인에게도 후보자의 선택을 판단하는 유력한 수단이 되는 것이므로 그 자유는 최대한 보장되어야 한다. 따라서 선거운동에 대한 법적 규제는 선거의 자유와 공정을 확보하기 위한 최소한도의 범위 내에서 인정되어야 하며 선거운동의 지나친 규제는 자유선거의 원칙의 기본정신에 위배된다.[122]

## Ⅳ. 선거제도의 유형과 내용

### 1. 의의

선거제도의 구체적 내용이 되는 것은 대표제와 선거구제이다. 대표제라 함은 대표결정방식 또는 의원정수배분방법을 말하고, 선거구제라 함은 선거인단을 지역단위로 분할하는 방식을 말한다. 대표제와 선거구제는 대체로 표리의 관계에 있다. 아무튼 대표제와 선거구제는 단순한 기

122) 정만희, 앞의 책, 348면.

술적인 문제에 그치는 것이 아니라 한 나라의 헌정운영에 중대한 영향을 미친다. 선거제도의 목적이 국민의 의사를 정확하게 반영할 수 있는 대표를 선출하고 안정된 정국운영을 확보하는 데 있으므로 이 두 가지 목표를 조화롭게 실현할 수 있는 선거제도의 내용이 되어야 한다.[123]

## 2. 대표제

대표제에는 여러 가지 유형이 있지만 이 중에서 다수대표제, 소수대표체, 비례대표제, 직능대표제, 할증제가 대표적이다.

대표제는 현대 정당국가적 대의민주정치에 있어서 선거인의 정치적 의사를 수량적으로 배분하는 선거제도의 핵심으로서 그 나라의 특수한 상황에 따라 다를 수 있지만 정치체계와도 밀접한 관계가 있다. 선거인에 의하여 행해진 투표의 통계표는 대표하고자 하는 경쟁자(정당)에 대한 선거인의 선택이 수량적으로 표시되는 투표일뿐이며, 어떤 의미에서는 소수경쟁자(특히 정당)에 할당하는 정당한 의석배분의 기초로서 그러한 수량적 자료를 해석하는 것이 바로 선거제도라 할 수 있다.[124]

따라서 대표제 형식을 결정함에 있어 무엇보다 고려되어야 할 사항은 대표제 유형의 헌법 및 정치현실과의 부합 여부에 대한 정확한 진단이다. 정당체계에 의해서 형성되어지는 현대 정당국가적 민주정치의 통치구조하에서 대표제 형식과 정당체계의 상호관계가 서로 협조적이고 순기능적일 때 국민주권주의에 근거한 국민대표 및 대의 원리와 정당한 헌법적 기능의 조화가 극대화 될 수 있다.

---

123) 권영성, 앞의 책, 207면.

124) D. W. Rae, The Political Consequences of Electoral Laws, New Haven: Yale Univ. Press, 1971. pp. 22-23.

더구나 오늘날 대중민주정치에서는 다양한 정당들이 급격히 증가하고 있는데 이에 따른 새로운 문제가 나타나고 있으며, 특히 비례대표제의 문제와 관련하여 많은 논쟁의 대상이 되고 있는데 선거제도와 정당 수와는 필연적으로 직접적인 관계가 없다는 것이 일반적인 견해이지만 그럼에도 불구하고 선거제도와 정당 수 사이에는 긴밀한 관계가 있음을 부인할 수 없다.

뒤베르제는 정당체계를 정당의 수를 기준으로 하여 일당체계(one-party system), 양당체계(two-party system), 다당체계(multi-party system) 등으로 분류하였으며, 사회경제적(social-economic), 이념적(ideological), 그리고 기계적(mechanical)요소가 복합적으로 작용한다고 보았다.

이러한 여러 요소 중 기계적 요소와 관련 가장 중요한 것이 선거제도라고 한다. 이는 각 나라의 특수한 역사와 정치 환경 못지않게 선거제도가 그 나라의 정당체계를 결정짓는 중요한 변수라고 한다. 즉 다른 요소의 결과로서 나타나는 정당의 수는 어떤 유형의 선거제도에 의해 더 촉진되기도 하고 또 다른 유형의 선거제도에 의해 억제되기도 한다는 것이다.[125]

### (1) 다수대표제

#### 1) 의의

다수대표제는 대표자의 선거를 선거구에 있는 다수자의 의사에 따르게 하는 방법으로 다수자만이 대표자를 낼 수 있으며 소수자는 대표자를 내는 것이 거의 불가능한 제도로서 선거제도상의 다수결 원리를 반영한 것이라 할 수 있다. 이 제도는 비례대표선거제도보다 더 오랜 역사

---

125) Maurice Duverger, Les Partys Politiques, Paris: Solin, 1954.

를 가진 제도로 영국과 프랑스, 미국, 캐나다 등에서 시행되고 있다.

다수대표제에는 절대다수대표제와 상대(단순)다수대표제가 있는데[126] 전자는 한 선거구에서 적어도 유효투표의 과반수이상의 득표자를 당선자로 하는 제도로서 제1차 투표에서 당선자가 나오지 않을 경우 결선투표를 실시하는 것이 보통이다. 후자는 최소득표선이 없기 때문에 상대적으로 많은 표를 얻은 사람을 당선자로 결정하는 제도이다.

결선투표제(run off)는 1차 투표에서는 시표방지심리나 원하지 않는 후보가 당선되는 것을 두려워하여 차선의 후보를 선택하는 일이 없이 다양한 유권자 개인들의 선호가 자유롭게 표출될 것이다. 1차 투표를 통해서 한 사회의 여러 요구와 이해가 자연스럽게 드러나면 2차 결선투표에서는 현실적으로 선택 가능한 선호의 조합이 대안으로 만들어 진다. 이렇게 하여 투표의 낭비나 부등가교환을 없애면서 사회의 다양한 선호와 이익이 표출될 때 현재와 같은 양대 정당중심의 보수독점구조는 깨뜨려질 것이고 온건한 다당제로의 전환과 정책중심의 경쟁과 연합의 유인효과도 커질 것이다.

상대다수대표제는 엄밀한 의미에서 평등선거의 원칙과는 거리가 멀다. 당선자를 지지하지 않은 투표의 가치가 계산되지 않으므로 유권자의 선호와 무관하게 사표방지의 심리가 투표행위를 지배하게 되므로 이런 조건에서 유권자의 투표행위는 정치 엘리트들만의 게임에서 주변적 역할만 하는데 불과한 것이 된다.[127]

---

126) 다수대표제에는 영국식 소선구제의 불합리성을 제거하기 위하여 고안된 것으로 영국과 그 식민지에 있어서 선택투표제(alternative vote)와 미국의 각 지방에 있어서의 Bucklin식 우선투표제(preferential bollot) 및 결합(apparentment)방식 등이 있다.

127) 최장집, 민주화 이후의 민주주의, 후마니타스, 2002, 259면.

### 2) 다수대표제의 장·단점

#### 가. 장점

다수대표제의 장점으로는 소선구제를 채택했을 경우 비례대표제에 비해 선거인 간의 유대관계는 물론 선거인과 대표자간의 유대관계형성을 보다 용이하게 할 뿐만 아니라 양당제도의 확립과 정부의 정책집행을 뒷받침 해주기 위한 다수세력의 형성이라는 측면에서 유리한 제도라고 할 수 있다. 하지만 구체적인 사회구조 또는 정치조건에 따라서는 오히려 비례대표제가 유리한 기능을 나타낼 수도 있다는 점에서 우열을 가리기 힘들다 할 것이다.

#### 나. 단점

단점으로는 낙선된 모든 후보자에게 주어진 선거인의 투표는 대의기관의 구성에서 완전히 도외시되기 때문에 대의기관의 의사결정과정에 정치적인 소수세력의 이해관계를 충분히 반영할 수 있는 통로가 마련되기 어렵다는 것이다.

또한 선거구의 분할과 크기가 선거 결과에 큰 영향을 미치는데 모든 선거구를 동일한 크기로 분할하는 것이 기술적으로 어렵기 때문에 선거구 분할을 통해서 행정적으로 선거 결과를 조종할 수도 있다는 비난을 면하기 어렵다. 뿐만 아니라 상대다수대표제의 경우 정당의 득표율과 그 의석수 사이에 정비례관계가 성립되지 않은 이른바 '바이어스(Bias)현상'[128]이 나타날 수도 있어 표에서는 이기고 의석수에서는 지는 불합리한 결과가 초래될 수도 있다.

---

128) Bias 현상은 영국의 선거제도 연구에서 유래하는 개념으로서 특히 타 정당에 비해 득표수에서는 앞섰지만 의석수에는 뒤지는 현상을 나타내는 말이다.

### (2) 소수대표제

다수대표제의 경우는 다수당이 의석을 독점할 우려가 있고 소수파가 의회에 평등하게 대표되지 못할 가능성이 있다. 이러한 불공평을 시정하고 소수당에게도 최소한의 의석을 배분함으로써 대표를 보장하려는 제도가 소수대표제이다. 이 제도에 있어서도 소수당에 어느 정도의 대표를 보장할 것인가에 대해서는 일정한 기준이 없고, 여러 가지 방법에 의하여 소수자가 대표될 수 있는 기회를 부여하고 있고 대선거구를 전제로 한다. 오늘날 널리 채택되고 있는 방법으로는 누적투표제[129], 제한연기투표제[130], 순서체감투표제, 대선거구단기비이양식투표제, 당선최저한제[131] 등이 있다.

### (3) 비례대표제

#### 1) 의의

비례대표제는 선거권자들의 정치적 선호 즉 각 사회세력의 정치적 지

---

129) 누적투표제(The Cumulative Vote)는 연기다수투표제와 같이 선거인은 그 선거구내의 의원정수와 동수의 후보자에게 연기투표 할 수 있으나 반드시 상이한 후보자명을 연기할 필요는 없으며, 그 표의 전부 또는 일부를 동일후보자에게 누적시키는 제도임. 이 제도는 영국의 J. G. Marshall이 제안하여 1902년까지 영국과 미국의 일부 선거에서 채택된 바 있다. 이 제도는 소수파보호의 목적을 어느 정도 달성할 수 있으나 선거인과 정당 간의 일체감을 갖는 곳이 아니면 소수파가 더 많은 의석을 갖게 되는 모순을 초래할 수 있음.

130) 이 제도는 1793년 프랑스의 콩도르세가 제안하여 1867~1885년까지 영국 하원선거와 1960년 우리나라 참의원선거에 채택한 사례가 있으며 다수파의 독점을 방지한다는 장점은 있으나 소수파 모두를 보호할 수 없고 유력한 소수파에게만 혜택이 부여되는 단점이 있다.

131) 당선최저한제는 소선거구제에서 잔여 표를 이용할 수 있도록 소선구제를 수정한 제도로 후보자는 수개의 선거구에서 입후보하는 것이 허용되고 그 후보자가 입후보한 각 선거구에서 득표한 득표수의 합계가 일정한 당선최저한 수에 달하면 그 후보자가 입후보한 어느 선거구에서도 다수를 차지하지 못할 경우에도 당선자가 되는 제도를 말한다. 신현경, 선거제도, 일조각, 1961, 212면.

지를 의회의 구성에 가능한 한 그대로 반영하는 것을 원칙으로 정당이나 후보자에 대한 선거권자의 지지에 비례하여 의석을 배분하는 선거제도이다. 즉 다수대표제의 단점을 극복하기 위해 각 정치세력의 득표율에 비례하여 대표자를 배분하는 제도로 유권자인 국민의 의사를 보다 정확하게 반영할 수 있고 다수대표제보다 더 국민의 정당성을 확보할 수 있기 때문에 유럽 각국에서 널리 채택되고 있다.[132)]

비례대표제는 다원적인 산업사회와 대중민주주의의 나라에서 대의의 이념을 합리적으로 실현하기 위해서 창안된 선거제도이기 때문에 다수대표제보다 늦게 제도화 되었다. 따라서 비례대표제는 정당제도의 발달 및 정당국가적 경향에 힘입어 20세기에 들어와 비로소 선거제도로서 정착되기 시작했다고 볼 수 있다. 이러한 비례대표제의 표본적인 유형은 독일 바이마르공화국의 선거제도에서 찾을 수 있다.[133)]

### 2) 비례대표의 장·단점

#### 가. 장점

첫째, 비례대표제는 투표의 산술적 계산가치의 평등뿐만 아니라 그 성과가치의 평등까지도 실현하려는 제도이기 때문에 평등선거의 원리와 잘 조화된다고 할 수 있다. 둘째, 비례대표제는 소수 정치세력의 의회진출을 쉽게 함으로써 소수의 보호에 우호적인 제도이며, 다수대표제하에서의 선거구 분할의 불가피한 불균형 즉 선거구 획정의 불평등을 시정할 수 있다. 셋째, 비례대표제는 민주정치의 본질인 정당정치에 적합하여 정당본위의 선거를 유지 발전시켜 정당정치의 활성화를 기할 수 있다.

---

132) 성낙인, 앞의 책(선거법론), 74-75면.
133) 허영, 앞의 책(한국헌법론), 751면.

#### 나. 단점

첫째, 비례대표제는 대선거구제를 채택할 수밖에 없어 정당의 난립이 우려되고 이에 따른 다수 군소정당의 출현으로 정국의 불안이 야기될 수 있다. 둘째, 비례대표제는 기술적으로 시행하기 어려운 점이 많고 절차가 복잡하여 개표에서 당선인 결정에 이르기까지 어려움이 많다. 셋째, 비례대표제는 직접선거의 원리에 모순된다고 할 수 있다. 즉 선거인과 대표사이에 정당이 개입하고 투표는 간접선거로 되기 쉽다. 넷째, 비례대표제는 후보자 명부가 정당에 의하여 작성되고 명부의 순위가 정당의 간부나 특정세력에 의해 좌우되기 때문에 선거인의 정확한 의사가 반영되기 어렵다.

### 3) 비례대표제의 구체적 실현형태

#### 가. 의의

비례대표제는 비례의 원리에 따른 비례적 대의의 실현에 주안점을 두기 때문에 그 구체적인 제도의 형성도 이 같은 제도의 이념과 목적에 맞게 이루어져야 한다. 다수대표제가 추구하는 목적이 정책 집행을 뒷받침할 수 있는 안정다수세력의 형성이라면 비례대표제는 사회 내지 정치집단의 실제세력에 상응하는 다원적이고 사회투영적인 대의의 실현을 추구하기 때문에 그 구체적인 실현형태도 입후보방식, 선거인의 투표방식, 의석배분 방법과 저지규정 등에서 다수대표제와 다르게 나타난다.[134)]

#### 나. 입후보 방식

역사적으로 다수대표제에 대한 개념으로 형성된 비례대표제는 서로 다른 두 가지의 목표를 추구하고자 하였다. 하나는 정당의 존재를 전제

134) 허영, 앞의 책(한국헌법론), 753면.

로 하여 정당을 공정한 대표가 확보되어야 하는 단위로 취급하는 것이고, 다른 하나는 선거권자 각자를 단위로 하여 일정한 정당과 어떠한 관계가 있든 없든 간에 각 선거권자의 요구를 최대한 실현하려는 것이다.[135] 전자가 바로 정당명부식 비례대표제이고, 후자가 단기이양식 비례대표제이다.

정당명부식 비례대표제는 선거권자로 하여금 정당 명부를 대상으로 투표하게하고 명부의 득표율에 비례하여 각 정당에게 의석을 배분하는 것으로 명부입후보 방식으로 취한다. 이러한 정당명부식에는 선거권자가 후보자를 선택하는데 어느 정도 구속되느냐에 따라 고정명부식, 가변명부식, 그리고 자유명부식의 유형이 있다.

고정명부식은 명부의 내용과 순위가 처음부터 고정적인 형태인데 반하여 가변명부식과 자유명부식은 선거인에게 명부선택권 뿐만 아니라 인물선택권까지 줌으로써 정당의 간부에 의하여 일방적으로 정해지는 후보자 선정과 명부내의 후보수위를 선거권자의 손으로 고칠 수 있게 한다는 데 특별한 민주적 의미가 있다. 즉 비례대표제에 인물 선거의 요소를 가미한 제도라 할 수 있다.[136]

한편 고정명부식은 정당의 상층부 지도자들이 명부작성을 주도하게 함으로써 일단 정당의 리더쉽 기능을 강화한다. 이 제도는 정당이 가지는 특성상 정당의 핵심지도층이 정책결정을 주도함에 따라 리더쉽이 강화되고 조직이 공고해지는 효과가 나타난다. 이러한 특성을 이용하여 여성이나 소수인종 등의 대표성을 정치적으로 보장하고 지역주의와 같은 선거를 통해서 나타나는 정치체제내의 역기능을 제거하는 방편으로 활용할 수도 있다.

---

135) Enid Lakeman, Power to Election, London: Heinemann, 1982, p. 32.
136) 허영, 앞의 책(한국헌법론), 753면.

반면 정당이 소수 핵심인사들의 주도로 운영되는 상명하복의 조직체제로 경직되는 결과를 초래한다. 정당 지도부의 주도로 만든 명부만을 대상으로 투표하게 됨으로써 선택의 폭이 좁아지는 부정적 결과가 나타난다. 또한 투표자의 선호도가 반영되지 않기 때문에 후보와 정당이 일치하지 않을 경우 투표자가 전략적으로 판단해 투표하는 문제가 발생할 수도 있다.[137]

### 다. 선거인의 투표방법

비례대표제의 투표방법은 입후보방식에 따라 다르다. 즉 고정명부식의 경우 선거인은 원칙적으로 하나의 투표권만을 갖고 각 정당이 제시한 명부 중에서 한 정당의 명부만을 그 전체로서 선택하게 된다. 이에 반하여 가변명부식의 경우 선거인에게는 적어도 두 개의 투표권이 주어져서 하나의 투표는 명부의 선택에 또 하나의 투표는 명부 내 후보자의 선택에 사용하도록 한다.

### 라. 의석배분방식과 저지규정

비례대표제에서 의석 배분방식이 문제되는 것은 고정의석수를 놓고 여러 정파가 선거경쟁을 벌이는 경우이다. 선거 전에 대의기관을 구성할 의원수를 정하지 않고 선거인의 투표율에 따라 의원수가 정해지게 하는 이른바 유동의석수의 제도에서는 선거인의 투표수에 따라 각 정당이 차지하는 의석수가 자동적으로 정해지기 때문에 문제가 되지 않는다.

고정의석수를 놓고 각 정당이 그 득표율에 따라 의석을 배분하는 방법은 여러 가지가 있으나 가장 널리 행해지는 방법은 이른바 돈트식(d'Hondt)계산방법과 해어/니마이어식(Hare/Niemeyer)계산 방법의 두

---

137) 안순철, 선거체제 비교 : 제도적 효과와 정치적 영향, 법문사, 1998, 176-177면.

가지라고 볼 수 있다.[138)]

돈트식에 따른 의석배분은 득표율에 정확히 비례하는 결과를 얻기가 어렵고 군소정당보다는 큰 정당에게 상대적으로 유리한 방법이며, 해어/니마이어식에 따른 방법은 돈트식과 달리 군소정당에 유리한 배분결과가 나타난다고 평가된다. 의회 내의 상임위원회 구성 등에 이 방법이 자주 채택되는 이유도 그 때문이고 우리 선거법상 국회의원 선거에서 정당의 비례대표의석의 배분방법은 원칙적으로는 득표율 기준인데 대체로 해어/니마이어식 계산 방법의 범주에 속한다고 볼 수 있다.

해어/니마이어식 배분방법은 각 정당의 득표수를 전체 의석수와 곱한 숫자를 다시 전체 유효투표수로 나누어서 각 정당의 몫을 구해놓고 각 정당에게는 제1차적으로 그 몫의 자연수에 해당하는 만큼의 의석을 배분한 다음 미 배분의석이 생기면 제2차적으로 각 몫의 소수점 이하 숫자의 크기 순서에 따라 나머지 의석을 배분하는 방법이다.

아울러 비례대표제의 의석 배분방법과 관련 군소정당의 난립을 막기 위한 '저지규정'을 둘 것이지, 둘 경우 그 저지선을 어느 정도로 정할 것인가가 문제가 된다. 저지규정이란 선거에서 일정한 득표율을 올렸거나 당선자를 낸 정당에게만 의석배분을 하는 제도로 군소정당의 난립을 막고 다수세력의 형성을 촉진하려는 제도이다. 현행 공직선거법 제189조는 국회의원선거의 경우 지역구에서 5인 이상의 당선자를 냈거나 정당투표에서 유효투표총수의 3% 이상을 득표한 정당만이 비례대표의 의석배분에 참여할 수 있도록 한 규정이 그것이다.

---

138) 허영, 앞의 책(한국헌법론), 754면.

### 마. 초과의석의 발생

비례대표제의 의석배분과 관련 이른바 초과의석의 문제이다. 즉 독일 연방의회선거처럼 지역구 중심의 다수대표제와 전국구 중심의 비례대표제를 함께 채택함으로써 모든 선거인에게 지역구 후보자를 뽑기 위한 투표권과 고정명부식에 따른 정당을 선택하기 위한 투표권의 두 가지가 같이 주어지는 경우 초과의석이 생겨 의회의 의석수가 초과의석 만큼 증가하는 예외적인 현상이 나타날 수도 있다.

이는 특정정당이 지역구에서 확보한 의석수가 정당에 대한 제2투표의 득표율을 기준으로 그 정당에게 배분한 의석수보다 많은 경우 그 많은 수만큼의 초과의석이 생기기 때문이다.[139]

## (4) 혼합대표제, 할증제

혼합대표제(Mixed Systems)[140]는 수정비례대표제로도 불리며[141], 국가에 따라서 비례대표제와 다수대표제의 장단점을 상호 보완하기 위하여 소선거구 상대다수대표제와 대선거구 비례대표제를 혼용하는 경향이 있다. 독일과 일본의 선거제도가 이런 범주에 속한다.[142] 그러나 독일의 경우는 부진정혼합선거제이고 일본은 병렬식선거제도란 점에서 차이가 있다.

---

139) 허영, 앞의 책(한국헌법론), 756면.

140) 혼합대표제는 의원정수의 일정 부분을 다수대표제 방식으로 선출하고 나머지를 정당명부식 비례대표제 방식으로 선출하는 절충식이다. 이 제도는 독일에서 고안된 방식이며, 최근에는 이탈리아, 뉴질랜드, 헝가리 등이 이를 채택하고 있다.

141) 김철수, 앞의 책(헌법학개론), 198면.

142) 독일선거법에서는 인격화된 비례대표제, 소선거구비례대표 병용제라고도 불리며, 이것은 비례대표제에 소선거구다수대표제를 결합한 것이다. 박병석 역, 선거제도와 정당체제, 도서출판 다다, 1994, 170면.

할증제[143]라 함은 일정한 득표율 이상 또는 이하를 획득한 정당에 대하여 득표수에 비례한 의석이 아니라 할애 또는 증감을 하여 의석을 배분하는 제도이다.

### (5) 직능대표제

#### 1) 의의

직능대표제(Functional Representation)[144]는 지역대표제에 대한 것으로서 지역대표제가 지역구를 대표하는 대표자를 선거하는 것을 목적으로 한 데 대하여, 직능대표제는 선거인을 각 직역별로 나누고 그 직역을 단위로 하여 대표를 선거하는 방법이다. 이런 대표방법이 채택되는 이유는 정치의 경제화에 그 원인이 있다.

#### 2) 직능대표제의 선출방법

직능대표제의 선출방법은 여러 가지가 있으나 첫째, 특정 경제정책이나 경제이익을 주장하는 단체정당이 의회에서 의석을 차지하는 경우 둘째, 상원에서의 직능대표적 대표로서 나타나며 셋째, 입법기능의 의회에서 정치적 영역과 경제적 영역으로 구분함으로 나타나며 넷째, 정치의회를 경제의회의 기능을 가지도록 보강함으로써 나타나며 다섯째, 의회가 각 직능 단체를 통합하여 하나의 대표로써 나타날 수 있다. 그러나 가장 대표적인 형태는 직능상원을 구성하는 것이며, 이외에 경제평의회를 구성하는 경우가 있다.

---

143) 권영성, 앞의 책, 210면.
144) 김철수, 앞의 책(헌법학개론), 199면.

### 3) 직능대표제의 문제점

직능대표제는 국민의 복잡한 직역을 합리적으로 분할하고 이에 대한 대표자수의 합리적인 할당이 곤란하고, 정치의 경제화에는 한계가 있으며 국민의 정치적 의사가 경제적 이해관계 만에 의하여 좌우되는 것이 아니라는 점이다.[145] 또한 직능대표제의 가장 교묘한 기술에도 불구하고 모든 이익단체의 투쟁은 종결되지 않는다는 점에서 문제가 있다. 그러나 바이마르 헌법에서와 같은 경제의회는 필요하며, 직능대표제 상원도 존재의의가 있다.

---

145) 김기영, 헌법강의, 박영사, 2007, 273면.

# 제3장 주요 국가의 선거제도

## 제1절 미국의 선거제도

### Ⅰ. 개관

민주주의와 동의어로 평가받는 미국에서의 대의민주주의는 1787년 합중국 헌법의 제정으로 시작된다. 당시 선거제도는 상당히 제한적인 요소가 많았다. 그 이후 미국에서의 선거권은 수정헌법과 대법원 판례를 통해 점차확대 성숙되어져 갔다. 미합중국헌법 제정 초기에도 선거권은 성, 재산, 종교, 도덕 등 여러 가지 이유로 제한되었다. 이러한 제한선거는 시민의 권리의식의 고양과 사회적인 물적 기초의 발달로 점차 거센 비판에 부딪쳤고 그 과정에서 점차 확대되어져 나간 것이다. 재산적 제한은 19세기 중엽에 완전 폐기가 되었으며, 흑인의 선거권은 1870년 수정헌법 제15조에 의해 연방헌법에서 보장하였지만 실제로는 제대로 지켜지지 않고 20세기 들어 1957년 The Civil Rights Act나 1960년의 The Civil Rights Act, 1965년의 The Voting Rights Act의 시행으로 점차 보장되어져 갔다. 여성의 선거권은 수정 헌법 제19조가 만들어짐으로 인해 보장되었다.

미국 선거제도에서 두드러진 특징 중 하나는 세계 어느 나라보다도 선거가 많다는 점이다. 선거횟수도 대통령 선거를 제외하고도 매 2년 마다 행해진다. 선거가 많다는 것은 국민들이 지배자와 정부를 불신한다는 것과 민의에 의해서 정치가 이루어져야 한다는 신념이 강하다고 하는 것을 보여주는 것이다.[1] 미국에서 선거가 특별히 많은 이유는 첫째, 미국의 권력분립제도를 들 수 있다. 권력분립제도를 채택함으로서 대통령과 의회의 선거를 분리해서 실시하고 있다. 둘째, 연방제도와 지방제도의 발달을 들 수 있다. 주들은 독자적으로 정부를 조직할 권한을 헌법상으로 부여받고 있기 때문에 각 주별로 나름대로의 제도발전을 통해 선거의 다양성과 다량성을 초래하게 된다. 또한 자방자치의 발전도 이러한 결과를 가져왔다.[2]

이러한 다양한 선거, 즉 연방정부의 대통령이나 연방의회 상원의원과 하원의원 선거와 관련해 그 선거운동 과정을 규율하는 법률로 '연방선거운동법'(Federal Election Campaign Act)을 두고 있으며, 각 주 단위에서의 주지사 주의회 의원선거 또는 법관을 선거로 뽑는 주에서는 선거운동을 규율하기 위해서 연방선거운동법에 준한 법을 두고 있다. 따라서 미국의 선거제도는 '미국 연방헌법'(The Constitution of United States of America)과 '투표권법'(Voting Rights Act), '연방선거운동법', '선거인등록법'(National Voter Registration Act), '의무복무자 해외부재자투표법(Uniformed and Overseas Citizens Absentee Voting)을 중심으로 살펴보도록 하겠다.

---

1) 서정갑, 부조화의 정치: 미국의 경험, 법문사, 1989, 136면.
2) 김병록, "미국의 선거제도", 법학논총 제5호, 조선대 법학연구원, 1999, 141-143면.

## Ⅱ. 대통령선거

### 1. 선거권과 피선거권

#### (1) 선거권

미국에서 일정한 연령에 도달하면 누구나 선거에 참여할 수 있게 된 것은 비교적 최근의 일이다. 제헌 당시 미국의 선거권은 재산과 납세금액에 따라 제한적으로 주어졌다. 그러나 민주주의 이념이 보편화 되어감에 따라 선거권의 확대가 이루어지게 되었다. 그리고 미국에서는 1971년 수정 헌법 제 26조의 제정으로 18세 이상이 되면 대통령선거에 참여할 수 있다. 현재 미국에서 대통령선거에 투표하려면 다음과 같은 4가지 요건을 충족시켜야 한다. 첫째, 투표인은 미국시민이어야 하며, 둘째, 투표하는 일정한 선거구에 일정기간 거주하여야 하는데, 1970년의 투표권법에서는 대통령 선거의 투표에 관해서는 주내의 거주요건을 30일로 규정하였다. 셋째, 18세 이상의 자 이어야 하며, 마지막으로 미국시민은 상기한 세 가지의 요건을 만족시키는 경우에도 '선거인등록법'에 따라 그가 거주하는 선거구에서 행하는 등록절차를 밟아야한다.

#### (2) 피선거권

미국 연방헌법 제2장 제1조 제5항에 의하면 대통령이 될 수 있는 자격은 출생에 의하여 미국시민권을 가진 자로서 취임시 현재로 만 35세 이상의 연령에 달하고 14년간 미국에 거주하는 자로 규정되어 있다. 그러나 지금까지의 예로 보면 주지사, 연방 상원의원 등의 공직경험을 갖는 자가 대통령 후보자로 선출되는 경우가 압도적으로 많다.

## 2. 선거절차[3)]

미국의 대통령선거과정은 크게 각 정당의 대통령후보자지명을 위한 예비선거의 단계와 예비선거 이후 대통령에 당선되기 위한 정당 대 정당의 선거전인 본 선거의 두 단계의 구분할 수 있다.[4)] 예비선거까지의 첫째 단계에서는 각 정당 내에서 선거운동이 행하여지게 되고, 전국 당대회에서 대통령후보자의 지명을 얻고자 하는 자는 가능한 한 다수의 대의원의 지지를 획득하기 위하여 노력하게 된다. 이 과정이 대통령예비선거이다.

당 대회에서 대통령후보자가 지명되면 선거전은 후반의 단계에 접어들어 본격적으로 정당과 정당간의 다툼이 된다. 이 단계에서는 각 정당의 후보는 전국적인 유세를 통한 선거운동을 하게 된다.

### (1) 대통령후보자지명제도

#### 1) 전국당대회 대의원의 선출방법

대의원의 선출방법은 각주에 따라 다양한 형태로 나타나지만 통상적으로 크게 두 가지의 방법이 행해지고 있다. 하나는 주의 당대회제도로서 이것은 지방 당 조직에서 대회를 열고 주의 당 대회 또는 당 위원회에 보낼 대의원을 선출하고, 다음에 주의 당 대회 또는 당위원회에서 전국대회에 보내는 대의원을 선출하는 제도이다 이를 코커스(Caucus)라 칭한다. 이러한 주의 당 대회 하에서는 당의 운영을 행하고 있는 위원과 간부 등에게는 유리한 제도이지만, 일반 당원의 발언 기회를 상실케 한

---

3) http://www.fec.gov/pages/brochures/candregis.shtml.
4) 정만희, 미국의 헌법과 권력구조, 법문사, 1988, 44면.

다는 비판에 당원이나 일반 유권자가 직접 후보자를 선출하는 제도가 생기게 되었다. 이것이 예비선거의 제도로서 지방의 공직후보자선거에 대부분의 주에서 채용하고 있는 것을 대통령후보자의 지명을 위해 전국 당 대회에 출석하는 대의원의 선출방법에 응용한 이른바 대통령예비선거제도인 것이다.[5)]

대의원의 선출은 주의 각 당 지지유권자가 자기의 지지정당의 대의원을 선출하는 주 단위, 정당 단위의 선거를 의미한다. 대의원은 구속대의원과 비구속대의원으로 구분되는데 구속대의원은 대의원에 선출될 때에 지지한 대통령후보자를 전국 당 대회에서도 지지할 의무가 부여된 대의원으로서 그 의무를 위반하는 경우에는 자격박탈 등의 제재가 가해진다. 이에 대하여 비구속대의원은 위와 같은 의무나 제재가 가해지지 않는 대의원을 말한다.

대부분의 경우에 있어서 대의원후보자는 사전에 어떤 대통령후보를 지지하겠다는 것을 밝히고 있고, 그에 따라 후보자는 자기를 지지하는 대의원을 얼마만큼 획득하느냐에 따라 당락이 결정된다.

### 2) 대통령예비선거제도

#### 가. 대통령예비선거의 의의

대통령후보자의 지명을 위하여 전국 당 대회에 참가하는 대의원을 직접 당원의 투표에 의하여 선출하는 대통령예비선거제는 이론적으로 민주주의원칙에 기초하여 제정된 것이다. 즉 대통령예비선거제도는 대통령선거에 있어서의 제1단계인 후보자 지명절차를 민주화하기 위하여 만들

---

5) 1903년 위스콘신주에서 처음으로 예비선거 방식을 주 전역에서 실시하는 법률을 제정한 이후 각 주에서 널리 채택되고 현재는 많은 주가 예비선거를 통하여 후보자를 지명하고 있으며, 2008년 미국 대선에서는 51개 중 37개 주가 예비선거를, 14개 주가 코커스(전당대회 포함)를 실시했다.

어 졌다는데 가장 큰 의의가 있다. 정당의 후보자를 지명하는데 있어 당간부 및 일부의 지도층의 전단적 방법에 의하여 대통령후보자가 지명되고 이와 같은 지명과정에 일반 당원의 의사가 반영되지 못하게 되는 정당보스(boss) 또는 소수의 직업정치인의 정치지배를 방지하기 위하여 일반 당원의 대중적 참여(popular participation)를 요구하게 된 것이다.

이 제도는 현실적인 면에 있어서, 당시의 시대적 상황으로 볼 때 정당의 분열을 방지하기 위하여 채택되었다는 점에 그 정치적 의의를 발견할 수 있다.[6] 대통령예비선거제도는 이러한 정치적 의도가 내포되어 제정되었기 때문에 필연적으로 극히 복잡한 형태로 나타나지 않을 수 없었던 것이다.

오늘날 대통령예비선거제도는 대통령선거에서 항시 볼 수 있는 군소후보자를 그 예선과정에서 정리하고 탈락시키는 기능을 하고 있으며, 특히 선호투표의 예선방식을 채용하는 주에 있어서 예선결과는 전국 당대회에 대하여 구속력을 갖는 것이 아니더라도 일반 국민의 정확한 의사 및 동향에 관한 신뢰할 수 있는 자료로서 커다란 관심을 갖게 되는 것이다. 특히 TV등 매스컴이 현저하게 발달된 오늘날 이러한 경향은 더욱 강해지게 되었으며 그러한 점에 있어서 이 제도는 국민의 의사를 반영하는 제도라고 할 수 있다.

### 나. 대통령예비선거의 유형 및 방법

각 정당의 대통령후보자를 지명하는 전국 당 대회를 참가하는 대의원은 주의 당 대회 또는 당위원회에서 선출되어지는 대의원과 대통령예비선거에 의해 선출되는 대의원으로 구성된다.

이중에서 다수의 주에서 채용하고 있는 대통령 예비선거제도는 주에

6) 정만희, 앞의 책(미국의 헌법과 권력구조), 60-61면.

따라서 각각 다른 형태와 방법을 취하고 있으나 대체로 다음과 같은 유형으로 분류할 수 있다.

대통령예비선거의 유형의 하나는 정당의 전국대회에 참가하는 대의원을 직접 유권자가 선출하는 방법이 있다. 투표용지에 인쇄되어 있는 대의원후보자는 특정의 대통령후보자를 전국 당 대회에서 투표할 것을 서약하는 경우도 있고, 아무런 서약을 받지 않고 따라서 대통령 후보자지명의 투표에 있어서 어떠한 구속도 받지 않는 경우도 있다.

또 다른 방법은 대통령선호투표에 의한 예비선거(preferential primary)로서 대통령후보자가 되고자 하는 사람들의 성명이 투표용지에 열거되어 있고 그 중에서 예선참가자가 지명하고자 하는 자에게 투표하는 것이다.[7] 이 투표는 투표자가 누구를 대통령후보로 선호한다는 것과 그 자를 전국대회에서 지지할 것을 서약한 대의원후보자의 명부에 투표한다는 두 가지 의미가 있는 것이다. 대통령후보자에 대한 선호의 표명은 예비선거의 입후보자에 대하여 행해지는 것이 원칙이지만 예선에 정식참가를 하고 있지 않는 후보자에 대해서도 투표자가 지지하는 경우에는 임의로 그 성명을 기입할 수 있는 기입투표(write in vote)제도를 인정하는 주도 있다.

위의 두 가지 유형을 혼합한 방식으로 대통령선호투표와 함께 대의원선거를 따로 규정한 것이 있다. 그 예로서 뉴햄프셔주의 예비선거는 하나의 투표용지에 두 번 표시하게 되어 대통령후보자선호투표, 이른바 인기투표와 함께 대의원의 선거가 동시에 행해진다.

그 밖의 대통령예비선거에서 유권자가 자기의 소속정당 여하를 묻지 않고 자유로이 자기가 원하는 정당의 대의원후보에게 투표할 수 있는

---

7) Robert H. Blank, Political Parties, New Jersey: Prentice Hall Inc., 1980, p. 349.

제도인 공개 예비선거(open primary)와 특정 정당에 소속된 당원만이 예비선거에 참여하여 투표할 수 있는 폐쇄 예비선거(closed primary)가 있다.[8)]

가장 일반적인 예비선거의 형태는 폐쇄 예비선거 또는 비공개 예비선거의 방법으로 미국 대부분의 주에서 채택하고 있다. 이에 반하여 공개 예비선거는 워스콘신주를 중심으로 일부 주에서 채택하고 있다. 이 공개 예비선거제는 본 선거에서 자신이 소속한 정당의 후보자를 당선시키기 위해 유권자가 반대당의 예비선거에 참가하여 약체후보를 지명할 수 있는 소위 “cross over voting”을 방지하기 어렵다는 문제가 있으나 유권자의 정당가입의 비밀을 보장할 수 있다는 이점이 있다.[9)]

### 3) 전국 당 대회에서의 후보자 지명

각 주에서 선출된 대의원은 각 정당별로 따로 개최되는 전국 당 대회(national convention)에 집회하여 소속된 당의 대통령후보자 1명을 정식으로 지명하게 된다.[10)] 이 전국 당 대회는 공식적인 후보자지명과정 중에서 유일한 정당 자체의 문제로서 주법이나 연방제정법에 의해서도 전혀 간섭을 받지 않고 행해진다.

전국 당 대회에서 특정 대통령후보자가 지명을 얻기 위해서는 양당 모두 전대의원의 과반수의 지지를 획득하는 것이 요구된다. 당 대회에서 대통령후보자가 지명되면 선거전은 후반의 단계에 접어들어 본격적으로 정당과 정당간의 경쟁이 된다.

---

8) 중앙선거관리위원회, 각국의 선거제도 비교연구, 2009, 214면.

9) William J. Keefe, Parties, Politics and Public Policy in America, Hinsdale: Dryden Press, 1976, p. 61.

10) 정만희, 앞의 책(미국의 헌법과 권력구조), 57-68면.

### (2) 대통령본선거제도

대통령의 선출은 선거인단에 의하여 이루어진다. 각 주에서는 그 주의 상원의원과 하원의원을 합한 수만큼의 선거인(electors)이 배정되고, 워싱턴 직할시는 수정 헌법 제23조에 의해 3명의 선거인을 갖게 되어 있다. 선거인단 수는 매 10년마다의 인구조사를 근거로 재조정된다. 그러므로 각 주에 배정된 선거인단수는 주의 인구와 비례한다고 할 수 있다. 대통령후보자는 538표의 총 선거인단표(electorial votes)중에서 적어도 270표를 얻어야 대통령에 당선된다.

선거인단선거가 있기 전 각 주에서는 각 정당마다 그 정당별로 그 주에서 선출하는 연방상원의원 및 연방하원의원의 총수와 같은 수의 선거인단후보자 명단을 구성한다. 각 주에서 각 정당별로 구성하는 대통령선거인단후보의 명부를 어떠한 방법으로 작성하는가는 각 주마다 다르다. 그렇기 때문에 어떤 주에서는 대통령선거일에 어떤 사람들이 민주당 대통령선거인단 후보명단을 구성하며, 또 어떤 사람들이 공화당 대통령선거인단 후보명단을 구성하는지도 명시하지 않는 경우가 많다. 오직 주민들은 각 정당에서 지명한 대통령·부통령 입후보자 중에서 누구를 원하는 것만 투표하기로 되어 있다.

이렇게 하여 각 주에서 어떤 정당지명 대통령·부통령 입후보자가 승리하게 되면 그 주의 선거인단은 전부 승리한 당에게 돌아간다. 즉 어느 한 주의 선거인단선거에서 근소한 차이로 승리하더라도 승리한 그 정당이 그 주의 선거인단 전부를 차지하는 승자독식룰(winner take all rule)이 적용된다.[11] 그렇기 때문에 아무리 특정한 주에서 각 주요정당이 지명한 입후보자들 사이에서 접전이 있었다 할지라도 그것은 그렇게 중요

11) 정만희, 앞의 책(미국의 헌법과 권력구조), 19면.

하지 아니하며, 비록 몇 표의 차이라도 승리한 입후보자는 그 주의 대통령선거인단 후보자들을 모두 갖게 된다. 이러한 규정 때문에 입후보자는 선거인단 수가 많은 큰 주에서 더욱 적극적으로 선거운동을 하게 된다.

이렇게 하여 선출된 선거인단은 11월 총선거 이후 12월 첫 월요일이 지난 두 번째 수요일에 주 수도에 모여서 투표를 한다. 선출된 대통령선거인이 투표를 할 때 주의 국민투표에서 승리한 대통령에게 반드시 투표해야 할 법적 의무는 없다. 이것은 심각한 문제점으로 지적되고 있다. 때때로 이러한 일이 실제 선거에서 발생하고 있다.

선거인들이 12월에 투표한 후 투표함은 워싱턴에 있는 상원에 송달되며, 투표함은 다음해 1월초에 새 의회의 상·하양원에서 부통령이 상원의 장으로서 개표하고 공식적으로 그 결과를 선포한다. 그러나 11월 첫 월요일 다음 화요일 총선거에서 나타난 국민투표 결과를 보면 입후보자의 당락을 알 수 있다. 헌법에 의하면 어느 후보자도 과반수(270표)를 얻지 못하면 대통령은 하원에서 선출하도록 되어 있고 각 주의 대표단이 주의 규모에 상관없이 한 표씩만 갖게 되어 있으며 과반수인 25표 이상을 얻은 후보자가 당선된다. 미국 역사상 대통령선거에서 선거인단표의 과반수를 얻지 못하여 상원에서 투표한 경우는 두 번 있었는데, 1800년에 제퍼슨(Jefferson)이, 1806년 아담스(Adams)가 상원선거에서 당선되었다.[12)]

미국의 대통령선거가 위와 같은 제도적 특징을 가짐으로 인해 국민투표(popular vote)에서 표를 더 얻고도 선거인단표를 적게 얻어 낙선하는 경우도 있고, 국민투표에서 투표자들의 과반수의 지지를 얻지 못하고 당선되는 경우도 있다.

---

12) 정만희, 앞의 책(미국의 헌법과 권력구조), 45-46면.

# Ⅲ. 하원의원선거

## 1. 선거권과 피선거권

미국 헌법은 제1장 제2조 제1항에서 '각 주의 선거인은 가장 많은 의원수를 가진 주 의회의 선거인에게 요구되는 자격을 구비하여야 한다'라고 규정하고 있다. 이와 더불어 헌법에서는 선거권은 인종, 피부색, 성별 혹은 인두세(poll tax)나 기타 세금의 미납을 이유로 부인되거나 박탈되지 않는다고 규정하고 있다. 이러한 제한으로 투표할 수 있는 자의 결정은 헌법에 금지된 차별금지요건을 침해하지 않는 한 각 주의 관할사항이다. 모든 주에서는 선거권자의 요건으로 미국 국민일 것과 18세 이상일 것을 규정하고 있다. 연방대법원은 대통령선거 이외의 선거에 있어서 각 주에 최대 30일 이상의 거주요건을 두는 것은 헌법상 허용될 수 없다고 판시한 바 있다. 대부분의 주는 위의 연방대법원의 기준에 따라 거주요건을 두고 있다.

많은 주에서는 정신이상자, 범죄행위로 유죄판결을 받고 시민권의 박탈형을 선고받은 자에게는 선거권을 배제하고 있다. 몇몇 주에서는 선거사범, 결투 등으로 유죄선고를 받고 수감된 자의 선거권을 제한하고 있다.

모든 주에서 선거권자는 자격 있는 선거인으로서 명부에 그 이름이 등재되어야 한다. 이 경우에 선거권자는 자진해서 등록절차를 취하여야 한다. 대부분의 주에서는 일단 명부상에 등재되면 정기적으로 투표에 참여하고 자신의 이름이나 주소를 변경하지 않는 한 재차 신고할 필요는 없다. 일부의 주에서는 정기적으로 선거인등록을 실시하는 정기등록제를 채택하고 있다. 그리고 대부분이 군(county)단위로 작성되는 명부는 대개 계속적으로 수정된다.[13)]

하원의원 선거에 입후보하려면 25세 이상으로 미국시민이 된 후 7년 이상 지나야 하고 그 주의 주민이어야 한다.[14] 그러나 위와 같이 일정한 연령에 도달하면 미국 국민으로서 누구나 선거에 참가할 수 있게 된 것은 미국 역사상 비교적 늦게 생긴 일이다. 제헌의회 당시 선거권은 각 주의 법률에 따라 재산이 있고 교육을 많이 받은 부유층의 특권으로 간주되었다. 연방의회 상원의원의 선거권은 각 주의 하원의원을 선거하는데 참가할 수 있는 사람이면 누구나 행사할 수 있도록 규정했다.[15] 그 당시 주 하원의원 선거에 참여할 수 있는 선거권은 재산과 납세액에 따라 각 주마다 제한되어 있었다. 동부 13개 주에서 거주하는 백인사회에서도 15명중 1명 정도가 선거권을 가졌다. 그러나 주권이 국민에게 있다는 민주주의를 국가의 이념으로 한 이상 주권을 행사하는 선거권을 일반대중에게 허용하지 않을 수 없었다.

이러한 사회적·정치적 배경 하에서 선거권이 처음으로 백인 성인남자에게만 보편적으로 적용되었고, 그 다음 단계로는 흑인에게,[16] 그리고 여자들에게도 적용되었다.[17] 그리고 1970년대에 이르러 18세 이상의 모든 성인남녀에게 선거권이 부여되었다.[18]

13) 중앙선거관리위원회, 각국의 선거제도 비교연구, 179면.
14) 미국 연방헌법 제1장 제2조 제2항.
15) 미국 연방헌법 제1장 제2조 제1항.
16) 미국 연방헌법 수정 제15조.
17) 미국 연방헌법 수정 제19조.
18) 미국 연방헌법 수정 제26조.

## 2. 선거구와 선거운동방법

### (1) 임기 및 의원정수

하원은 각 주의 인구에 비례하여 10년마다 할당하여 결정되는 수의 의원을 국민이 직접 선출한다. 모든 주에 최소한 1명의 하원의원이 있어야 하며, 의원의 수는 인구 3만 명 당 1인을 초과하지 않아야 한다.[19) 이를 근거로 현재는 1950년에 결정된 의원총수 435명이 각 주에 배분되어 있다. 상세한 내용은 주별로 조금씩 다른데, 예비선거는 주로 정당별로 열리며 그 당에 등록한 유권자의 투표에 의해 당의 의원후보자를 결정한다. 본 선거에서는 이렇게 하여 결정된 각 당의 후보자에 대한 투표가 이루어져 당선자를 결정한다.

헌법에 의하면, 10년마다 실시하는 국세조사결과에 따라 주 별 1석씩 할당되는 의석을 제외하고 385석을 대상으로 인구가 늘어난 주는 의원을 전보다 많이 선출하고, 인구가 줄어든 주는 그 감소된 비율만큼 의석을 잃게 된다.[20) 이와 같이 인구가 증가하면 인구가 늘어난 주에 의석을 더 배당하면 되므로 의석배정문제에 어려움이 없었다. 그러나 상원의 의석이 너무 많아지면 의사진행에 어려움이 있게 되므로 더 이상 의석은 증가시키지 않기로 하였는데, 다시 1920년도의 국세조사결과에 따라 의석을 재배정하려고 하자 의석을 잃게 되는 주에서는 의석을 내놓지 않아 문제가 매우 복잡하게 되었다.

이와 같이 의회의 결의로 의석을 재배정하는 데는 무리가 있었으므로,

---

19) 미국 연방헌법 제1장 제2조 제3항.

20) 1990년 기준 선거구당 평균인구수는 572,000명이었고, 2000년 선거구당 평균인구수는 646,000명이다. 중앙선거관리위원회, 각 국의 선거제도 비교연구, 146면.

의회는 이 작업을 스스로 하지 않고 행정부에서 하도록 했다. 이것이 바로 1929년의 의석재배정법인데, 이에 따라 하원의 의석은 435석으로 고정되었다.

### (2) 소선거구제

하원의원선거구는 역사적으로 두 가지 종류가 있는데, 그 중 하나는 1개주에 배정되어 있는 의석을 각 지역별로 나누어 한 선거구에서 하원의원 1명씩 선출하도록 하는 단일 선거구제이고, 다른 하나는 주에 배정되어 있는 의석을 충당하기 위해 나선 후보자들을 주단위로 모두 한 번에 선거하는 일반 티켓제도이다. 그러나 일반 티켓제도를 적용하면 다수당이 배정된 의석을 전부 독점해 버리는 폐단이 있으므로 1842년 선거법 하에서 전국을 단일 선거구제로 만들었다.

이리하여 각 주는 적어도 1명의 하원의원을 선출할 권리가 있으며, 그 최소한을 초과하는 의원수에 대해서는 각 주의 인구에 따라 주 별로 배정된다. 따라서 하원의원선거구는 지리적으로 면적이 동일하지 않다. 다만 인구면에 있어서는 동일하다. 즉 하원의원은 전원이 소선거구에서 선출된다.

그러나 단일선거구제도 그 나름의 단점이 없지 않다. 단일 선구구의 단점 가운데 가장 문제가 되는 것이 '게리맨더링(gerrymandering)'이다. 이를 방지하기 위하여 연방의회는 1842~1901년에 선거구에 관한 법을 통과시켰는데, 이 법에 의하면 선거구는 첫째, 지리적으로 인접해 있어야 하고, 둘째, 주민의 수가 비슷해야 하며, 셋째, 지형적으로 단단하게 뭉쳐 있어야 하는 등 세 가지 조건을 갖추어야 했다. 그러나 이 법의 시행에는 여러 가지 어려움이 있었으며, 연방의회와 연방대법원도 이 문제에 깊이 관여하지 못했다. 그 후 1964년 연방대법원이 웨즈베리 대 샌더스(Wesberry v. Sanders)사건의 판결[21]에서 동등한 선거구 제정을 명령했다. 이 연방최고법원의 판결에 따라 전국적으로 선거구 재편성이 실시되었다.

여기서 하나 문제되는 것은 실질적으로 1표 등가의 원칙이 지켜지느냐 이다. 원칙적으로 선거구획정은 의회에서 정치세력간의 협상결과에 따라 결정된다. 그러나 정당간의 이해관계에 따라 선거구간 인구편차가 발생하게 되는데 이런 경우 의회의 재량을 어느 정도까지 허용할 것인가가 문제된다. 이와 관련하여 연방대법원의 판례를 살펴보도록 한다.

선거구 공정성 확보를 위한 최초의 연방대법원의 판례는 베이커 대 카(Baker v. Carr)사건이다. 이 사건의 판결[22]에서 연방대법원은 '불평등한 인구비례에 따른 선거구획정은 연방헌법 수정 제14조에 위배 된다'고 하였다. 그리고 앞에서 언급한 1964년 웨즈베리 대 샌더스(Wesberry v. Sanders)사건에서는 '조지아주내 연방하원의 최대와 최소 인구편차가 3:1이 넘는 것은 위헌이다'고 판시하였으며, 유권자 1인의 투표는 현실적으로 가능한 한 다른 유권자의 표만큼 가치가 있어야 한다는 1표 등가의 원칙을 확인하였다. 그리고 비교적 최근인 1997년 아브람스 대 존슨(Abrams v. Johnson)사건[23]에서 '인구편차를 0.35% 초과한 연방하원 선거구 획정에 대해서는 정당한 이유가 있다'고 보았다.

21) Wesberry v. Sanders, 376 U.S. 1 (1964).
22) Baker v. Carr, 369 U.S. 186 (1962).
23) Abrams v. Johnson, 65 U.S.L.W. 4478 (1997).

### (3) 예비선거제도

예비선거제도는 미국에서만 찾아볼 수 있는 특유의 제도이다. 진보주의자들이 주장해 온 예비선거제도는 20세기 초 많은 주들이 채택하였다. 진보주의자들은 예비선거제도가 공천과정에서 당의 간부(boss)들의 조작과 부정을 방지할 수 있을 뿐만 아니라 일반 당원이나 시민이 직접 참여할 수 있는 제도라고 주장한다.

예비선거에는 앞에서 설명한 바와 같이 폐쇄적 예비선거제(closed primary)와 공개적 예비선거제(open primary)가 있다. 그리고 공개예비선거제의 변형으로 혼합예비선거제(blanket primary)가 있다. 이는 워싱턴주와 알래스카주와 같은 곳에서 채택되고 있는데, 대개의 과정은 공개예비선거제와 같고 다른 것은 예비선거일에 모든 정당의 후보자들이 기록된 투표용지를 받으며 정당과 관계없이 자유롭게 공천을 할 수 있다는 점이다. 이 혼합예비선거제는 정당의 공천의미를 약화시키고 나아가서 건전하고 책임 있는 정당을 만들어낼 수 없다고 비판을 받고 있다.[24)]

### (4) 유권자등록제도

유권자 등록제도는 선거과정의 공정성과 투명성 그리고 선거사무의 효율성을 도모하기 위해서이다. 연방선거를 위한 선거인 등록을 위해 주법에 의하여 마련된 선거인등록방법 외에 각 주는 다음의 방법으로 연방선거에 있어서 투표를 하기 위한 등록절차를 규정하여야 한다. 첫째 자동차운전면허 신청과 동시에 하는 신청, 둘째 우편신청, 셋째, 주법에 따라서 신청자의 주소와 관련하여 지정된 등록 장소 또는 법에 의하여

24) 정만희, "미국의 예비선거제도에 관한 연방대법원판례", 동아법학 제31호, 동아대학교 법학연구소 2002. 10, 57면.

지정된 연방, 주, 민간의 사무소에서의 신청이 그것이다.[25)]

연방선거에 있어서 투표를 위한 현재 각 주의 유권자의 일반적인 자격으로는 미국시민권, 거주기간 완료, 만 18세 이상의 연령이 공통적인 요건으로 되어 있다. 이와 같은 자격을 가진 사람들은 위와 같이 각 주에서 다양하게 시행하고 있는 등록제도에 따라 유권자 등록을 해야 한다. 유권자 등록에는, 한 번 등록하고 나면 선거에 참여하지 않아도 자연히 제명될 때까지 재등록할 필요가 없는 영구등록제와 정기적으로 재등록을 해야 하는 정기등록제의 두 가지가 있는데, 각 주에 따라 제각기 다른 제도를 선택하여 쓰고 있다.

선거인등록법은 연방선거를 위한 정확하고 갱신된 선거인명부의 관리를 통하여 선거과정의 정확을 기하기 위한 주의 프로그램 또는 활동은 통일적이고 차별적이지 말아야 하며, 등록인의 선거 불참을 이유로 연방선거를 위한 선거인명부에서 삭제하지 말아야 한다. 선거인명부에서의 삭제는 등록인이 등록된 등록관청의 관할 외의 장소로 주소를 변경했음을 서면으로 확인한 경우나 등록인이 현재의 주소에 관한 진술에 대하여 회신하지 않는 경우 또는 통지일로부터 통지일 후에 실시된 두 번째의 연방선거일까지의 기간 동안 선거에서 투표한 적이 없거나 투표한 것처럼 보이지 않을 경우이다.[26)]

### (5) 투표 및 후보자 지명

지금 미국 각 주에서 실시하고 있는 투표방법은 정부당국에서 이미 준비해 놓은 투표용지를 선거인이 자기의 신원을 밝히고 난 다음 1장씩

---

25) 미국 선거인등록법 제4조.
26) 미국 선거인등록법 제8조.

받아 투표장에 들어가서 비밀리에 표를 찍어 투표하거나, 투표소에서 비공개적으로 투표기계를 써서 자기가 선택한 후보자에게 투표를 한다. 초기에는 이와 같은 방법을 쓰지 않고, 선거 때에 유권자들이 모여서 구두로 투표하거나 아무 종이나 써서 투표한 때도 있었다. 이와 같은 투표방법에 따라 부조리가 많이 발생하자 이를 방지하기 위하여 현재와 같은 비밀투표제를 채택하여 투표자가 개인적으로 선거권 행사를 하는 데 간섭을 받지 않도록 했다.

투표용지의 양식은 각 주마다 다르다. 어떤 주에서는 후보자의 이름을 선거직별로 나열해서 기입한 주도 있고, 어떤 주에서는 후보자의 이름을 정당별로 위에서 아래로 일직선으로 기입하되, 정당 후보를 전부 지지하는 사람은 다만 당 아래 X표를 기입하면 되게 한 주도 있다. 하원의원선거에 대한 입후보는 무소속으로든 정당추천에 의하든 모두가 가능하지만, 사실상 대부분의 후보자는 정당의 추천을 받아 투표용지에 등재된다.

후보자지명은 대부분의 주에서 정당의 지명대회 또는 예비선거, 당 대회를 통하여 실시되는 것이 보통이며, 그 절차는 주법에 규정되어 있다. 기탁금 납부제도는 없으며, 보통 예비선거에서의 입후보는 소속 정당에 속하는 일정한 수의 선거권자에 의하여 서명된 청원서를 얻음으로써 후보자가 될 수 있다. 그리고 선거권자는 예비선거에서 자신들의 정당의 후보자를 선출한다. 어느 정당의 예비선거에서나 총선거에서의 후보자로 되는데 필요한 지지 선거인의 수, 서류, 수수료의 필요여부와 그 금액은 주법(State Law)에 따라 다르다.

### (6) 선거운동

오늘날 미국의 정치활동은 후보자 또는 정치위원회(political committe

e)[27]를 중심으로 되어 있다. 연방선거운동법(Federal Election Campaign Act)에 따르면 모든 정치위원회는 회계책임자 1인을 두어야 하며, 회계책임자가 공석인 경우에는 정치위원회에 의한 또는 정치위원회를 위한 어떠한 기부금이나 지출도 이를 받거나 행할 수 없다. 어떠한 지출도 회계책임자나 그가 지정한 자의 승인 없이는 정치위원회를 위하여 할 수 없다.[28]

수권정치위원회를 위하여 기부금을 받은 자는 받은 날로부터 10일 이내에 그 기부금을 회계책임자에게 주어야 하며, 기부금액이 50달러를 초과할 때에는 기부금 수령일자, 기부자의 성명과 주소를 회계책임자에게 통보하여야 한다. 그리고 수권위원회가 아니라 정치위원회를 위하여 기부금을 받은 자는 기부금액이 50달러 이하인 때에는 그 기부금을 받은 후 30일 이내에 기부금을 회계책임자에게 전달하여야 하고, 기부금액이 50달러를 초과하는 경우에는 그 기부금을 받은 후 10일 이내에 그 기부금액, 기부금 수령일, 기부자의 성명과 주소를 회계책임자에게 통보하여야 한다.[29]

그리고 연방공직에 입후보한 각각의 후보자(부통령직에 지명된 자는 제외함)는 그의 선거운동위원회로 활동할 하나의 정치위원회를 서면으로 지정하여야 하는데 이는 후보자가 된 후 15일 이내에 하여야 한다.[30] 하

27) 정치위원회라 함은 (a) 연간 총 1,000달러를 초과하는 기부금을 받거나 지출을 하는 위원회, 클럽, 기타의 단체나, (b) 근로조건 향상을 위해 만든 조직에 의해 설치된 별도 분리기금(separate segregated fund), (c) 연간 총 5,000달러를 초과하여 기부금을 받거나 총 5,000달러를 초과하여 지출은 하되 그것이 연방공직선거에 영향을 미칠 목적이 아닌 경우나 연간 총 1,000달러를 초과하여 기부를 하거나 지출을 한 경우의 정당의 지방위원회를 말한다. 미국 연방선거운동법 제431조 제(4)항.

28) 미국 연방선거운동법 제432조 (a)항.

29) 미국 연방선거운동법 제432조 (b)항.

30) 미국 연방선거운동법 제432조 (e)항.

원의원에 입후보하는 후보자 또는 후보자의 수권위원회 및 선거운동위원회는 연방선거운동법(FECA, 1971)에 따라 제출하여야 하는 지정서, 계산서 및 보고서를 하원사무국장에게 제출하여야 하고, 하원사무국장은 제출된 지정서, 계산서 및 보고서의 사본을 수령한 후 가능한 신속히 연방선거위원회에 송부하여야 한다.

### (7) 선거일

연방 헌법은 하원의원 선거에 관해 “상원의원과 하원의원을 선거할 시기, 장소 및 방법은 각 주에서 그 주 의회가 정한다. 그러나 연방의회는 언제든지 법률에 의하여 그러한 규정을 제정 또는 개정할 수 있다”[31]라고 규정하고 있다. 이 조문에 의하여 2년마다 한 번씩 돌아오는 하원의원 선거는 각 주에서 그 주의 선거법에 의하여 실시하고 있다. 연방의회도 때때로 선거법을 제정 또는 개정하여 중요한 사안에 대해서는 전국적인 통일적 기준을 수립해 왔다. 특히, 선거일과 선거구문제에 대해서는 연방정부의 개입이 특히 중요한 역할을 하였다. 선거는 홀수의 해 11월 첫 번째 월요일 다음에 오는 화요일에 실시되는데, 이것은 연방의회에서 채택한 1872년 법에 의한 것이다.

31) 미국 연방헌법 제1장 제4조 제1항.

# Ⅳ. 상원의원선거

## 1. 선거권과 피선거권

상원의원 선거는 하원의원 선거에서와 마찬가지로 주의 주관하에 치러지며, 선거권을 가지기 위해서는 미국 국민이며, 18세 이상이어야 한다.[32] 연방대법원은 대통령선거 이외의 선거에 있어서 각 주에서 최대 30일 이상의 거주요건을 두는 것은 헌법상 허용될 수 있다고 판시한 바 있다. 대부분의 주는 연방대법원의 기준에 따라 주거요건도 두고 있다.

많은 주에서는 정신이상자, 범죄행위로 유죄판결을 받고 시민권의 박탈형을 선고받은 자에게는 선거권을 배제하고 있다. 몇 개의 주에서는 선거사범, 결투 등으로 유죄선고를 받고 수감된 자의 선거권을 제한하고 있다.[33]

모든 주에서 선거권자는 자격 있는 선거인으로서 명부에 그 이름이 등재되어야 한다. 이 경우 선거권자는 자진해서 등록절차를 취하여야 한다. 일단 명부상에 등재되면 정기적으로 투표에 참여하고 자신의 이름이나 주소를 변경하지 않는 한 다시 신고할 필요는 없다. 대부분의 카운티(County) 단위로 작성되는 명부는 대개 계속적으로 수정된다. 특히 주단위의 선거직전에 수정된다.

그리고 상원의원 선거에 입후보하려면 30세 이상이며 9년 이상 시민권을 가진 자로서 출신 주의 주민이어야 한다.[34] 상원의원은 의원으로서

---

32) 미국 연방헌법 수정 제26조.

33) 캘리포니아주에서는 중범죄에 의해 유죄판결로 수감 중이거나 가석방 중인 자는 선거권을 가질 수 없는 것으로 규정하고 있다(캘리포니아주 선거법 제2101조)

34) 미국 연방헌법 제1장 제3조 제3항.

의 재임 중 미국정부의 관할 하에 있는 어떠한 공직도 겸할 수 없다.[35]

## 2. 선거구, 선거운동방법 및 선거일

상원의 의석은 각 주마다 2명씩 총 100명이고 임기는 6년이다. 미국은 2년마다 한 번씩 상·하원의원을 선출하는데, 연방의회의 하원의원 전원과 상원의원의 1/3을 일반 국민투표로 선출한다.[36] 상원의원 선거에 있어서는 각 주를 하나의 선거구로 하여 선출하게 되며, 선거일은 하원의원 선거와 마찬가지로 정당별 후보자를 결정하는 예비선거를 거쳐 매 짝수 해의 11월 첫째 월요일의 다음 화요일에 실시하게 되어 있고 공휴일은 아니다.

상원의원은 2년마다 1/3씩 개선하기 때문에 한 선거에서 기껏해야 1명씩 선출하고 어떤 년에는 1명도 선거하지 않는 경우도 있다. 만약 선거가 돌아오기 전에 공석이 생기면 주지사가 임시 후계자를 임명한다.[37]

선거운동방법은 하원의원 선거와 별 차이가 없고, 투표절차도 마찬가지로 하원의원 선거와 동시에 투표하게 되어 있다. 상원의원 선거에 대한 입후보는 무소속에 의하든 정당추천에 의하든 모두 가능하지만 사실상 대부분의 후보자는 정당의 추천으로 투표용지에 등재된다.

후보자지명은 대부분의 주에서 정당의 지명대회 또는 예비선거, 당 대회를 통하여 실시되는 것이 관례이며, 그 절차는 주법에 규정되어 있다. 보통 예비선거에서의 입후보는 소속 정당에 속하는 일정한 수의 선거권자에 의하여 서명된 청원서를 얻음으로써 후보자가 될 수 있다. 선거권자

35) 미국 연방헌법 제1장 제6조 제2항.
36) 미국 연방헌법 제1장 제3조 제2항.
37) 미국 연방헌법 제1장 제3조 제2항.

는 예비선거에서 자기가 소속된 당의 후보자를 선출한다. 어느 정당의 예비선거에서나 총선거에서의 후보자로 되는데 필요한 지지 선거인의 수, 서류, 수수료의 필요여부와 그 금액은 주법(state law)에 따라 다르다.

연방선거운동법(Federal Election Campaign Act)에서는 연방선거운동자금법상의 민사상 강제를 규정하고 있는데, 이들 법률은 개인 및 정치위원회(political committee)별로 다양한 선거기부금의 총액을 제한하고 있다.

연방대법원은 선거비용의 제한이 연방헌법 수정 제1조에서 금지한 정치적 표현의 자유를 직접적으로 억압하는 것으로 위헌이지만, 후보자가 공공자금을 받기 위해서 그 제한을 지키기로 동의한 조건하에서는 유효하다고 판시한 바 있다.

## Ⅴ. 지방선거

### 1. 개관

#### (1) 의의

다양한 지역특성과 정치·사회적 여건을 반영하고 있는 미국의 지방자치단체는 지방이나 지역에 따라 서로 다른 기관구성 형태를 나타내고 있다. 넓은 범위의 지방분권주의, 주민참여를 강조하고 의회중심주의라 할 수 있다.

'의회-시장형'의 경우 의원과 자치단체장을 모두 주민이 직선하고 우리나라와 같은 형태이며 대부분의 미국 대도시와 상당수의 중소도시가 이에 해당한다. 그리고 '의회-시지배인형'의 경우 의회에서 시지배인을 임명하며 비교적 동질적인 인구구성을 지니고 있는 지역에서 가장 성공적으로 운영되고 있으며, 시지배인은 의회에서 임명되고 행정적 권한을 부여받고 정치·행정의 분리와 지방정부의 경영적 효율성 및 전문성을 강조하는데 있다. 그 외에도 위원회형과 주민총회형으로 나눌 수 있다.[38] 또한 주민발안, 주민투표, 공직자소환제도등 직접민주주의 제도가 채택되는 경우가 많으며, 행정의 비정치성·민주성·전문성·효율성에 초점을 두고 있다.

그리고 연방정부와 주정부, 그리고 지방자치단체가 상호연계를 맺으면서 독립적인 정부체제를 이루고 있으며, 법적 지위 면에서 지방자치단체는 주정부에 의해 창설되며 자치단체에 부여되는 권한의 범위 역시 주정부에 의해 결정된다.[39] 지방자치단체의 수는 총 84,955개로 19,279개의 시자치단체, 3,043개의 카운티, 16,656개의 타운, 14,422개의 학교구, 31,555개의 특별구가 있다.

### (2) 지방자치단체의 종류

#### 1) 카운티(County)

주 이하 자치정부의 최상부에 위치하고 있으며, 전통적으로 주정부 프로그램(복지서비스, 고속도로건설, 교육, 사법행정 등)을 제공하기 위한 행정적 단위이며, 권한은 의결기관과 보안관, 재무관, 검사, 교육감등 다수의 민선공직자들에게 분산되어 있다. 카운티 정부의 70% 이상이 전통적인 위원회형 기관구성 형태를 지니고 있다.

---

38) 가장 많이 채택하고 있는 지방자치단체 유형은 의회-시장체제가 전체의 54%를 차지하고, 의회-시지배인형 체제가 40%정도가 된다.

39) 그러므로 주마다 기관구성, 기능, 과세 등 자치권한의 폭도 차이가 있다.

### 2) 타운 및 타운쉽(Town and Township)

주의 카운티 바로 아래 단계의 자치단체로서 가장 오래된 지방정부형태인 주민총회(Local town meeting)로 운영되고, 주로 지방자치의 전통이 강하게 남아 있는 뉴잉글랜드지역(매사추세츠, 뉴햄프셔, 메인, 로드아일랜드 등 북동부 6개 주)에서 운용하고 있다.

주법에 의해 설치된 일선기관적 성격을 지닌 경우가 많으며, 도시화되어 있지 않은 지역에서의 행정기능을 수행하는 역할도 한다.

### 3) 시 자치단체(Municipality)

주가 일반법으로 설치하였고, 19,279개가 있다(주민 1,000명 이하의 규모에서 뉴욕·시카고·LA등과 같이 100만 이상의 인구규모를 가진 자치시도 있음). 기능은 주마다 다르며, 같은 주내에서도 인구규모에 따라 많은 차이가 있다.

이 밖에도 특별지방자치단체가 있는데, 이는 학교구와 특별구로 나뉜다.

## 2. 지방선거제도

### (1) 선거관리기관

선거의 전 과정에 관한 사무를 관리하기 위하여 선거관리기관이 일반적으로 주, 카운티, 타운 및 각 투표구로 분산되어 있으며 책임을 분담하고 있다. 대다수의 주(전체주의 2/3정도)가 국무장관으로 주 단위의 선거관리기관을 구성하고 있지만 주 선거위원회, 부지사 등으로 하는 주도 있으며, 국무장관과 주 선거위원회가 선거에 관한 직무·책임을 나누어 갖게 하는 주도 있다.

주 수준의 최고 선거관리기관이 국무장관 등 독임제 기관인 경우에는 그 하부에 주 선거위원회, 주 선거조사위원회, 투표법위원회 등의 합의제위원회가 있고 국무장관 등의 지휘·감독하에 각각 법정 직무를 수행하도록 하는 주도 있다. 주 선거위원회는 3~5명의 위원으로 구성되는 주가 많으며 위원의 임기는 통상 2년 또는 4년이다.

### (2) 선거권과 피선거권

#### 1) 선거권

모든 주에서 참정권은 미국 시민에 한정하고 있으며, 1971년 연방 수정헌법에 의하여 18세 이상의 미국 시민권자는 연령을 이유로 선거권이 제한되지 아니한다. 연방대법원은 던 대 블럼스타인(Dunn v. Blumstein) 사건[40]에서 주에서 1년 카운티에서 3개월 거주기간을 요건으로 하는 것은 새로 이사 온 사람들에게 '평등한 보호'를 부인하는 것이라는 이유로 비헌법적이라고 판결을 하였다. 이후 대부분의 주에서 30일간의 거주요건이 일반화 되었다.

선거권에 대한 결격사유로는 중죄를 범한 자, 형의 선고를 받고 교도소에 수감중인 자, 중증 정신박약자, 정신이상자 등에 대해서는 선거권을 부여하지 않고 있다.

#### 2) 피선거권

피선거권 연령에 대해서는 명문규정이 없으며 지방의회의원의 경우 대개 25세 이상으로 되어 있다. 거주요건은 해당 자치단체 조례로 제정하나 대개는 6개월 이상을 거주요건으로 하고 있다. 피선거권에 대한 결

---

40) Dunn v. Blumstein 405 U.S. 330 (1972)

격사유로는 주마다 다양하나 범법자에 대한 피선거권은 정도에 따라 4개 유형으로 구분하고 있다.

### (3) 겸직금지

지방의회뿐만 아니라 주 의회도 겸직을 금하고 있지 않고, 지방의회의 경우 주 의회와 달리 보수가 적고 회기가 짧아 전임으로 의원직에 종사하는 지방의원은 소수의 대도시를 제외하고는 거의 없다.

### (4) 선거구제 및 선출방법

#### 1) 선거구제

미국의 지방자치단체는 자치단체 전체를 하나의 선거구로 확정한 대선거구제와 선거구가 다수로 분할된 소선거구제를 채택하거나 양자를 병용하는 제도를 채택하고 있다. 의회-시장체제에서는 대부분의 도시가 소선거구제 혹은 소선거구제와 대선거구제를 병용하며 대개 정당 참여를 허용하고 있는 반면, 의회-시지배인 체제에서는 대다수의 도시가 대선거구제와 함께 비정당표방제도를 채택하고 있다.

#### 2) 선출방법

선출방법은 주 별로 상이하며 각 주 의회는 법률로써 모든 카운티에서 실시하게 될 의원선출방법을 정하고 있다. 모든 카운티는 주민투표에 의하여 승인된 경우를 제외하고는 의원선출방법을 변경할 수 없다.

정당표방 선거제도를 채택한 지방선거의 예비후보 선출절차는 ① 선거관리기관은 자치단체의 유권자에게 정당선택 통지표 발부, ② 시장,

지방의회의원 등에 입후보를 원하는 예비후보자들이 정당별로 예비후보 신청, ③ 6월 중 공화당, 민주당 추천 예비후보자에 대한 선거 실시, 유권자는 자신이 선택한 정당에서만 투표할 수 있다. ④ 예비후보들이 과반수를 득표하지 못하면 6월 둘째 주에 재선거를 실시하여 각 당 추천 후보자를 확정한다. ⑤ 과반수이상의 다수표를 얻은 공화·민주당 추천 입후보자들이 11월 총선거에서 다시 경합하게 되는 과정을 거친다.

정당이 참여하는 선거에서는 유권자들은 예비후보선거제도를 통하여 각 당의 선출직 공직후보자를 선출하며, 비정당표방 선거제도를 채택하는 자치단체는 예비후보 선출절차 없이 5월중 별도로 지방선거를 실시한다. 비정당표방 선거제도를 채택하고 있는 캘리포니아주 로스앤젤레스 카운티 선거는 2단계로 치러지며 선거에서는 후보자의 정당명을 밝히거나 정당으로부터 일체의 지원을 받는 것이 금지되어 있다.[41]

### (5) 선거운동

선거운동방법은 주 별로 상이하나 원칙적으로는 자유이며 선거비용으로 규제하고 있다. 대부분의 후보자는 자신을 소개하는 서신을 유권자들에게 발송함으로써 선거운동을 시작하였다. 이와 같이 후보자가 자신을 유권자들에게 알리거나 식당에 초대하고 선물을 주는 행위는 불법으로 취급되지 않는다. 지방자치단체는 카운티 또는 시에서 발행하는 월간신문에 선거내용과 선거일을 게재하여 주민들에게 홍보한다. 모든 유권자는 다른 홍보매체를 통하지 않아도 선거에 관하여 알고 있어 투표참여 촉구 등에 대한 플랜카드 게시나 투표참여 홍보물을 배부하지 않는다.

---

41) 짝수 해의 6월 첫째 월요일의 다음 화요일에 제1차 선거가 실시되며 각 선거구에서 1인의 이사를 선출한다. 과반수를 득표한 자가 없는 경우에는 득표수 상위 2명에 대하여 동년 11월 첫째 월요일의 다음 화요일에 결선투표를 실시한다.

### (6) 선거비용

미국은 연방 및 주 선거뿐만 아니라 지방선거에서도 각종 선거의 후보자는 선거에 필요한 자금의 모금결과를 해당 정부기관에 신고하여야 하며, 신고 받은 기관은 누구에게나 열람 또는 자료를 제공하여야 한다.[42]

뉴욕주의 경우 선거자금신고기관은 주 내무부 산하의 선거국이며, 카운티의 경우 선거관리위원회이다. 뉴저지주 선거자금신고기관은 선거법실행위원회이며, 카운티의 경우에는 별도의 신고기관이 없는 대신 카운티의 선거관리위원회에서 카운티 및 지방자치단체 관련 입후보자의 선거자금 신고내용 사본을 주정부로부터 받아 관리하고 있으며, 지역주민이 요구할 때에는 이를 열람시키고 있다. 뉴저지주의 경우 공익을 위하여 공직후보자의 선거비용을 제한하고 있으며, 공직후보자는 기부받은 모든 선거자금의 내역에 대해서 보고하여야 한다.

선거비용의 규제는 개인, 정당, 정치활동위원회의 기부금 한도액을 설정하면서 시작된다. 기부금 한도액 규정은 선거형태, 선출되는 직, 기부자의 신분, 기부시기에 따라 다양하며 선거비용이 급격하게 상승하고 있는 추세이다.[43] 그리고 정치자금 모집을 위한 단체는 비교적 자유로이 허용되고 있다.

---

42) 성낙인, 앞의 책(선거법론), 393면.

43) 1981년부터 1990년까지 10년간 캘리포니아의 453개 시와 58개 카운티에서는 선거경비가 1,300% 증가하였다.

## Ⅵ. 소결

민주주의의 모국이라 일컬어지는 미국은 명성에 맞게 세계 어느 나라보다도 많은 선거가 행해진다. 선거횟수도 대통령 선거를 제외하고도 매 2년 마다 행해진다. 선거가 많다는 것은 민의에 의해서 정치가 이루어져야 한다는 신념이 강한 것으로 평가된다. 미국에서 선거가 특별히 많은 이유는 권력분립제도와 연방제도와 지방제도의 발달을 들 수 있다. 각 주들은 독자적으로 정부를 조직할 권한을 헌법상으로 부여받고 있기 때문에 각 주별로 나름대로의 제도발전을 통해 선거의 다양성과 다량성을 초래하게 된다. 또한 자방자치의 발전도 이러한 결과를 가져왔다. 이러한 다양한 선거제도를 규정하기 위해 '미국 연방헌법'(The Constitution of United States of America)에서의 선거권에 관한 규정과 '투표권법'(Voting Rights Act), '연방선거운동법', '선거인등록법'(National Voter Registration Act), '의무복무자 해외부재자투표법'(Uniformed and Overseas Citizens Absentee Voting)법 등을 두고 있다.

미국 선거제도의 특징으로 예비선거제도를 들 수 있다. 예비선거제도는 미국에서 찾아볼 수 있는 특유의 제도이다. 예비선거제도는 20세기 초 많은 주들이 채택하였다. 공천과정에서의 조작과 부정을 방지하고 투명성을 보장할 수 있을 뿐만 아니라 일반 당원이나 시민이 직접 참여할 수 있어 민의를 직접적으로 반영할 수 있는 장점이 있다. 특히, 예비선거제도는 대통령선거에서 군소후보자를 그 과정에서 정리하고 탈락시키는 기능을 한다. 선호투표의 예선방식을 채용하는 주에 있어서 예선결과는 전국 당 대회에 대하여 구속력을 갖는 것이 아니더라도 일반 국민의 정확한 의사 및 동향에 관한 신뢰할 수 있는 자료로서 커다란 관심을 갖게 되는 것이다.

이 뿐만 아니라 대통령 선거인단에 의한 간접선거도 미국 선거제도의 특징으로 꼽힌다. 미국은 대통령선거를 각 주에서 선출된 선거인단이 연방 의회에서 정한 날짜에 각 주의 수도에 모여 대통령과 부통령을 선거하는 방식을 취하고 있다. 일반 국민이 투표를 하는 것은 대통령과 부통령 후보에게 투표를 하는 것이 아니라 어떤 후보자에게 표를 하겠다고 사전에 약속하고 나온 선거인단에게 투표를 하고 여기서 선출된 선거인단에 의해 대통령이 간접적으로 선출된다.

이렇게 하여 각 주에서 어떤 정당지명 대통령·부통령 입후보자가 승리하게 되면 그 주의 선거인단은 전부 승리한 당에게 돌아가는 승자독식룰(winner take all rule)이 적용된다. 이러한 규정 때문에 입후보자는 선거인단 수가 많은 큰 주에서 더욱 적극적으로 선거운동을 하게 된다. 위와 같은 제도적 특징을 가짐으로 인해 국민투표(popular vote)에서 표를 더 얻고도 선거인단표를 적게 얻어 낙선하는 경우도 있고, 국민투표에서 투표자들의 과반수의 지지를 얻지 못하고 당선되는 경우도 있다.

미국은 정치 및 선거자금관련해서도 선거비용을 직접 제한하는 것보다는 그 수입·지출의 공개를 요구함으로서 간접적으로 제한에 중점을 두는 점이 특징이다.

# 제2절 영국의 선거제도

## Ⅰ. 개관

영국의 선거제도는 의원내각제의 성립·발전과정과 그 궤를 같이 한다. 영국의 의원내각제적 정부형태는 미국의 대통령제와는 달리 이론적으로 또는 성문법상의 제도로서 확립된 것이 아니라 오랜 정치적 경험과 실행의 소산이다.[44] 즉, 영국의 헌법과 선거제도의 발전은 명예혁명 이후 의원내각제의 성립과 발전과정이었다고 할 수 있다. 영국에서는 중세 등족회의가 근대적 의회와의 단절 없이 명예혁명 후 자연스럽게 근대의회로 발전하게 된다. 영국이 의회주의의 모국이라고 불리어지는 의미는 바로 이러한 역사적 과정에도 근거하고 있는 것이다. 대표회의를 거쳐 1295년 성립된 모범의회는 아직 전체 국민의 대표는 아니었으나 도시의 대표를 다수 출석시켰기 때문에 오늘날의 하원의 기초가 되었다고 할 수 있다. 당시의 귀족, 기사, 서민으로 구성된 신분제 의회는 16세기 튜터왕조 시대를 거치면서 귀족원과 평민원의 양원제 의회로 발전하였다.

특히, 선거제도는 1832년 선거법 개정 이전과 이후로 나누어진다. 1832년 개정 선거법에 따라 도시의 중산계급에 선거권이 확대되고 유권자는 자유롭게 간섭을 받지 않고 후보자나 정당을 선택할 수 있는 자립된 유권자 대중이 나타나게 된다. 그 이후 1867년의 제2차 선거법개정을 통해 도시의 일반 서민에까지 선거권이 확대하였다. 그리고 1884년 제3차 선거법개정은 제2차 개정에 의해 행해진 도시선거구의 선거권확대를

44) 서주실, "영국수상의 제도상 지위와 현대적 기능에 관한 연구", 박사학위논문, 부산대 대학원, 1976, 4면.

지방의 선거구에도 적용시킨 것으로서 이에 의해 지방의 농민, 광산노동자에 대해서도 선거권이 인정되게 되었다. 이 개정법에 의해 선거권이 전국적으로 단일화되어 약간의 예외를 제외하고는 그것은 남자의 보통선거제의 실현을 의미하는 것이었다. 1885년에는 의석재배분법이 제정되어 전국적으로 선거구의 정비와 의석의 재배분을 행하게 되었으며, 이법에 의해 영국의 선거제도의 특징인 소선거구제를 채용하게 되었다.

위와 같은 일련의 선거법개정을 통한 선거제도의 발전은 영국의원내각제의 발전에 있어서 중요한 의미를 갖는다. 선거권의 확대는 국민과 선거인이 거의 일치하게 되는 것을 의미하고, 국민으로서의 선거인이 국정에 지표를 부여하는 것이 되었다. 이는 영국의 국가구조에 커다란 영향을 미치게 되었다. 첫째, 국가구조에 있어서 궁극의 권위가 의회에서 선거인의 손으로 이행하게 되었다. 내각과 국민에 대한 의회의 지배는 소멸하게 되었고 따라서 의회의 가장 중요한 권능으로 되었던 내각의 선택권이 국민에 의해 행사된다고 하는 결과가 발생하게 되었다.[45]

둘째, 정당제가 발달되었다. 국민의 의사에 기초한 국가구조는 필연적으로 국민에 대한 지지와 선거에서의 우세를 확보하기 위한 수단으로 정당기구의 정비에 노력하게 되었다. 선거인이 국정의 기본을 결정하는 것이 되고 의원은 그 대변자에 불과하게 되며 의원은 국민의 위임에 구속되는 것을 의미한다. 이 위임을 명백히 하기 위해서는 통제할 수 있는 정당조직의 존재를 필요로 하게 되고 정당은 그 자체 최고의 의사를 가지며 의원은 그 기구에 충실히 복종하지 않을 수 없게 되었다.

선거권 확대는 국민의 지위의 향상을 의미하고 따라서 내각은 그 지위가 의회에 의한 것이 아니라 국민에 의존하는 것을 의미하게 되므로

---

45) Ivor Jennings, Cabinet Government, London: Cambridge University Press, 1959, p. 489.

총선거에서 패한 내각은 사직하지 않을 수 없게 되었다. 따라서 선거에 패배한 경우에는 새로운 의회의 소집을 기다려 불신임결의가 행해지는 것을 요하지 않고 내각을 당연히 사퇴하게 된다. 이러한 원칙은 1867년의 제2차 선거법 개정이후 처음으로 행해진 선거에 의해 확립되었다. 이와 같이 영국의 정치발전에 결정적 기여를 한 영국의 선거제도가 어떠한 과정을 거쳐 발전되어 현재에 이르고 있는지 변천과 제도에 관해 구체적으로 살펴보도록 하겠다.

## Ⅱ. 선거제도의 변천과정

### 1. 1832년 선거법 개정 전

1832년 이전 선거권은 극도로 제한적이었다. 하원의원선거권은 일반적으로 두 종류의 선거권이 있었다. 하나는 군 지역선거권(County Suffrage)이며, 한사람의 의원만을 선출했던 웨일즈(Wales)지방을 제외하고는 각 주(Shire)로부터 두 명의 의원을 선출할 수 있었다. 또 하나는 도시지역선거권(Borough Suffrage)이었다. 군 지역선거권은 이미 1430년 Forty Shilling Freeholder Act의 규정에 의해 연 수입 40실링(Shillings) 이상의 부동산소유자(Free-holders), 즉 연간 적어도 40실링의 총 지대가치(Rental Value)의 재산을 소유하고 있는 남자시민에게만 한정되어 있었다. 15세기에 있어서는 그와 같은 재산액은 상당한 것이어서 재산이 있는 시민만이 의회의원 선출에 참여할 수 있게 했다.[46] 이와 같이 선거권의 제한으로

46) 이현우, “19세기 영국선거제도개정에 관한 고찰”, 청주교육대학논문집 제5편, 1969, 186-187면.

1780년의 경우 인구가 약 800만 이었는데 유권자수는 214,000명으로 전체 인구수의 2.7%정도에 불과하였다. 이는 성인 남자의 1/6에도 못 미쳤다.[47)]

도시지역 선거권(Borough Suffrage)에 있어서는 군 지역선거권과 같은 일반적 표준은 없었고 유권자 자격은 읍(Town)마다 달랐다. 도시(Borough)의 모든 자유민이 향유한 특권이라고 생각되었던 것은 대개의 경우 2명의 하원의원을 선출할 수 있는 소수정당의 권리로 변질했다. 한두 곳(특히 Bristol과 Westminster) 선거인은 합리적으로 커졌지만 그것도 예외적인 지방단체(Communities)에 불과했다. 그 밖의 읍(Town)에 있어서 선거인은 상업길드(Trade Guilds)의 구성원들이나 혹은 어떤 재산권의 소유자들에게 한했고, 또 몇몇 도시(Borough)에서는 살림을 차릴 수 있는 주소(A domicile where a meal could be cooked)를 가지고 있는 남자시민에게 선거권을 부여한 소위 호주선거권보유자(Potwalloper)였다.

하원의 의원배정방식도 선거권 못지않게 불합리했다. 예를 들어 코른웰(Cornwall)지구는 1831년 인구가 약 192,000명에 불과했음에도 불구하고 하원에 보낼 44명의 군(County)과 도시(Borough)의원을 선출하였다. 이에 대해서 인구 1,300,000명을 가진 랭커셔(Lancashire)는 14명밖에 못 뽑았고, 웨일즈 지방에 속하는 군(County)을 제외하고 각 군은 인구에 관계없이 2명을 선출하였다.[48)]

이뿐만 아니라 인구가 없어져버린 Town도 각기 두 명의 하원의원을 선출하고 있었다. 여기에서의 선거권은 도시(Borough)가 옛날에 있었던 토지를 소유한 자들에 의해서 행사되었다. 사실상 이 자들은 2명의 의원

47) David Brew, "The United Kingdom" in Geoffrey Hand and Jacques Georgel and Christoph Sasse (eds.), European Electoral Systems Handbook, London: Butterworths, 1979, p. 217.

48) 이성룡, “영국의 선거제도”, 선거관리 39, 중앙선거관리위원회, 1993, 6-7면.

을 지명했다. 뿐만 아니라 이들은 의원직을 고가로 팔기까지 하였다. 이러한 선거구를 소위 부패선거구(Rotten or Pocket borough)라고 하는 것이다. 18세기에 있어서 부패선거구는 극에 달하여 그 의석을 자식이나 친척 혹은 친구들에게 주어 하원을 지배할 수 있도록 집단투표(Small block of votes)를 행사하고 있었다. 이를 서임제(Patronage)라고 한다.

이러한 비민주적이고 불합리한 선거제도를 극복하기 위한 노력으로 1969년 의회는 향응법(Treating Act)을 통과시켜 금전·음식을 선거인에게 제공한 후보는 당선무효토록 하였고, 1729년에 매수법(Bribery Act)에 의거 매수행위에 대한 엄격한 벌칙을 부과하였다. 그러나 후한 접대가 하나의 예의요 습관으로 알려진 그 시대의 관습에서 큰 효과가 없었다. 유권자인 농민이 지주의 뜻대로 투표를 하지 않을 경우 그 선거구에서 추방되는 위협을 받았으며, 유권자도 향응을 받는 것을 유권자의 권리로 인식되기도 하였다. 유권자가 멀리 떨어져 있는 투표소까지 가는 비용과 숙박비용까지 요구하였다. 이러한 선거문화에서 후보자는 과도한 선거비용을 감당하지 못해 파산을 하기도 하였다.[49]

## 2. 1832년 선거법 개정

1831년 휘그당의 그레이(Grey) 내각에 의해 제출된 선거법개정안(Reform Act)은 하원의 해산, 상원의 완강한 반대 등 난관을 거쳐 1832년 7월에 어렵게 통과되었다. 1832년의 대헌장으로 불리는 이 국민대표법은 선거구의 개혁과 선거권의 확대에 관한 것이었다.[50] 이 법의 주요 내용은 첫째, 낡은 악폐를 교정, 둘째 과거를 청산하고 선거권을 확대함

49) 이성룡, 앞의 논문, 8면.
50) 이경구, 국민대표론, 일조각, 1982, 30-31면.

으로써 합리적 의논을 인정한 것, 셋째 민주화의 관문을 개방하여 준 것, 넷째 영국정당의 현대화에 맨 처음 방향제시를 한 것 등이다.

이를 보다 구체적으로 살펴보면 다음과 같다.[51] 이 법은 군(County)과 도시(Borough)선거구에 있어서의 선거권을 재산의 소유 혹은 점유에 근거하고 있음은 과거 법과 같으나 그 하한선을 낮추고 부패선거구를 정리한 것이었다. 일반적으로 군에 있어서 선거권은 연간 임대료 10파운드 이상의 장기차입(Long lease holders), 공부상 연 수입 10파운드 이상의 부동산 소유자(Copy holders) 및 연 50파운드 이상의 임대료를 내는 부동산을 공부상 점유하고 있는 자유소작인(Tenants at will)에게 선거권을 부여하고, 도시에서는 임대료 연 10파운드 이상의 차가인에게 선거권을 부여하였다.

그리고 선거구도 인구수를 감안하여 개정 전 도시선거구에 415명이 선출되던 것을 법 개정 후 337명으로 143개의 의석을 박탈하고 65개의 의석을 재분배 하였고, 군 선거구는 개정 전 94석에서 159석으로 65개의 의석을 확대하였다. 그리고 대학선거구는 4석에서 6석으로 2개의 의석이 확대되었으며, 스코틀랜드와 아일랜드는 145석에서 156석으로 11개의 의석이 증가 하였다. 그리고 종합하면 전국 합계는 658석으로 같으나 143개의 의석이 재분배 되었다.[52]

위와 같이 선거구의 조정과 선거권의 확대로 총유권자의 수가 거의 50% 증가하여 총인구의 7%를 차지하게 되었다. 그리고 다수의 3석선거

51) John Ashton Cannon, Parliamentary Reform 1640-1832, London: Cambridge University Press, 1972, p. 259; M. Brock, The Great Reform Act, London: Hutchinson & Co., 1973, pp. 338-339.

52) 박탈하여 재분배된 143석 중 65석은 군 선거구로, 65석은 도시 선거구로, 나머지 13석은 스코틀랜드에 8석, 아일랜드에 5석이 각각 배분되었다. 그리고 아일랜드 5석 중 2석은 대학 선거구에 재분배 된 것이다.

구(three-member constituencies)가 도입되었다. 선거법 개정으로 무산노동자들에게는 투표권을 주지 않았으나 영국의 민주적 선거제도 발전의 첫걸음이었다. 선거법 개정은 정당에도 변화를 가져오게 되었는데 휘그당은 산업자본가를 비롯한 중산계급 출신자를 맞이하여 자유당(Liberals)이 되고 토리당도 농촌과 영국국교회를 기반으로 하는 보수당(Conservatives)으로 개편되었다. 1832년 이후 선거법의 계속되는 개정으로 선거권의 확대와 더불어 두 정당은 대중정당으로 변하였다.[53)]

## 3. 차티스트(Chartist)운동과 1867년의 선거법 개정

1832년 선거법 개정에도 불구하고 선거권을 획득하지 못한 노동자들이 선거권의 확대를 요구하는 정치운동인 차티스트운동(Chartist Movement)을 전개하였다. 그들의 요구는 1838년에 작성된 '인민헌장'(People's Charter)에 담겨져 있으며, 그 주요 내용은 다음과 같다. ① 성년 남자의 보통선거, ② 인구비례에 의한 평등한 선거구의 설정, ③ 하원의원의 재산자격 폐지, ④ 비밀투표, ⑤ 의원에 대한 세비지급, ⑥ 의원의 1년제 임기(매년선거) 등이었다. 차티스트 운동은 1848년을 정점으로 소멸하였으나 그들의 요구사항의 대부분이 1918년 의회의 법령에 반영되었다.[54)]

그리고 1867년에 선거법이 개정되었는데, 1832년과 같이 선거구의 개혁과 선거권의 확대에 관한 것이다. 인구 5천명 이하의 도시선거구가 폐지되고 1만 명 이하의 선거구는 의석수가 1개로 감축되었다. 선거권의 확대에 있어서는 선거권의 재산자격이 대폭 완화됨에 따라 1866년에 유권자는 2백만에 달하게 되었다. 이로서 도시의 소시민과 노동자는 선거권을

53) 이성룡, 앞의 논문, 9면.
54) 민석홍, 서양사개론, 삼영사, 1985, 530-531면.

얻었으나 농촌노동자와 광산노동자는 여전히 선거권이 배제되었다.[55] 또한 3석선거구에 대한 제한연기투표제(limited vote in three-members constituencies)가 도입되었다. 3인의 의원을 선출하는 13개의 도시선거구에서는 소수대표(minority representation)를 보장하기 위해 투표권을 2표로 제한하였다. 이러한 제도는 정당조직의 발전을 촉진하는 계기가 되었는데 정당들이 최대한의 의석을 확보하기 위해서는 자신들에 대한 투표를 조직화 할 필요성이 대두되었기 때문이다.[56]

부패방지를 위한 입법도 행하여 졌다. 앞에서 언급한 1698년의 향응법과 1729년의 매수법에 뒤이어 많은 입법이 행하여 졌는데 매수 등 부패행위의 규제를 직접목적으로 하는 1854년의 부패행위방지법(The Corrupt Practice Prevention Act)이 대표적이다. 이 법은 지금까지의 부패방지를 위한 입법을 집대성하여 매수·향응 및 부당억압의 상세한 정의를 규정함과 더불어 위반자에 대한 처벌규정을 정비하고 또한 최초로 각 후보자의 선거운동 비용명세의 보고를 의무화 하였으며 제출된 보고서는 선거운동비용감시위원회에 의해 감사되도록 하였다. 보고서의 감사는 지출로부터 유래하는 부패행위의 발견과 감시를 행함으로써 부당한 지출을 억제하는 것에 한정되었다. 이 법은 일시적으로 부패행위를 억제하는 효과를 가져왔으며, 특히 직접적인 매수에 대해 실효성을 발휘하여 그 이후는 선거운동원에 대한 고액의 임금지불 등 간접적인 매수가 진행되기에 이르렀다.[57]

1868년의 의회선거법(Parliamentary Election Act)에서는 지금까지 부패행위를 이유로 한 선거소송의 관할을 하원의 위원회에서 선거법원으

55) 이경구, 앞의 책, 32면.
56) David Brew, op. cit., pp. 217-218.
57) 박영도, "영국의 선거부패 및 위법행위 방지 법제", 한국법제연구원, 1993, 4-6면.

로 변경하여 부패행위 등을 이유로 한 선거소송을 실효성 있게 하였다. 1872년 투표법(The Ballot Act)에서는 지금까지의 공개투표제를 폐지하고 비밀투표제를 도입하였다. 그러나 이러한 노력에도 불구하고 실제 선거에서의 효과는 크지 않았다.

### 4. 1883년 의회선거의 부패 및 위법 행위방지법 (An Act for the better prevention of Corrupt and illegal Practices of Parliamentary Elections)

위에서 설명한 많은 입법적 조치에도 불구하고 부패행위는 여전하였다. 특히, 1880년 선거는 선거소송에서의 심리와 선거위원의 심사에서 사상최대의 부패선거로 나타나자 부패행위의 규제강화가 요구되었다. 이 법은 전문 70개조와 5개조의 부칙으로 구성되어 있으며, 주요 특징은 다음과 같다.

첫째, 선거부패를 다음과 같이 부패행위(Corrupt Practices)와 위법행위(Illegal Practices)로 구분하여 각각의 행위에 명확한 정의를 부여하고 있다. 전자는 그 행위가 어느 후보자에게 투표시킬 목적으로 행해졌기 때문에 부정이 되는 행위이며, 행위자체의 성질상 선거와 밀접한 관련을 가지는 것이 아니고 목적에 부패한 행위가 있고 동시에 선거에 연결되기 때문에 부패행위가 되며 그 행위의 시기여하에 관계없이 문제된다. 후자에 있어서는 선거운동의 비용과 방법을 제한하고 선거에 수반하여 당연히 행해지는 행위 중 정도가 법에 위반되는 행위로서 선거와 밀접히 연결되는 점에서 보통 선거기간내의 행위에 한하고 있다. 따라서 어느 정도까지가 정당한 선거운동으로서 인정 되는가를 정한 것으로 선거자체에 대한 통제가 직접 문제가 되는 것이다.

둘째, 선거소송의 심리에 즈음하여 향응이나 부당억압 이외의 부패행위의 죄가 후보자 자신 또는 후보자의 고의의 승인하에 범하여졌다고 보고된 경우 또는 향응, 부당억압의 죄가 후보자 자신에 의해 범해졌다고 보고된 경우에는 그 후보자는 영구히 하원의원에 선출될 자격이 없게 된다는 점이다.

셋째, 선거소송의 심리에 즈음하여 후보자의 대리인에 의해서 부패행위의 죄를 범했다고 보고된 경우에는 후보자는 7년간 하원의원에 선출될 자격이 없다는 점이다.

넷째, 부패행위 때문에 기소되어 유죄선고를 받은 자는 선고일로 부터 7년간 의회의원선거와 본 법의 범위에 속하는 공직선거를 불문하고 영국에 있어서 모든 선거에서 선거인으로서 등록되거나 투표를 할 자격을 상실하며 공직 또는 법관에 취임할 수도 없다는 점이다.

다섯째, 선거비용의 최고한도액(법정선거비용)제도를 도입하여 1인의 선거책임자를 임명하고 후보자의 선거비용의 자료제출을 의무화하고, 이에 위반한 경우에는 일정한 벌금을 부과하고 선고일로 부터 5년간 선거인으로서 등록되거나 투표할 수 없도록 한 점이다.

여섯째, 선거소송을 신속하게 또한 실효적으로 하기 위하여 재판제도의 개선을 도모한 점이다. 특히 커다란 특징은 선거소송의 기소(원고)를 검찰총장의 책무로 한 점이다. 또한 낙선된 후보자 또는 그 지지자는 ① 당선자가 피선자격이 없을 때, ② 선거운동·투표 또는 개표에 있어서 어떤 부정이 있을 때, ③ 당선자에게 선거법위반이 있을 때 무효소송을 제기할 수 있다. 만약 그 소송이 당선자의 피선자격 문제라면 하원이 그 문제를 결정하고, 또한 부패·위법행위라면 그 소송은 고등법원의 형사재판부의 2인의 판사에 의하여 심리된다. 심리결과가 하원에 보고되면 소송사건의 결과는 결정된다.

영국의 부패선거는 1883년 부패행위 및 위법행위방지법의 시행 후 점차 감소하였으며 이러한 연유로 이 법은 끊임없이 선거정화의 모델로 추앙되는 한편 각국에서는 동법을 모델로 한 입법조치를 강구하는 등 선거관련 입법에 많은 영향을 주고 있는 것이 사실이다. 또한 일부에서는 동법의 시행으로 선거부패가 일소되어 영국이 공명선거의 전형적인 국가로 되었다는 주장도 있다.

위에서 본바와 같이 이 법제정당시의 시대적 상황(의원직의 획득에 따른 이득의 감소, 정당제도의 발달, 무기명 비밀투표제의 등장 등)은 점차 부패에의 유혹이 감소되어 가는 추세이었으며 특히 정당조직의 확충은 후보자 중심의 선거에서 정당중심의 선거로 전환되어가고 있었다는 점을 고려할 때 이 법 시행이 곧 부패의 일소를 가져왔다고 볼 수는 없을 것이다.

그리고 동법의 입법동기인 1880년 선거가 최대의 부패선거였다고는 하지만 선거기간 중에는 부패행위가 거의 없었고 선거부패는 적어도 동법제정 후 2차례의 총선거에서도 나타났다는 점, 또한 1854년 부패행위방지법 등 역대 법률에 의해 직접매수가 유효하게 방지되었다는 점(따라서 간접매수를 최우선 목표로 하였다는 점)등을 고려할 때 영국의 선거풍토정화는 동법의 제정과 더불어 이에 대한 지속적인 집행노력과 이를 준수하려는 의원 및 국민들의 의식수준의 결과라고 하겠다.

한편, 지출한도의 선거법원에 의한 엄격한 집행보장에 따라 이 법 제정 이래 선거경비는 현저히 감소하였으며 또한 동 법은 지방 당 조직이 활성화 되는 계기가 되었다. 이는 선거기간 중 경비지출이 제한되면서 선거당시에 인력의 확보가 어렵게 되자 상설조직의 필요성이 높아졌기 때문이다.

## 5. 1884년, 1918년 및 1928년 선거법 개정

1884년 선거권법(Franchise Act of 1884)에서는 군선거구의 선거권 요건이 완화되어 농촌노동자 및 광부들에게도 선거권이 부여됨으로써 군선거구와 도시선거구간의 차등이 없어졌다. 1885년 의석재배분법(Redistribution of Seat Act of 1885)에 의해 대부분 2석 선거구가 폐지되고 소선거구제로 변경되어 정당본위의 선거제도의 흐름을 가중시켰다. 그리고 1911년에는 의회법(The Parliament Act)에 의해 하원의원의 임기를 7년에서 5년으로 단축하였다.

영국 선거법은 19세기의 3차례(1832년, 1867년, 1883년)에 걸친 개정으로 크게 민주화되었지만 그때까지도 남자 보통선거권에 도달하지 못했을 뿐만 아니라 여성참정권이 부인되었다. 또한 개정시마다 선거권이 새로 부여됨으로써 선거제도가 복잡해지고 복수투표제(plural voting)가 존재하였다. 그리하여 1916년에는 하원의장이 주재하는 선거법개정위원회(Conference on electoral reform)가 구성되었고 이 위원회의 보고서에 기초하여 1918년 국민대표법(Representation of the People Act of 1918)이 성립되었다.

이에 의하면 21세 이상의 모든 남자는 동일 선거구에 6개월 이상 거주한 자(거주선거권, residential franchise) 또는 거기에 연수 10파운드 이상의 영업소를 6개 월 이상 점유한 자(점유선거권, occupation franchise)는 선거권이 있고, 여자는 30세 이상으로 지방공동체의 유권자이거나(지방공동체의 유권자 자격은 연수 5파운드 이상의 주택, 그 밖의 토지·가옥의 점유 필요) 그 남편이 유권자인 경우 선거권이 부여되었으며, 21세 이상의 남자 또는 30세 이상의 여자로서 대학의 학위를 갖고 있는 자는 대학선거권(University franchise)이 부여되었다. 이 선거법개정으로 유권자수는 2배 이상의 증가를 보였고 종전의 군 선거권과 도시선거권의 구별이 폐지되고 보통선거권제에 접근하게 되었다. 또한 선거비용지출한도액이 더욱 감액되었고 공탁금제(deposit system)가 새로이 도입되었다. 종전에 수 주일에 걸쳐 분산되어 실시되었던 투표를 동일자에 실시하도록 되었으며 위에서 기술한 바와 같이 대학선거권과 점유선거권을 제외한 복수투표제가 폐지되었다.

한편 선거제도 개혁에 관한 광범위한 논쟁, 특히 비례대표제의 도입에 관한 논쟁이 계속되었다. 상·하양원은 우선순위부투표제에 합의하면서도, 하원은 선택투표제에 의한 소선거구제를 지지한데 반하여, 상원은 단기이양식투표제에 의한 대선거구제를 찬성하였다. 하원의 반대에 직면한 상원은 단기이양식투표제의 제한적 채택으로 후퇴하였다. 최종적으로 선택 투표제 안이 폐기되고 선거구획정위원회로 하여금 단기이양식에 의해 100명의 의원을 선출하도록 준비를 시키자는 안이 합의되었다. 그러나 결국, 하원이 이안을 거부함에 따라 다수대표제가 유지되었다.

1928년 개정으로 21세 이상의 모든 여성에게 선거권이 부여됨에 따라 성년보통선거제가 확립되었다.

## 6. 1948년의 국민대표법

이 법에서는 인구이동에 따른 선거구의석수의 조정과 영국선거구에서 오랫동안 지속되어온 복수투표인 대학선거구(University members of Parliament)와 영업소투표(Business premises vote)를 폐지하였다. 대학선거구는 일정한 대학에 의원수를 배당하는 것이며 영업소 투표권이란 거주 선거구이외에서 적어도 10파운드 이상의 지대가치(Rental value)의 토지 내지 영업소를 소유 혹은 점유하고 있는 자들이 향유했던 제2의

투표이다. 1918년 이전 투표권자는 그가 재산을 소유하고 있는 많은 다른 선거구에서 한 표를 행사할 수 있었다. 뿐만 아니라 투표기간이 1~2주간 계속되었으므로 수개의 선거구에서 투표할 수 있었다. 그러나 1918년에 이르러 복수투표제(Plural Voting)는 1인에 2표로 제한하였다. 그리고 1948년 국민대표법에 의하여 이상과 같은 복수투표제를 완전히 폐지하였다.

뿐만 아니라 총선거와 지방선거에 있어서 투표요건을 동일화시켰고 6개월의 거주요건도 폐지했다. 따라서 영국에 있어서 공식적 의미에서 1950년 총선거에서 비로소 보통평등선거가 실시된 셈이다. 그리고 그때까지 존재하던 2석 선거구 12개를 폐지함으로써 전국이 완전히 소선거구제로 획일화 되었다.

## Ⅲ. 하원의원선거

### 1. 선거권과 피선거권

#### (1) 선거권

영국에서 선거권을 가지기 위해서는 영연방 시민이거나 아일랜드 공화국의 시민이어야 한다.[58] 연령은 선거일에 18세 이상이어야 하며 해당 선거인명부에 등록되어 있어야 한다. 선거권자로 등록되기 위해서는 선거인등록신청일자에 해당 선거구의 선거인명부에 등록된 자로서 해당 선거구의 거주자인 경우와 북아일랜드의 경우 3개월 이전부터 북아일랜

58) 영국 국민대표법 제1조.

드의 거주자이어야 한다.[59] 해외거주 영국 국민들도 자신의 국내의 종전 거주지인 선거구에서 선거인으로 등록하여 투표를 할 수 있으며, 하원의원 및 유럽의회의원선거에 한하여 대리투표, 우편투표, 투표소투표의 방법으로 투표할 수 있다. 다만 영국의 체류 시 한 번도 해당선거와 관련하여 선거인 등록을 하지 않은 자의 경우, 국외투표자로 등록할 수 없다. 국내체류당시 18세 이하인 자의 경우, 선거연령 도달 시 그 부모나 보호자가 선거인등록을 했던 주소지에 등록이 가능하다.

그러나 귀족[60]이나 상원의원은 하원의원 투표권이 없다. 선거에 관한 부패행위 또는 위법행위로 선거재판소로부터 유죄통보를 받은 자의 경우 부패행위의 경우 해당 통보일로부터 5년 동안, 위법행위의 경우 3년 동안 투표권을 가질 수 없다. 유죄판결에 의해 교도소 수감 중인 자,[61] 정신병원에 감금된 범법자는 해당시기 동안 명령이나 지시로 특정 지역에 감금되어 있는 경우나, 감금되지 않은 상태라 하더라도 불법적으로 도피중인 경우에는 의회선거 및 지방정부선거에 투표할 수 없다.[62]

투표는 의무적이 아니다. 대리투표는 군인, 해외에 거주하는 공무원 및 영국문화협회의 직원, 위에서 열거한 자의 배우자나 그의 근무관계로 선거일에 외국에 있게 되는 자에게 허용된다. 비록 영국 내에 있지만 신체적 부자유, 종교적인 행사 또는 항공이나 해상으로의 여행이 없이는 투표소에 갈 수 없는 등의 이유로 투표소에서 직접 투표할 수 없는 자에게는 우편투표도 허용된다.

59) 영국 국민대표법 제1조 제2항.
60) 귀족 중에서도 1963년 작위법에 의해 작위를 포기한 자는 제외 됨.
61) 영국 국민대표법 제160조.
62) 영국 국민대표법 제2조.

### (2) 피선거권

하원의원선거에 입후보하기 위해서는 선거권이 있고, 영국국민, 아일랜드공화국 또는 영연방 국민일 것을 요한다. 그리고 21세 이상이어야 한다.[63] 이러한 요건을 갖추어도 다음의 경우 해당하면 피선거권을 잃게 된다. 선거권 결격사유에 해당하는 자, 정신이상자, 파산자, 귀족[64], 성공회·스코틀랜드교회·아일랜드교회·카톨릭 교회의 성직자, 하원의원 부자격법(the House of Commons Disqualification Act 1975)에 따라 고위공직자, 판사, 외국대사, 현역군인, 경찰, 공기업, 사기업 중 정부가 임명한 사람, 잉글랜드 은행장의 직위에 있는 사람과 선거에서 부정한 범죄를 저질러 확정판결을 받고 7년이 경과하지 않은 자이다.

## 2. 선거구 및 선거운동방법

### (1) 임기 및 의원정수

하원의원의 정수는 650명이다. 잉글랜드로부터 533명, 웨일즈로부터 40명, 스코틀랜드로부터 59명, 북아일랜드로부터 18명의 의원이 선출된다.[65] 의원은 의회의 임기 중 재임하며 의회는 임기 5년이다. 유럽의회의원의 임기는 5년, 지방의회의원의 임기는 3년으로 고정되어 있는 반면에 하원의원의 임기는 5년 이내로 되어 있어 5년 임기 중 어느 때에나 총선의 실시가 가능하다. 그리고 통상 정부의 요구에 의해 임기종료 전

---

63) 영국 선거행정법(Electoral Administration Act 2006 Part 5).

64) 귀족은 상원법에 따라 상원의원직을 갖기 때문에 하원의원직을 가질 수 없다(The house of Lords Act 1999).

65) 2001년 선거에서는 659명까지 늘었으나, 선거구 재획정 결과에 따라 2005년 선거에서는 646명으로 감원되었으며, 2011년 3월 현재 650명이다.

에 해산된다. 의회의 임기는 각 회기(session)로 나누어지며 각 1회기는 통상 1년이다. 의회의 임기 중 최종회기는 해산으로 끝나며 임기 중에도 정부의 요구가 있을 때 해산된다.[66]

### (2) 선거구 획정

하원의원의 선거구는 650개로 선거구의 획정 조정은 공개적인 절차에 의하여 선거구획정위원회(Parliamentary Boundary Commission)에서 안을 만들고 의회에서 최종결정을 하는데 의회에서는 확정안에 대해 수정이 불가능하고 가부만을 결정할 수 있다. 선거구에는 도시형 선거구(borough constituency)와 농촌형 선거구(county constituency)가 있으며, 가장 큰 차이점은 선거비용제한액의 결정기준과 선거관리관(returning officer)이 누가 되느냐이다.

정기획정은 8~12년을 주기로 실시되며 그 작업에 보통 수년이 소요된다. 선거구획정위원회가 선거구 조정을 시작하려면 공표를 하는데, 내무장관에게 통보하면 내무장관은 일종의 관보인 런던 가제트(London Gazzette)에 통지문의 사본을 게제하고 획정위원회는 정당, 지방의원, 의회의원 등 관련기관에 통지를 한다. 또한 선거구획정위원회가 선거구 조정 초안을 만들면 신문에 공고한 후 관련기관, 단체 등에 송부하고 공공도서관, 지방자치단체청사 등에 사본을 비치하여 누구든지 열람할 수 있도록 하며 1개월 동안 초안에 대한 의견을 받는다.

초안에 대해서 지방정부나 100명 이상의 선거구민이 반대의견을제시하면 해당지역에서 공청회 등을 통한 조사활동을 벌여 의견을 수렴한다. 지역조사 결과와 접수된 의견들을 종합하여 수정안을 작성하고 초안과 동일

66) 권대수, "영국의 선거제도", 국회보 제407호, 국회사무처, 2000. 9, 104면.

한 절차를 거쳐 최종안을 작성한다. 최종안이 작성되면 내무장관에게 보고서를 제출하고 내무장관이 동의안을 의회에 제출하면 의회에서 최종결정을 하게 된다. 선거구 조정 획정과정에 정당이나 국회의원은 직접적인 참여는 할 수 없고 선거구 획정위원회의 조정안에 대한 개별적인 의견을 제시하게 되는데 이 과정에서 지지자나 당원들을 동원하여 많은 의견을 접수시킨다. 선거구획정위원회가 선거구 조정을 시작하기 전에 각 정당의 의견을 듣는데 이것이 유일한 정당의 공식적인 참여라고 할 수 있다.

### (3) 선거관리기관

영국에는 선거관리를 담당하는 독립적인 상설기관이 없다. 선거와 관련된 중앙정부기관으로 내무성(Home Office)이 있는데 선거와 관련된 대 의회관계, 선거법령의 정비, 선거법의 집행에 관한 감독 등 선거법을 관할하는 제한된 역할만을 담당하며 선거에 관한 종합적인 계획수립이나 지시·지침 시달 등은 하지 않는다.

선거구에서 선거관리는 선거관리관(returning officer)이 명목상 책임자이다. 선거관리관은 군(county)지역의 경우 국왕이 임명한 지방장관으로 법률담당 고문역을 하는 주장관(High-Sheriff)이, 도시지역(borough)은 시장(Mayour)이, 대도시지역(metropolitan)의 구(district)의 경우는 의회(council)의 의장이 된다. 의회의장이나 시장은 의회의원 중에서 선출하는 임기 1년의 명예직이기 때문에 선거관리관은 실질적인 선거관리업무는 수행하지 않으며 지방의 경우에는 구·시·군의 수석집행관(Chief Executive)이 선거관리관이 된다. 선거구의 실질적인 선거관리 담당자는 선거관리관 대리(acting returning officer)인데 대부분 구·시·군의 선거인명부 등록관(electoral registration officer)이 담당한다.[67]

### (4) 선거인명부

영국의 선거인명부제도는 유효기간 1년으로 매년 작성하는 정기명부제이며 직권등록제를 채택하고 있다. 다만, 공무근무투표자와 해외유권자의 경우에는 예외적으로 신고등록제를 취하고 있다. 선거인명부 등록관은 선거와 관련된 유일한 상설기관으로 비선거시 선거인명부등록업무를 담당한다. 선거인명부 등록관은 매년 8월 중 선거인명부 등재신청서(form A)를 각 세대로 보내고 각 세대주는 세대 내 선거권이 있는 사람의 이름을 적어 등록관에게 회송한다. 회송된 등재신청서에 의해 11월 28일까지 선거인명부 초안을 적성하여 12월 26일까지 공공도서관·우체국 등에 비치하여 열람 및 이의신청을 받는다. 이의제기나 직권조사 등에 의해 명부초안을 수정, 다음해 2월 15일에 선거인명부를 확정하며 확정된 명부는 2월 16일부터 1년간 유효하고 공공장소에 비치한다. 군인, 해외근무자나 신체장애, 여행, 직업상의 이유로 투표소에서 투표할 수 없는 자는 부재자신고를 하는데 선거인명부 확정 후부터 선거일 전 11일까지, 건강상의 이유로 인한 부재자신고는 선거일전 6일까지 가능하다.

### (5) 후보자 지명

후보자는 공식적인 등록신청서를 제출하여야만 입후보를 할 수 있다. 입후보는 개개 후보자를 기준으로 행하게 되어 있어 정당추천 후보자와 무소속 후보자의 등록신청절차는 동일하다. 그러나 대부분의 유력한 후보자가 주요정당의 추천을 받아 입후보하는 있다.[68] 등록신청서에는 제안자와 찬성자 그리고 지명에 동의하는 자 8인 등 10인 이상의 선거인

67) 권대수, 앞의 논문, 105면.
68) 중앙선거관리위원회, 각국 의회의원선거·발전연대기, 1993, 367-368면.

이 서명하여야 한다. 후보자의 경우는 입후보하는 선거구의 주민일 필요는 없으나 등록신청서에 서명하는 선거인은 당해 선거구의 선거인명부에 등록된 자에 한한다.

후보자등록기간은 선거일을 공고한 날 다음날로부터 시작하여 선거명령서 발급일로부터 6일까지로 보통 3일간이다. 등록신청서에는 후보자의 성명 등 후보자를 특정할 수 있는 사항을 기재한 후 10명의 선거인의 서명을 받아 500파운드의 기탁금과 함께 제출한다. 기탁금은 5% 이상 득표를 하면 반환되고 5%미만 득표시 국고에 귀속된다.

정당의 후보자선출에 대한 법적규정은 없으나 각 정당별로 자체 내부 선출규정을 갖고 있는데 모든 정당이 선거구단위의 지구당에서 후보자를 선출하고 중앙당에서 이를 인준하는 절차를 갖고 있다.[69] 중앙당에서 사전에 선거구별로 복수의 유력한 후보자 명단을 작성·유지하여 각 지구당에 제공하는데 지구당은 이 명단이외의 자를 선정할 수도 있다. 지구당에서 선정된 자는 중앙당의 승인을 받아야만 당해 선거구의 예비후보자가 되는데 중앙당이 거부하는 경우는 거의 없다. 상향식 후보추천이 오랜 전통이 되어 있는 데다 지구당에 대한 중앙당의 지원이 없는 만큼 간섭도 허용되지 않기 때문이다.[70] 현역의원의 경우 본인이 출마를 포기하거나 은퇴하지 않는 한 선거구에서의 선출시 우선권이 주어지므로 특별한 경우를 제외하고는 탈락한 경우가 거의 없는 것이 특징이다.

입후보의 사퇴는 지명서 제출기간에 한하여 가능하며 선거관리관에게 사퇴통지서를 제출하는 방식으로 할 수 있다. 후보자지명서 제출기간 후 선거일까지의 사이에 혹은 투표개시 후 선거결과 공표 전까지 후보자가 사망하는 경우 선거는 다시 실시되며, 그 선거는 당해 선거관리관에게

69) David Brew, op. cit., 1979, p. 226.
70) 국회사무처 입법조사국, 주요국의 선거제도, 1992, 65면.

사망증명서가 접수된 후 28일이내에 보궐선거의 절차에 준하여 실시된다. 당초 선거에서 지명이 유효한 자는 재차 지명을 요하지 않는다.[71]

### (6) 선거운동

영국의 선거운동에 관한 법체계를 보면 1883년 부패 및 위법행위방지법과 1918년 국민대표법이 선거구에서의 후보자 선거비용과 관련된 부분에 대해서는 엄격한 제한을 하되 정당차원에서의 선거운동이나 비용에 대해서는 아무런 제한을 두지 않음에 따라, 정당은 선거시 뿐만 아니라 평상시에도 수시로 각 분야에 대한 정책을 제시하고 TV·신문 등 언론 매체를 통하여 대국민 홍보활동을 전개함으로써 중앙당을 중심으로 정책대결 위주의 선거운동이 이루어지고 있으며 선거구에서의 후보자 중심의 선거운동은 큰 비중을 차지하지 못하고 있다.

선거운동의 방법에는 아무런 제한이 없지만 대중매체에 의한 정당 위주의 선거운동이 이루어지면서 전통적인 선거운동방법인 선거집회나 옥외연설회 등은 거의 개최하지 않고 있다. 또한 정당 지도자들의 전국순회, 당 간부들에 의한 기자회견의 정례화, TV토론 등 미디어와 온라인 선거운동의 중요성이 강화되고 있다.

선거운동은 수상이 선거일을 발표하면 다음날부터 공식적인 선거운동에 돌입하고 선거일 발표 전에 이루어지는 모든 선거운동을 사전선거운동이라는 개념을 사용하나 사전선거운동 자체가 당연시되며 어떠한 제한도 없다. 선거공약·정책안의 발표와 신문·옥외광고판 등을 이용한 홍보 활동 등 정당의 전반적인 활동자체가 사전선거운동 개념에 포함되며 선거구에서 후보자의 사전선거운동에도 제한이 없으나 선거비용의 엄격

71) Home Office, Guidance For Acting Returning Office, 1991. 9., pp. 30-31.

한 제한 때문에 활발하게 이루어지지는 않는다.

모든 후보자는 선거운동을 총괄하고 선거비용의 지출을 담당할 선거사무장 1인을 선임하여 신고하여야 한다. 선거사무장은 선거운동관계자들의 본부로 사용되는 선거사무소를 설치하여 신고하고 선거운동에 종사하지 않는 유급사무원과 연락원 등을 둘 수 있으나 선거비용의 제한 때문에 그 수는 매우 적다. 선거운동을 해주는 대가로 어떠한 형태의 금전도 지급할 수 없기 때문에 모든 선거운동은 주로 자원봉사자에 의하여 이루어진다. 자원봉사자들이 주로 하는 일들은 후보자 홍보물의 발송작업, 호별방문 및 전화에 의한 후보자 선전 및 여론조사(canvassing) 등이며 선거구단위로 소규모 집회를 개최하여 후보자의 선거운동을 위한 모금활동에도 적극 참여한다.

후보자 홍보물은 소형인쇄물(reflet), 선거인사문(election address), 포스터가 주종을 이룬다. 소형인쇄물과 후보자의 인사문은 자원봉사자들이 직접 세대별로 배부하거나 우편으로 발송한다. 후보자홍보물은 선거비용 제한액의 범위 내에서 작성 배부하여야 하므로 많은 양을 작성할 수 없어 절대적 지지자와 반대자들을 제외한 부동층, 잠재적 지지자들에게 집중적으로 발송한다.

선거운동은 자원봉사자들이 호별 방문을 하거나 전화에 의하여 실시하는 캔버싱으로 선거구내 모든 유권자들의 투표성향을 조사하고, 소속정당, 후보자에 대한 지지호소와 정치적 공감대를 형성하도록 유도한다. 최근에는 후보자의 홍보와 선거운동의 방법으로 인터넷 등 유무선 온라인 정보통신 매체인 컴퓨터와 테블릭 PC, 스마트폰 등이 일반화 되고 있다.

### (7) 선거비용

선거운동비용이라 함은 정당 및 후보자가 선거에서 해당 정당의 승리를 위해 정당의 이름으로 입후보한 후보자의 당선 또는 선거와 관련하여 정당에 의하여 제출된 후보자명부에 포함된 후보자들의 당선 또는 기타 앞으로 실시될 선거와 관련하여 선거인들에게 정당 및 후보자의 입지를 강화하는 목적으로 사용되는 비용 일체를 말하며 또한 그 밖의 정당이나 후보자가 선거에서 이기지 못하도록 하는 행위 또는 정당이나 후보자들의 입지가 선거인들에게 불리하게 작용하도록 하는 행위를 포함 한다.[72]

후보자에 의하여 또는 후보자를 위하여 발생된 비용의 지출은 선거사무장을 통해 이루어 져야 한다. 후보자는 해당 선거에서 600파운드 이내로 개인비용을 지출 할 수 있다. 그리고 후보자는 청구서 송달기간 내에 그가 지출한 개인비용의 명세서를 선거사무장에게 제출해야 한다. 후보자, 선거사무장 및 선거사무장으로부터 서면으로 권한을 위임받은 자 외에는 누구도 선거와 관련된 비용을 지출할 수 없다.[73]

선거에 있어서 정당과 후보자 각각 선거비용은 국민대표법 제76조에 따라 제한을 받는다. 여기에서 선거비용은 정당[74]은 선거 전·중·후를 불문하고 선거 실시나 운동에 관한 비용을, 후보자[75]는 후보자로 등록한 때부터 선거가 끝난 기간 동안 지출한 금액을 의미한다. 정당은 선거비

72) 영국 정당·선거 및 국민투표법 2000 제72조.

73) 영국 국민대표법 제75조.

74) 정당은 한 선거구당 30,000파운드로 해당 정당이 후보자를 내세운 선거구수를 곱한 금액이며, 단 각 지방별로 최고한도액이 정해져 있으며 잉글랜드는 810,000, 스코틀랜드는 120,000, 웨일즈는 60,000파운드 이다.

75) 각 도시와 군 선거구당 7,150파운드로 하고, 선거인명부 등재자 수에 각 5펜스와 7펜스를 곱한 금액을 더한다. 보궐선거의 경우에는 100,000파운드를 총 한도로 한다.

용을 250,000파운드 이하 쓴 경우 선거일 후 3개월 내에, 250,000파운드 이상 썼으면, 선거일 후 6개월 내 비용을 보고해야한다. 이 경우 독립된 회계감사자(Independent Auditor)를 통해 보고해야 한다.[76] 선거사무장은 총지불액 명세서와 영수증을 첨부한 보고서를 선거결과의 공표일로부터 35일 이내에 선거관리관에게 제출해야 한다. 보고서에는 후보자의 선거사무장이 작성한 가격신고서, 후보자에 의하여 또는 그를 위하여 발생된 선거비용으로 보게 되는 총비용의 신고서, 후보자 또는 그의 선거사무장에게 한 기부진술서, 후보자 개인의 재원에서 선거비용을 맞추기 위해 출연된 총금액의 진술서를 포함해야 한다.[77]

후보자가 보고서 등을 미제출 할 경우 당선자는 선거비용수지보고서 및 선서서가 제출되기 전까지는 의원 자격으로 하원에서 출석하거나 표결에 참여할 수 없다.[78] 매수, 향응제공 및 선거비용에 관한 허위보고는 부패행위로, 위법고용, 교통시설 등 위법대차, 선거비용에 관한 규정 위반은 각각 위법행위로 처벌되며 부패행위 또는 위법행위로 처벌받게 되면 당선무효 및 공민권 제한 등이 가해진다.[79]

## 3. 선거소송

하원의원선거에서 선거와 당선의 효력은 선거재판소에서 쟁송을 할 수 있다. 영국의 경우 어떤 선거에서나 이의 제기는 선거소송에 의하는 것이 유일한 방법이다. 하원의원선거소송에서의 선거재판소의 재판관은 런던에 설치된 고등법원(High Court)의 여왕좌부(Queen's Bench Division)에서

76) 영국 국민대표법 제78조; 정당, 선거 및 국민투표법 부칙 18 제6호.
77) 영국 국민대표법 제81조; 정당, 선거 및 국민투표법 부칙 18 제7호.
78) 영국 국민대표법 제85조.
79) 영국 국민대표법 제164조 내지 제165조.

매년 윤번으로 2명이 선임되어 그 선임순서에 따라서 선거소송을 담당하게 된다. 선거재판소는 고등법원의 재판관과 동일한 권능을 가진다. 고등법원은 런던에 소재하고 있지만 선거재판소의 심리장소는 소송이 제기된 선거구가 원칙이다.

소송의 제기는 원고가 소정의 방식으로 서명해서 고등법원에 제기해야 한다. 상소는 선거재판소의 판결에 대해서 고등법원의 허가를 얻어 항소원(Court of Appeal)에 상소할 수 있다. 이 항소원의 재판이 최종적(final and conclusion)이므로 형식적으로는 2심제라 할 수 있다.

소송제기권자는 선거인(선거에서 선거인으로서 투표한자, 투표할 권리를 가진 자), 후보자, 선거에서 당선되었다고 주장하는 후보자와 후보자 자격이 있다고 제기한 자이며 이들이 한 사람이건 두 사람 이상이든지 모두 제기할 수 있다. 소송에서 피고는 선거 혹은 당선의 효력을 쟁송하는 자이며 소송이 선거관리관(returning officer)의 행위에 관한 경우에는 선거관리관이 피고로 된다.

출소기한은 당선고시 즉 당해소송에 관한 당선보고가 왕실서기관 장에게 행해진 날로부터 21일 이내로 되어 있다. 소송이 부패행위(Corrupt practice) 특히 금전의 수수를 수반하는 경우에는 금전지불일로부터 28일 이내에, 위법행위(illegal practice)에 대한 경우에는 행위일로부터 28일 이내에 제기할 수 있다. 소송제기가 부패행위 특히 금전 등의 보수를 당선된 후보자가 주거나 또는 약속이 있는 경우에는 지출 또는 약속일 후 28일 이내이면 다른 여하한 소송이 그 자에 대해서 제기되었거나 또는 심리되었는지의 여부를 불문하고 소송을 제기할 수 있다. 그리고 소송제기가 위법행위를 이유로 불복하는 소인 경우에도 부패행위를 이유로 불복하는 소와 비슷하다.

선거소송의 심리는 그 심리기간과 장소의 통지가 적어도 14일 이전에 소정의 방법으로 이루어져야 하며 결심에 이르기까지 원칙적으로 계속해서 행해져야 한다는 점이다. 통상 사전에 증거 등을 서면으로 제출하여야 하며 심리는 상대방의 출석과 관계없이 월요일부터 금요일까지 계속하여 진행되어 6~9개월이면 결심에 도달한다. 심리는 공개된 법정에서 배심을 수반하지 않은 채 이루어져야 하며, 피고가 공직을 물러나는 것을 승낙하거나 사실상 물러나더라도 심리의 진행은 영향을 받지 않는다. 증인은 선거와 선거에 관계있는 범죄에 대한 심문에 대해서 그에 대한 답변이 자기 자신 혹은 자기의 배우자를 유죄로 할지도 모른다는 이유로 또는 특권을 이유로 그 답변을 거부할 수 없다.

하원의원선거소송이 종결되면 선거재판소는 즉시 문서로 하원의장(speaker)에게 보고하여, 그 선거 또는 당선의 효력에 대해서 이의제기를 받은 의원이 정당하게 당선된 자인지 여부, 그렇지 않으면 어떤 사람이 정당하게 당선되어야 했는지 또는 선거가 무효인지의 여부를 증명해야 한다. 이 점에 대해서 선거재판소를 구성하는 재판관들이 의견이 서로 다르면 그 의원은 정당하게 당선된 것으로 간주된다.

선거재판 결과 유죄로 확정되면 당선무효·입후보금지 등의 자격박탈 이외에 형사처벌도 받는다. 따라서 형사재판적 색채는 부정할 수 없다. 영국선거재판제도의 특색은 자격박탈 이외에 엄격한 연좌규정을 두고 있다는 점이다.

첫째, 당선된 후보자가 선거재판소에 의하여 그 자신이 또는 대리인에 의하여 부패행위 또는 위법행위를 범하였다고 보고된 경우에는 그의 당선이 무효(void)로 된다(제159조). 그리고 선거의 당선을 위해서 광범위하게 부패행위, 위법행위, 위법지급·고용·임대차를 범하여 선거결과가 좌우됐다고 합리적으로 추정되는 경우는 선거가 무효로 된다.

둘째, 부패행위, 위법행위가 후보자 및 그 밖의 사람에게 미치는 효과는 후보자가 당선자이든 낙선자이든 불문하며 자신의 부패행위와 위법행위에 관해서 유죄로 보고된 자는 부패행위의 경우 10년간, 위법행위를 범해서 유죄인 경우 7년간 당해 선거구 또는 당해 선거구의 전부 또는 일부를 포함하는 선거구에서 의회의원선거에 출마할 수 없다. 그리고 자신이 부패행위의 죄를 범했다고 보고된 후보자는 5년간 어떤 선거구에서도 입후보할 수 없으며 공직 또는 법관에 종사하는 것도 금지된다.

## Ⅳ. 상원의원의 구성

상원은 선거에 의해 구성되는 것이 아니라 귀족신분을 가진 사람이면 원칙적으로 모두 상원의원이 된다. 상원의원은 임기도 없고 정원도 없으며 보수도 없는 명예직이다. 전통적인 귀족의 종류로는 성직귀족, 법률귀족, 세속귀속(세습귀족. 종신귀족) 등으로 나눌 수 있으나, 1960년대 윌슨수상의 노동당 집권당시 많은 노조지도자들을 상원의원으로 임명하여, 현재는 상원이 단순히 귀족원으로만 머물러 있는 것이 아니라 정당을 배경으로 정당 활동을 하고 있다. 2005년 헌정개혁법 제정 이전까지 상원의장은 상원에서 선출하는 것이 아니라 내각구성원 중에서 수상이 임명하는 사람이 겸직하였고, 헌정개혁법에 의해 대법원이 설치되기 전까지는 상원이 대법원으로서의 기능도 수행하고 있었으므로 의장은 동시에 대법원장도 겸직하고 있었다. 상원의 의원정수는 일정하지 않다. 국왕의 임명으로 종신귀족 608명, 세습귀족 91명, 성직자 26명으로 구성된다.[80] 이중 상원의 의사진행에 참가하고 있는 상원의원은 그다지 많지

80) 중앙선거관리위원회, 각 국의 선거제도 비교연구, 2009, 128면.

않으며, 2007년 이후 상원의원의 자격과 새로운 상원의원 구성시 선출제 또는 임명제 여부 등 상원개혁을 위한 활발한 논의가 진행중이다.

상원의 권한에 대해서는 1911년 제정된 의회법에 규정되어 있다. 이에 의하면 상원에는 하원통과법률안에 대한 수정권이나 폐지권은 인정되지 않고, 심의연기권만 부여함으로써 하원우위의 원칙이 유지되고 있다. 그리고 하원의장이 인정한 법률안이라고 할지라도 예산을 수반하는 것에 대해서는 상원이 선심의권을 갖지 못하며, 또한 하원에서 통과된 법률안이 상원에 회부된 후 1개월이 경과되면 상원의 동의와 관계없이 국왕의 재가를 얻어 법률로 성립되게 된다. 따라서 형식적으로는 양원이 각각 독자적인 법률안제출권과 법률안 심의원을 갖고 있는 것으로 되어 있으나, 실질적으로 상원은 하원통과법안을 지연시키는 기능만 할뿐이라는 비판을 받고 있다. 최근에 와서는 신중한 심의를 요하는 법률안에 대해서는 상원에서 우선 심의하는 관행이 생겨나고 있어 상원의 기능과 역할이 점차 확대되고 있다.

## Ⅴ. 지방선거

### 1. 개관

#### (1) 의의

영국에서는 지방의회가 의결기관인 동시에 집행기관으로서 의결과 집행이 통합된 기관구성형태를 취하고 있다. 의장직을 겸직하는 시장은 시를 의례적으로 대표하는 상징적 존재의 의미만 가진다.[81] 일반적인 자치권 행사에 있어 주민을 대신해서 자치단체가 권력을 행사하기보다는 특정한 활동을 수행할 수 있는 일련의 권한을 부여하고 있다는 점에서 취약한 지위에 있으며, 자치단체의 큰 규모로 인하여 주민이 일체감을 가지는 것은 어렵다.[82)]

자치단체는 영국 의회에서 제정한 법률에 의해 그 존재와 권한이 부여되고 있으며, 조례나 규칙 등 입법권이 중앙정부의 승인사항에 해당된다.[83)] 그러나 지방사무에 대해 전적인 책임과 권한을 갖는 기관이 아니라 부분적인 자율권을 지닌다. 또한 중앙정부의 위임 범위 안에서 기능을 수행한다.

지방자치단체에서 단체장은 매년 의회에서 간선된 의장이 겸임하며 단체장은 지방의회의 총수일 뿐만 아니라 자치단체를 대표하는 상징적인 인물이다.[84)] 집행기관의 구조를 보면 지방의회의 지휘·감독을 받고 있는 수석행정관의 총괄하에 실·국장(Chief Officer) 및 전문직과 일반직 공무원으로 구성된다.

### (2) 지방자치단체의 종류

#### 1) 카운티(County Council)

잉글랜드 지역의 비대도시권에만 존재하는 광역자치단체로서 39개이

---

81) 영국 국민이 이주하여 정착한 나라들인 캐나다, 호주, 뉴질랜드, 남아프리카공화국 등 영국문화권의 국가에서도 발견됨.

82) 그러나 공무원 중 34%가량이 지방공무원임.

83) 헌법적 보장을 받지 못하여 완전한 독립성과 자율성을 갖지 못하여, 미국·독일·캐나다 등 연방국가의 경우 통상 입법권이 연방정부와 주 정부 간에 나누어져 있는 것과 비교된다.

84) Mayor, Chairman, Governor 등 여러 명칭을 사용하며, 집행기관을 이끄는 실제적인 행정권한은 보유하고 있지 못함.

다.[85] 지방자치단체의 단층제 구조개편에 따라 잉글랜드의 비대도시권에서도 폐지·분할되어 그 수가 점점 줄어들고 있다.[86]

### 2) 디스트릭(District Council)

디스트릭(District Council)은 계층구조상 두 종류로 나뉜다. 잉글랜드 지역의 비대도시권에서 카운티 자치단체의 하위계층과 그 외 지역의 단층제 구조로서 자치단체로서 존재한다.[87] 2계층제하의 디스트릭이 독립적으로 또는 일부 인접 디스트릭을 병합하여 새로운 단층자치단체로 탄생하는 추세이다.

### 3) 교구(Parish Council) 및 커뮤니티(Community Council)

제3층 자치단체로서 종교적인 배경하에 중세부터 전통적으로 존재해 왔으나, 그 기능이나 책임은 사실상 매우 제한적이며, 의회는 5명~25명으로 구성되며, 교구의회의 경우 5인 이하로 구성될 수 없다.

대개 비도시권 디스트릭을 중심으로 발달해 있으며, 특수한 경우를 제외하고 기본적으로 법적 의무와 권한을 갖지 않으며, 최근 단층제 자치단체가 증가하면서 새로운 역할과 책임의 중요성이 강조되고 있다.

---

85) http://www.abcounties.co.uk/counties.

86) 1996년 이전에 잉글랜드 비대도시권에 39개, 웨일즈 8개, 스코틀랜드에 9개의 Region이 있었음.

87) 웨일즈, 스코틀랜드, 북아일랜드 등

## 2. 지방선거제도[88]

### (1) 선거관리기관

잉글랜드와 웨일즈의 지방선거는 선거관리관이 담당하며, 선거관리관은 카운티 선거구의 경우 카운티장관, 디스트릭선거구의 경우 디스트릭의회의장, 런던 이외 선거구의 경우에는 주무장관의 명령에 의하여 지명되는 카운티의 장관, 디스트릭의회의 의장, 런던구와 경계를 같이 하거나 이에 포함된 선거구의 경우 당해 구의 장이 담당한다.

선거관리관은 선거인명부의 제공, 투표소의 지정과 직원 배치, 투·개표위원 선정, 입후보자 추천 접수, 입후보자 자격 및 선거비용 검토, 개표 감독, 당선자를 선언할 책임을 진다.

### (2) 선거권과 피선거권

선거권은 하원의원 선거에서와 같이 18세 이상의 시민에게 주어진다. 그리고 비록 런던시의 시민이 아니더라도 일정액 이상의 지방세 부과대상 자산을 보유하고 있는 자에게 투표권을 인정하는 기업투표를 허용하고 있다.

피선거권은 21세 이상의 시민으로서 해당 지역의 선거인으로 등록된 자 또는 입후보자로 지명되기 이전 12개월간 해당 지역에 자산을 보유하고 있거나 주된 업무지를 갖는 사람에게 부여된다. 그러나 피산선고를 받은 또는 중증 정신장애자, 지방의원으로서 불법한 지출행위를 하였거나 인가해 준 사실이 있는 자, 최소 3개월 이상의 실형을 받은 적이 있

88) http://www.direct.gov.uk/en/Governmentcitizensandrights/UKgovernment/Politicalpartiesandelections.

거나 선거과정에서 부정·불법행위로 선거사범의 전력이 있는 자, 지방자치단체로부터 유급고용을 받고 있는 자는 입후보를 할 수 없다.

### (3) 겸직금지

공무원의 정치참여를 매우 엄격히 제한, 특히 고위직 공무원과 정치적으로 민감한 직위에 있는 공무원은 중앙 및 지방선거에 출마할 수 없도록 규제하고 있다. 또한 연간 보수가 19,500파운드를 넘는 지방공무원은 지방의회에 출마할 수 없도록 규정하고 있다. 그러나 서로 다른 지방의회에 걸쳐 의원직의 겸임은 가능하다. 예를 들면 디스트릭의 의원직을 맡으면서 동시에 카운티 의원을 맡는 경우가 여기에 해당한다.

### (4) 선거구제 및 선출방법

#### 1) 선거구제

잉글랜드·웨일즈 지역 카운티, 스코틀랜드의 리전·디스트릭 등은 소선거구 다수대표제를 채택하고 있고, 잉글랜드·웨일즈 및 북아일랜드 지역 디스트릭은 중선거구 다수대표제(1~3인)을 채택하고 있다. 그러나 북아일랜드에서는 다른 지역과 달리 단기이양식 비례대표제가 인정되고 있다. 의원정수는 지역의 인구수를 근거로 산출되나 지방자치단체마다 차이가 있다. 단층자치단체의회는 40~70인, 카운티의회는 60~100인, 디스트릭의회는 30~80인으로 배분되어 있다.

지방의원의 보수는 아마추어 정신과 원칙에 입각하여 운영되며 월평균 약 70~75시간을 의원활동에 소요하며 정기적인 일정액의 보수가 지급되는 것이 아니라 의정활동에 필요한 지출(출장, 식비 등)과 손실(생업)을 보전해 주는 차원에서 '회의참석수당제도'가 도입 시행되고 있다.

### 2) 선출방법

선출방법은 전국적으로 동일하지 않고 지방자치단체의 의회구성체제에 따라 차이가 있다. 지방의회의원을 매 4년마다 동시에 선출하는 방법과 의원정수의 일부를 교체하는 방법이 있다. 동시선출체제는 임기 4년의 지방의원을 동시에 전원 선출하며, 잉글랜드와 웨일즈의 카운티, 교구와 커뮤니티, 런던의 모든 지방자치단체 등에서 채택하고 있다. 일부인 1/3선출체제는 매년 1/3씩 나누어 선출하며, 모든 대도시 디스트릭에서 채택하며, 스코틀랜드의 경우 디스트릭, 리전(region), 도서 지방자치단체가 매 2년마다 번갈아 실시한다.[89]

그리고 보궐선거를 제외한 모든 지방선거는 매년 5월 첫째 목요일 또는 당해 명령이 효력을 발생하는 해의 전년도 2월 1일에 내무부장관이 명령으로 지정할 수 있는 다른 날에 실시된다.[90] 지방선거는 동시 실시되며, 지방의원후보지명서는 선거공고 후 투표일전 19일까지 제출되어야 하며 선거기간은 대체로 17일 정도이다.

## (5) 선거운동

후보자 또는 그 대리자는 각 후보자마다 선거사무장 1인을 지명할 수 있으며 선거사무장은 모든 투표참관인, 유급서기, 유급 연락원을 임명할 수 있다. 또한 사무실을 임대하여 선거비용 지출을 수반하는 계약을 체결한다.

---

89) 지방자치단체의 2/3정도가 동시선출 체제를 택하고 있다.
90) 런던시 지방자치단체의 경우에만 12월 첫째 금요일에 실시하고 있다.

지방선거 후보자는 선거운동을 위한 공개집회를 개최하기 위하여 선거공고 최종일과 선거일 사이에 학교시설, 회관 등의 장소를 무료로 이용할 수 있다. 또한 후보자는 중량 2온스를 초과하지 않는 범위내에서 선거에 관한 우편물을 선거인에게 1통씩 무료로 발송할 수 있다.

선거기간 중 특정 프로그램이 후보자 동의 없이 당선을 목적으로 방영하면 그 프로그램에 참여한 자는 위법행위로 처벌된다. 또한 다른 사람에게 영향을 미칠 목적으로 당해 선거에 관련되는 사항을 전파하기 위하여 TV 등 무선방송시설을 방조·교사·주선할 수 없다.

공개집회 방해 목적으로 질서문란 행위 및 선동을 할 수 없으며 피의자가 진술을 거부하거나 허위진술을 할 경우에는 정당한 근거가 있는 경우 경찰관이 영장 없이 체포가능하다.

선거기간중이나 투표일 전후 특정후보자의 당선을 목적으로 보수를 받거나 보수지급을 약속하는 경우도 위법고용죄의 구성요건에 해당한다.

선거인 또는 투표대리인을 투표소로 수송하기 위하여 승합차량 등을 대여, 임대 운행할 수 없다. 또한 후보자의 당선을 목적으로 투표소로 수송하기 위하여 소요되는 차량 임대차 비용, 철도운임 등을 지급하거나 지급 계약을 체결할 수 없다.

### (6) 선거비용

선거에 있어서 정당과 후보자 각각 지출할 수 있는 선거비용은 제한을 받는다. 선거비용제한액 상한은 각 선거구당 기본경비 외에 선거인명부 등재자 수에 일정금액을 곱한 금액이다. 선거비용제한액 상한은 화폐가치의 변동으로 조정하는 것이 필요하다고 인정될 경우 변경할 수 있다. 후보자는 당해 선거비용의 내역에 대해 선거결과가 공표된 날부터

35일 이내에 보고할 의무가 있다.

## Ⅵ. 소결

영국에서 선거에 입후보자는 지역당위원회의 서류심사, 면접 그리고 연설을 통해 지역구에서 결정된다. 지역당위원회의 결정은 중앙당의 승인을 받아야 하지만 중앙당이 이를 비토 하는 경우는 거의 없다. 상향식 후보추천이 오랜 전통이 되어있는데다 지역당에 대한 중앙당의 지원이 없는 만큼 간섭도 허용하지 않기 때문이다.

지명된 후보자는 당 조직에서 활동해 온 그 지방인일 수도 있고 혹은 다른 지방에 사는 사람일 수도 있다. 거주요건(Residential qualification)이 없고, 주로 투표자들은 그 지구 이외의 후보자에게 질시 한다든가 편견을 갖지 않고 오직 어느 정당후보자인가에 대하여 관심을 갖기 때문이다. 따라서 상당수의 후보자들은 그 지방인이 아닐 뿐만 아니라 또한 선거구를 자주 변경하여 입후보할 수도 있다.

선거에서 정당과 후보자가 사용할 수 있는 선거비용은 선거법으로 제한하고 있다. 정당은 한 선거구당 30,000파운드로 해당 정당이 후보자를 내세운 선거구수를 곱한 금액이며 단, 잉글랜드: 810,000파운드, 스코틀랜드: 120,000파운드, 웨일즈: 60,000파운드이다. 후보자는 각 구와 군 선거구당 7,150파운드로 하고, 선거인명부 등재자 수에 각 5펜스와 7펜스를 곱한 금액을 더한 액수이다. 그리고 보궐선거의 경우에는 100,000파운드를 총 한도로 한다. 또한 선거비용은 선거사무장에 의하지 아니하고는 제도적으로 지출이 허용되지 않으며, 증빙서류를 만들어 사후에 보고하여야 한다. 후보자도 개인비용의 지출에 있어서 사무장을 통하지 아니하고는 제한을 받는다. 최소 선거비용과 관련하여 중앙당의 선거의 지원방식도 달라지고 있다. 특히 과거에는 각 당의 당수의 역할이 중요시되었다. 당수를 중심으로 한 중앙유세반이 방방곡곡을 누비면서 바람을 일으켜 왔는데 요즘은 신문이나 TV를 비롯한 미디어 매체 그리고 인터넷을 통한 선거운동이 활발하다고 한다.

이 밖에도 영국에서 선거운동의 부정한 행위에 대한 방지를 위한 노력은 앞서 선거제도 연혁에서 밝힌 바와 같이 1696년의 향응법(Treating Act), 1729년의 매수법(Bribery Act), 1854년의 부패행위방지법(Corrupt Practices Act), 1883년의 부패행위 및 위법행위방지법(Corrupt and Illegal practices Act)으로 이어졌으며 1949년의 국민대표법(Representation of the People Act)을 거쳐 현행 1983년의 국민대표법에서 구현되었다.

선거범죄와 벌칙에 대해서는 국민대표법에 규정하고 있다. 유형은 부패행위, 위법행위 및 위법한 지급·고용·임대차로 구성되어 있으며, 반사회성 여부에 따라 부패행위와 그 외 유형으로 구분된다. 부패행위에 대한 형벌은 범죄의 종류에 따라서 약간 다르다.

# 제3절 독일의 선거제도

## Ⅰ. 개관

독일 정치체제의 기본은 독일연방공화국기본법에 규정되어 있다. 본(Bonn) 기본법이라 일컬어지고 있는 독일헌법은 자유민주적 기본질서에 근거하고 있다. 독일에서 정치체제의 기본문제는 국민의 정치적 의사형성 즉, 국민주권의 행사방법으로서 국민의 정치적 결정에 대한 정당성의 창출과 합리화에 있다. 국민의 직접적인 정치적 의사형성의 방법으로서 정당 및 결사와 언론을 통한 여론형성의 방법을 통해 선출된 대표자로 하여금 대신하여 국민의사를 결정케 하는 방법이 있다.

통일 독일의 선거제도는 종래의 서독의 연방선거법에 의한 선거제도와 거의 동일하다. 동·서독의 평화적 통일과 1990년 8월의 총선거를 위한 선거협정을 조인함으로써 서독정부의 연방선거법(Bundeswahlgesetz)의 규정을 원칙적으로 동독지역에 확대적용하기로 하되 약간의 예외조항을 두었다. 서독 선거제도의 특징은 '직접·비례대표제'이다. 직접선거에 의해 선출되는 의석은 의원수의 1/2이며, 나머지 연방의회의원 1/2은 각 정당이 주마다 작성한 정당명부에 의하여 선출된다.

이렇게 연방의회의 선거제도에 있어 정당이 점하는 비중이 독특하므로 이를 살펴볼 필요가 있다. 서독은 1949년 최초의 총선 이래 한 번도 과반수 의석을 차지한 정당이 없어서 지금까지 연립내각을 형성하여 정부를 이끌어 온 데서 정치운영상의 특색이 있다. 의회정치는 전통적으로 보수성향의 기독교민주당(CDU), 진보적 색채의 사회민주당(SPD), 자유주의 성향의 자유민주당(FDP)의 3당 체제로 전개되어 왔다. 그 중 기독

교민주당과 사회민주당의 양대 정당이 번갈아 가면서 정권을 장악하였으나 과반수의석에는 미달하여 자유민주당과의 연립으로 정부를 구성할 수 있었다.

이러한 독일의 연방대통령선거,연방의회의원선거,지방선거제도를 독일 기본법, 연방선거법, 정당법(Gesetzberdie politischen Parteien)을 중심으로 검토해 보기로 한다.

## Ⅱ. 대통령의 선출

### 1. 헌법상 지위

독일 기본법에 따라 연방의회에서 간접적으로 선출되는 연방대통령에 대해 기본법이 많은 권한을 부여하고 있지는 않다. 대통령이 최고의 국가정책 결정에 독자적으로 그리고 결정적인 관여를 인정하지 않고 있다. 독일 연방대통령의 헌법상 지위를 살펴보면 다음과 같다.91)

첫째, 연방대통령은 실질적인 권한을 가진 국가의 원수가 아닌 단순한 국가의 상징적인 존재이다. 따라서 연방대통령은 의례적이고 형식적인 공증인적 권능만을 갖는다. 연방의회에 의해 선출된 통치기관일 뿐이다. 둘째, 연방대통령은 최고의 국가기관이다. 즉 실제적이고 구체적인 권한의 행사여부와 관계없이 연방대통령은 다른 기관의 지시로부터 독립하여 있으며, 나아가 그 어떠한 감독도 받지 아니하는 최고의 국가기관인 것이다. 셋째, 연방대통령의 중립성의 보장이다. 연방대통령은 연방이나

91) Christoph Degenhart, Staatsrecht I, 13. Aufl., Heidelberg: C. F. Müller, 1997, S. 192f.

주 정부 또는 연방의회의 어디에도 속할 수 없다.[92] 넷째, 연방대통령은 연방의회의원과 마찬가지로 면책특권을 가진다.

## 2. 선출

독일 연방대통령은 토의 없이 연방회의(Bundesversammlung)에서 선출 된다.[93] 이 회의는 연방의원과, 비례대표의 원칙에 따라 각 주에서 선출한 동수의 의원으로 구성되는 합의체(Gremium)이다.[94] 그리고 연방의회의원에 대한 선거권을 갖는 만40세 이상의 독일인은 모두 연방대통령의 피선거권을 갖는다.[95]

연방대통령의 선출에는 연방회의구성원 과반수의 득표가 필요하다. 2회의 투표에서도 과반수를 얻지 못할 때에는 제3회 투표에서 상대다수로 결정한다. 즉, 최다수의 표를 얻은 자가 연방대통령으로 선출된다.[96] 1회에 한하여 재선된다.

## 3. 임기

연방대통령의 임기는 5년이다.[97] 그 임기는 전임자의 임기만료와 동시에 시작하지만, 연방의회의장이 피선출자의 취임선서를 수리하기 전에 시작하는 것은 아니다. 독일 기본법이 임기만료 전에 대통령직이 종료되는 것으로 인정하는 것은 사직, 독일국적의 상실 또는 공직취임자격의

92) 독일 기본법 제55조 제1항.
93) 독일 기본법 제54조 제1항.
94) 독일 기본법 제54조 제3항.
95) 독일 기본법 제54조 제1항.
96) 독일 기본법 제54조 제6항.
97) 독일 기본법 제54조 제2항.

상실에 의한 종료라는 경우를 제외하면, 연방헌법재판소에 의한 연방대통령탄핵의 경우뿐이다.[98]

연방대통령의 유고시 또는 임기만료 전에 궐위된 경우에는 연방대통령의 권한은 연방참의원의장에 의하여 행사된다.[99]

## Ⅲ. 하원의원선거

### 1. 선거권과 피선거권

독일에서는 만 18세 이상 독일 국민으로서 독일연방공화국에서 3개월 이상 주소를 가지거나 기타 통상적으로 거주한 경우 선거권을 가진다. 해외거주 독일 국민의 경우 거주 요건의 불비로 종래에는 일정한 공무원을 제외하고는 선거권을 갖지 못하였으나, 1985년 법률 개정으로 다음과 같이 일부 요건을 갖춘 국민에게는 선거권이 인정된다. 공무원 및 군인, 공무에 종사하는 고용원 및 노무자로서 그 직무상 상사의 명에 의하여 연방선거법의 적용지역 이외의 지역에서 거주하는 자와 그 세대 구성원, 1949년 5월 23일 이후 출국 전에 계속해서 3개월 이상 국내에 주소 또는 계속적 거소를 가진 자로서 독일 이외에 유럽의회의 회원국가지역내에 주소를 가진 자, 출국 전에 계속해서 3개월 이상 국내에 주소 또는 거소를 갖고 출국한 후 10년을 경과하지 않은 자로서 독일이외의 다른 국가에 살고 있는 자이다.[100] 그러나 법원의 판결에 의하여 선거권을 상실한

98) 독일 기본법 제61조.
99) 독일 기본법 제57조.
100) 독일 연방선거법 제12조.

자, 금치산자 또는 정신적 결함으로 후견 하에 있는 자, 형법의 규정에 의거 정신병원에 수용되어 있는 자는 선거권을 가질 수 없다.[101)]

선거권 행사를 위해서는 선거인명부에 등록되어 있거나 선거증을 소지하여야 한다. 선거인명부에 등록되어 있는 자는 등록된 선거인명부가 소속된 투표구에서만 선거할 수 있다. 선거증을 소지한 자는 그 선거증이 발행된 선거구 내의 임의의 선거구에서 투표하거나, 우편투표를 통하여 선거에 참가할 수 있다.[102)]

18세 이상의 독일 국민이라면 누구나 하원의원 선거에 입후보 할 수 있는 피선자격을 가진다. 그러나 선거권 결격사유에 해당하는 자, 법원의 확정판결에 의하여 선거권 또는 공무담임권을 상실한 자, 독일 기본법 제11조 1항의 규정에 의한 독일인으로서 독일국적을 가지지 아니한 자와 1955년 2월 22일의 '국적문제에 관한 규제법률'에 의하여 독일인의 지위를 취득한 자는 피선거권이 없다.[103)] 그리고 연방, 주 및 시·읍·면에 있어서의 공무원, 직업군인, 일시적 지원병 및 재판관의 피선거권은 법률로서 이를 제한할 수 있다.[104)]

## 2. 선거구와 선거운동

### (1) 소선거구제와 비례대표제의 혼합

통일된 독일의 연방의회의원, 즉 하원의원 선거제도는 독일연방공화국 즉 서독의 그것과 거의 동일하다. 연방헌법재판소의 위헌판결에 따라 폐

101) 독일 연방선거법 제13조.
102) 독일 연방선거법 제14조.
103) 독일 연방선거법 제15조.
104) 독일 기본법 제137조.

지된 5%저지조항을 예외로 하고는 독일의 총선거를 위한 선거협정에 따라 원칙적으로 서독의 기존 연방선거법은 동·서독에 확대 적용하되 동독이 편입되는 것을 고려하여 선거구수와 연방의원수를 증가시켰다.

독일 기본법은 연방의회의 의원수를 규정하고 있지 않다. 세부적인 구체화는 연방법률, 즉 연방선거법의 규정에 맡기고 있다.[105] 연방선거법 제1조는 독일연방하원은 연방선거법에 의한 예외적인 경우를 제외하면 총 598명의 의원으로 구성된다고 규정하고 있다. 이 중 299명은 선거구에서 선거구후보자추천명부에 의하여, 그 나머지는 주후보자추천명부, 주후보자명부에 의하여 선출된다고 규정하고 있다. 그리고 유권자는 선거에서 두개의 투표권을 행사하는데 하나는 후보자에게 또 다른 하나는 정당별 주후보자추천명부에 투표한다.

소선거구에 입후보를 위해서는 정당의 경우 연방하원 또는 주의회에서 최종 선거이후 해당 정당의 추천으로 입후보하여 당선된 5인 이상의 의원이 있는 정당이어야 하며, 그렇지 못한 정당은 선거일 전 90일까지 연방선거위원장에게 선거의 참여의 뜻을 밝히고 연방선거위원회가 정당자격을 확인한 경우에 정당으로서 후보자를 추천할 수 있다.[106] 이 같은 경우에는 해당 선거구내 선거인 200인 이상의 추천이 필요하다.[107]

비례대표에 있어서 주 명부는 정당만이 제출할 수 있으며, 비적격 정당은 주의 선거인총수의 1,000분의 1이상의 서명이 필요하다. 후보자의 결정은 소선거구의 후보자결정절차와 같다. 즉 당원의회나 특별당대의원회의 또는 일반당대의원회의에서 결정한다. 각 정당은 각 주별로 1개의 주명부만 제출할 수 있다.[108]

105) 독일 기본법 제38조 제3항.
106) 독일 연방선거법 제18조.
107) 독일 연방선거법 제20조 제2항.
108) 독일 연방선거법 제27조.

### (2) 당선인의 결정과 의석배분

#### 1) 방법

앞에서 설명한 바와 같이 모든 선거인은 연방의회의 의원선거시 각각 2표씩 투표하도록 되어 있는데, 소선거구제에서는 299개의 선거구에서 가장 많은 득표를 한 후보자가 당선되는 상대적 다수대표제가 적용되며, 동수 득표의 경우에는 선거구선거위원장의 추첨에 의해 결정된다.

비례대표의 경우 나머지 299의석의 배분은 정당의 각 주명부에 의해 행해진다. 비례배분을 하기 전에 각 주명부가 획득한 제2표에서 무소속 후보자가 당선된 자에게 제1표를 행사한 선거인의 제2표, 해당 주에서 주명부가 승인되지 않은 정당의 후보자가 당선된 경우 제1표를 그 후보자에게 행사한 선거인의 제2표를 공제하여 의석배분기준이 되는 득표수를 산정한다. 그리고 전체의석에서 무소속후보자로 제1표에 의해 당선된 자의 수, 해당 주에서 주명부가 승인되지 않는 정당의 후보자로 제1표에 의해 당선된 자의 수, 유효한 제2표의 100분의 5미만을 획득하거나 또는 소선거구에서 3인 미만의 당선인을 획득한 정당의 후보자로 제1투표에 의해 당선된 자의 수를 공제하여 배분기준의석을 산정한다.

1985년 선거법이 개정됨에 따라 주명부에 대한 의석배분방법이 돈트(D′ hondt)식에서 해어-니마이어(Hare-Niemeyer)식으로 변경되었다. 배분될 의석총수에 전국단위로 결합된 주명부가 전국에서 획득한 제2표의 총수를 곱하여 모든 주명부에 투표된 제2표 총수로 나눈다. 전국단위로 결합된 각 주명부는 우선 그 정수부분의 의석을 배분받는다. 잔여의석은 단수가 큰 순서로 전국단위로 결합된 각 주명부에 배분되며, 단수가 동일한 경우에는 연방선거위원장이 추첨하여 결정한다. 제2표의 총수의 2분의 1이상을 획득했음에도 불구하고 배분의석총수의 2분의 1이상을 획득하지 못한 결합된 주명부에 대해서는 위의 작업을 하기 전에 1의석을 해당 결합된 명부에 배정한다.

### 2) 초과의석

초과의석은 2표제와 관련하여 독일의 선거제도에서 발생하는 독특한 현상으로 특정정당이 제1투표의 결과 확보한 지역구 의석수가 제2투표의 결과 확보한 전국구 의석수보다 많아서 그 차이만큼의 초과의석(Überhangmandate)이 생긴 결과인데, 이 경우 의회의 전체의석수 598석보다 많게 된다.

초과의석은 어떤 주의 투표율이 매우 저조하든지, 제1투표권으로 당선된 지역구 후보들이 근소한 차이로 승리했을 때와, 유권자들이 교차투표를 많이 한 경우에 발생한다. 1994년 선거에서는 16석, 1998년 선거에서는 13석, 2002년 선거에서는 5석, 2005년 선거에서는 15석의 초과 의석이 발생하였다.

이와 관련하여 독일 연방헌법재판소는 초과의석제도에 대해서 연방선거법 제6조 제4항, 제5항 및 제7조 제3항 2호가 기본법 제38조 제1항 1호에 위배되어 위헌이라고 판결하였다. 그리고 연방 헌법재판소는 이러한 초과의석이 의원 대부분이 비례대표인 군소정당이 아니라 전국적으로 지역구 후보를 낼 수 있는 기민당과 사민당 등에게서 발생하며 이러한 초과의석이 아주 드문 예외적인 사례가 아니라 오히려 매 선거 때마다 나타나는 현상이어서 선거결과를 왜곡할 가능성과 평등성을 침해할 가능성이 있는 것으로 보았으며 이 제도를 개정해야 한다고 판시하였다.[109]

---

109) http://www.bverfg.de/entscheidungen/cs20080703_2bvc000107.html.

### (3) 선거운동 방법

독일의 선거운동도 법적으로는 제한규정이 있지만 운동 그 자체는 상당히 자유롭다. 그래서 선거운동자체가 정당 간에 시비의 대상이 되는 경우가 없다. 예를 든다면 투표소가 있는 건물 안과 그 입구에서 언어·음향·문서·포스터에 의하여 투표자에게 영향을 주는 서명운동 등 일체의 행위를 금지하고 있다. 그러나 이러한 몇 가지 제한사항 외에는 선거운동에 관하여 특별한 법적 규제가 없는 것이 특징이다.

정당법에서는 동일취급원칙에 따라 각 정당은 동일한 기회를 제공받을 수 있다.[110] 독일 기본법에는 정당의 정치자금은 공개해야 한다고 규정하고 있다. 국고보조금제도는 1967년에 정당법을 개정하여 선거운동비용에 관한 국고보조금제를 채택하고 그 후 법 개정을 통해서 국고보조금 지급대상을 정당소속 입후보자뿐만 아니라 일정한 득표 이상의 무소속 후보자도 그 대상에 포함시켰다. 그러나 독일의 선거운동은 정당위주의 선거공영제에 입각하고 있다.

### (4) 선거공영제

#### 1) 의의

독일에 있어서 선거공영제는 적절한 선거운동의 필요경비를 지급하는 국고보조금제도를 들 수 있으며, 간접적인 지원으로는 정당들과 밀접하게 연관되어 있는 민간단체의공적보조금, 기부금과 당원의 당비에 대한 세액공제 외에 무료방송제도가 있다. 공영 텔레비전과 라디오 방송시설 사용자는 선거운동기간 중에 무료 광고방송을 보장하며,[111] 공영TV, 라

110) 독일 정당법 제5조 제1항.

디오방송사는 방송사업자와 주요 정당의 대표의 합의에 기초하여 작성한 원칙에 따라 방송의 시간과 횟수를 이전 선거결과에 비례하여 결정한다.[112)]

### 2) 내용

정당은 기본법에 따라 일반적으로 의무화된 활동에 대해 부분적 보조로써 자금을 받는다. 국고보조금은 유럽의회의원선거, 연방하원의원선거 및 주의회의원선거에서 정당이 획득한 득표수, 당비수입금 및 기부금 수입금을 기준으로 배분이 된다.

구체적으로 정당이 후보자명부에서 획득한 유효투표 1표에 대하여 0.70유로, 정당의 후보자명부가 인정되지 않는 주에서는 선거구 또는 투표구에서 정당이 획득한 유효투표 1표에 대하여 0.70유로를 지급받는다. 이러한 규정에도 불구하고 각 정당은 선거에서 획득한 4,000,000표까지의 유효투표에 대해서는 1표당 0.85유로를 지급받는다.[113)] 그러나 이러한 지원을 받기 위해서는 최근 선거에서 일정한 득표이상을 얻어야 한다. 즉 유럽의회의원선거·연방하원의원선거에서 유효투표총수의 0.5%이상, 주의회의원선거에서 1%이상 득표 또는 선거구에서 유효투표총수의 10%이상을 획득해야 한다. 단 소수민족정당은 이 요건에서 제외된다.[114)]

그리고 모든 정당에게 지급되는 국고보조금의 연간총액은 133,000,000유로를 넘을 수 없다.[115)] 하나의 정당에 대한 국고보조금은 해당 정당이 스스로 조달한 연간수입총액을 초과하여서는 안 되며, 모든 정당에 대한

111) 독일 정당법 제5조, 방송국가협정 제42조 제2항.
112) 신두철, 독일의 선거와 정책공약, 김영래·정현욱 편, 매니페스토와 정책선거, 2008.
113) 독일 정당법 제18조 제3항.
114) 독일 정당법 제18조 제4항.
115) 독일 정당법 제18조 제2항.

국가의 보조금 총액은 개별정당이 벌어들인 정치자금의 총액을 초과할 수 없다.[116)]

### (5) 선거의 실시

임기만료에 의한 총선거는 연방의회의 임기가 개시된 때로부터 빨라도 46개월째, 늦어도 48개월째에 실시되며, 연방하원의 해산에 의한 총선거는 해산 후 60일 이내에 실시한다.[117)] 선거일은 대통령이 결정하며 일요일 또는 법정공휴일 중에서 정한다[118)]

앞에서 살펴본 바와 같이 선거권 행사를 위해서는 선거인명부에 등록되어 있거나 선거증을 소지하여야 한다. 선거인명부는 시·읍·면행정청이 선거시마다 투표구별로 직권으로 작성하며, 명부작성기준일은 선거일 전 35일로 정해져 있다. 주소가 없거나 해당 선거구지역내에 계속적으로 거소를 가진 자와 직권에 의하여 선거인명부에 등재될 수 없는 교도소와 이와 동등한 시설에 있는 자 또는 외국에 거주하는 선거권자는 선거일 전 21일까지 신청에 의하여 등재될 수 있다.[119)] 이후 열람과 이의신청 등 불복제도를 거쳐 명부를 확정한다. 선거인 명부는 늦어도 선거일 전일까지 확정되어야 하나, 선거일 3일 전까지 시·읍·면행정청이 확정한다. 이를 통해 명부의 폐쇄와 동시에 투표구의 선거인수를 확정하게 된다.

---

116) 독일 정당법 제18조 제5항.
117) 독일 기본법 제39조.
118) 독일 연방선거법 제16조.
119) 독일 연방선거법 시행령 제16조 및 제18조.

### (6) 불복제도

선거의 효력에 관한 심사는 연방하원의 소관사항으로 선거심사는 선거심사절차에 의하여야 하며, 연방하원의 결정에 대한 이의는 선거인 100인의 서명을 얻어 연방헌법재판소에 항고할 수 있다.[120]

선거의 효력에 관한 심사는 선거심사법(Whalprüfungsgesetz)의 규정에 의해 이의가 있는 선거인, 연방의회의장, 주선거장 및 연방선거장이 제기할 수 있으며, 주선거장 및 연방선거장은 선거법령의 규정에 의해 투표가 종료된 후 적법절차에 의하여 당선인이 결정되었음을 인정해야 한다. 연방의회의 결정은 선거심사위원회의 심리결과에 기초하여야 한다. 선거심사위원회의 심리절차를 준용하며, 연방하원은 선거심사위원회가 제출한 심리자료에 따라 결정한다.

선거심사절차에서는 선거의 모든 단계에 대해 적법성 여부를 심사할 수 있다. 다만 선거심사는 이의제기가 있는 경우에 한하여 실시되며 선거심사절차는 개인의 권리보호수단이 아니라 선거법의 적합성 즉 연방의원의 정당한 구성을 지향하기 때문에 선거의 결과에 영향을 미치는 경우에 한하여 전부 또는 일부 무효가 된다. 한편, 선거절차에 직접 관련되는 결정과 조치는 선거법령에 규정된 법률상의 항변과 선거심사절차에 의해서만 취소될 수 있다.

120) 독일 기본법 제41조.

# Ⅳ. 상원의원선거

## 1. 상원의원의 임명과 임기

연방참의원(Bundesrat), 즉 상원은 지방이 독일연방에 대하여 영향력을 행사하는 매개체로서 오늘날 연방국가적 질서가 그 중요한 실효성을 발휘하게 하는 기관이다. 현재 의원정수는 69명이며 16개 각 주의 주정부가 임명한 의원으로 구성된다. 일정한 임기는 정해져있지 않고, 주정부의 임명에 따른다. 기본법은 제50조에서 '주는 연방참의원을 통하여 연방의 입법과 행정에 참여한다'고 규정하고 있다. 따라서 연방참의원의 임무는 독자적 결정 및 지도보다는 오히려 통제하고 교정하는 참여 및 영향력 행사에 있다. 스스로 연방참의원 자신의 내부질서를 규정하는 권한을 제외하면, 기본법은 연방참의원에게 독자적이고 최종적인 결정권을 행사하는 권한을 거의 인정하지 않고 있다. 연방참의원은 연방의 입법이나 행정에 참여하여야 하고, 나아가 연방감독 및 연방강제의 제도에서 특히 명백하듯이 통치기능에도 관여한다.

그러나 연방입법에 미치는 연방참의원의 영향력은 연방의회의 영향력보다 작고 집행기능에 대한 영향력도 연방정부의 영향력보다 약하다. 그것은 연방참의원의 개별적인 권한이 제한되고 또한 항상 참여자체에만 국한되어 있기 때문이다.

## 2. 상원의 지위 및 구성

### (1) 상원의 지위

연방참의원, 즉 상원은 그 기능 및 성격상 자기의 사무를 스스로 처리하고, 그 구성원과는 대조적으로 다른 어떤 기관의 감독도 받지 않으며, 어떠한 지시에도 구속되지 않는 독립된 최고의 연방기관이다.[121] 그러나 연방참의원은 지방이 연방에 대하여 영향력을 행사할 수 있는 매개체의 역할을 함으로써 각 지방간, 각 정당간의 세력분포 및 이해관계에 따라 연방의회의 노선을 통제하고 조정하는 위치에 있다.[122]

### (2) 상원의원 선거

연방참의원은 지방정부에 의하여 임명 또는 해임되는 지방정부의 구성원으로 이루어진다. 따라서 연방참의원 즉 상원의 의원들은 임기가 없고 개개의 구성원이 계속적으로 교체되며, 지방정부의 위임과 지시에 엄격히 구속된다. 또한 연방의회의 의원과는 달리 대리가 허용 된다.[123] 각 지방이 파견할 수 있는 구성원의 수는 그 지방이 가지는 표수에 따른다. 모든 지방이 적어도 3석 이상 최대 6석 이하를 가진다. 인구 200만 이상의 주는 4석, 600만 이상의 주는 5석, 700만 이상의 주는 6석이 배정된다.[124]

### (3) 상원 위원회의 구성

연방참의원 즉 상원의 위원회에는 연방참의원의 구성뿐만 아니라 지방정부의 다른 구성원 또는 수임자도 소속될 수 있다는 특징이 있다.[125]

---

121) 강주훈, "의원내각제의 비교 헌법적 연구", 박사학위논문, 창원대 대학원, 2010, 116면.
122) 헌정제도연구위원회, 세계각국헌정제도개관, 1986, 161면.
123) 독일 기본법 제51조 제1항.
124) 독일 기본법 제51조 제2항.
125) 독일 기본법 제52조 제4항,

연방참의원의 사무에 있어서도 상원위원회의 준비 작업은 중요한 의미를 가지고 있으므로, 동 조항은 지방행정의 최상급관청의 소속원이 연방참의원에서 발휘하는 결정적 영향력의 기초가 되며 이 영향력은 연방참의원의 활동의 성격을 상당한 정도로 규정짓고 있다.

## V. 지방선거

### 1. 개관

#### (1) 의의

독일은 연방제 국가이다. 연방을 구성하는 각 주는 지방자치단체를 독자적으로 채택함으로써 지방자치단체의 기관구성 및 운영 형태가 다양하다. 자치헌장에 따라 지방자치단체의 기관구성 및 운영형태는 의회와 단체장 및 집행위원회의 관계에 따라 4가지 유형으로 나눌 수 있다. 그 유형으로 의회우위의 북독일의회형, 단일 기관형태의 집행위원회형, 의장을 겸직하는 시장형, 기관분립의 남독일의회형이 있다.

독일의 기초자치단체인 게마인데(Gemeinde)는 비교적 넓은 지방분권을 가지고 있으며, 지방행정에 주민이 참여할 수 있는 폭이 넓다. 권한부여 방법은 포괄적 위탁주의를 채택하며, 중앙정부의 감독·통제는 최소한의 수준에서 이루어진다. 자치단체의 사무는 국가사무와 자치사무로 구분되며, 국가사무는 자치단체의 집행기관에 위임하여 처리한다. 그리고 기본법 제28조에 의해 헌법적 보장을 받으며, 주에 입법권이 부여되며, 주 헌법으로 지방자치에 대한 규정을 두어 개별 주들이 각기 상이한 지방자치관련 법률들을 제정할 수 있다. 개별 지방자치단체는 법률에 의해 해체될 수도 있고, 개별적인 고유사무도 법률에 의해 박탈되거나 새로 부여될 수도 있다.

### (2) 지방자치단체의 종류

연방, 주와 함께 국가 구조의 제3의 기둥이라 불린다. 크라이스와 게마인데로 크게 분류할 수 있으며, 크라이스의 감독을 받지 않는 게마인데가 자치시의 형태로 존재한다.

독일연방을 구성하는 16개 주에는 "베를린, 함부르크, 브레멘" 등 3개 도시가 포함되며, 이들 도시는 크라이스나 게마인데가 따로 존재하지 않고 시이면서 주이고 동시에 게마인데 형태를 취하고 있다.

#### 1) 자치시(Kreisfreie Stadt)

10만 이상의 인구를 지닌 대도시로서 행정·재정능력을 갖추고, 크라이스에 상응하는 행정권을 지닌 게마인데이며, 고유사무와 국가 최하위 관청으로서 위임사무를 처리하고 있으며, 112개의 자치시가 있다.

#### 2) 크라이스(Kreis)

게마인데의 연합체인 동시에 그 자체가 지방자치단체이며, 중앙과 게마인데를 잇는 중간자치단체라 할 수 있다. 322개의 크라이스가 있다.

#### 3) 게마인데(Gemeinde)

헌법에 정한 기초자치단체로서 인구가 많은 대도시도 지방자치법상 일률적으로 게마인데로 호칭하고 있다. 게마인데에는 주민총회[126]가 있으며, 14,337개의 게마인데가 있다.

### (3) 기관구성

지방자치에 대해 주마다 서로 상이한 지방법이 존재함으로써 기관구성이나 그 운영방법에 다양한 모습을 보이고 있다. 제2차 세계대전 이후 미국 · 영국 · 프랑스 · 소련 등 점령국의 영향을 받아 이들 국가의 지방자치제도가 독일의 전통적인 지방행정구조와 접목하여 지역별로 독특한 형태의 기관구성을 나타낸다.

#### 1) 북독일 의회형(Norddeutsche Ratsverfassung)

영국의 점령지였던 니더작센주와 노르트라인-베스트팔렌주에서 발견되며, 주민의 선거에 의해 구성된 의회가 지배적 역할을 담당한다. 의회는 의장인 시장(Bürgermeister)을 선출하고, 행정의 책임자인 사무총장(Gemeindedirektor)과 부행정관(Beigerordnete)들을 선임하여 의회의 결정을 집행하도록 한다. 시장은 상징적 존재로 시의 대표이며, 사무총장은 정치적으로 의회에 종속되어 있으나, 임기가 보장된 직위로서 의회에 대하여 사실상의 대칭관계를 이룬다.

#### 2) 이사회형(Magistratsverfassung)

헤센과 슐레스비히-홀스타인주의 자치시 등에서 도입하고 있는 합의제형 구성형태이며, 의회와 집행기관이 엄격히 분리되어 있다. 주민이 선출한 의회가 최고결정기관이며, 의회에서 이사회위원과 위원장을 선출

---

126) 주민총회(Bürgerversammlung)는 기본법 제 28조에 명시되어 있으며, 결정권 있는 기관이 아니라 단순히 자문적 성격의 총회이며 크라이스에 소속된 게마인데에서 많이 발견된다.

하여 의회와 분리된 집행기관으로서 이사회를 구성한다.

이사회위원장은 시장을 겸직하여 모든 행정을 책임지며, 이사회위원의 임기는 6~12년이다. 또한 지방의회의원 임기는 4년이다.

### 3) 시장형(Bürgermeisterverfassung)

프랑스의 영향을 받은 슐레스비히-홀스타인주[127]와 자를란트주 등 라인강 유역지역에서 발견되며, 주민에 의해 구성된 의회에서 시장과 부시장단을 선임하는 형태이다. 시장은 시의회와 행정기관을 통솔하는 강력한 지위를 가지고 있다.

### 4) 남독일 의회형(Süddeutsche Ratsverfassung)

미국의 영향을 받은 남부지방의 바덴-뷔르템베르크주[128], 바이에른주, 라인란트-팔트주, 동독의 5개 주에서 실시하고 있다. 주민이 직접 시장과 의회의원을 선출하며, 시장이 의회의 의장직을 겸임하고 있다. 남독일 의회형을 제외하고는 대부분의 경우 의회를 통해 집행기관이 구성된다.

## 2. 지방선거

지방선거제도와 관련하여 주 또는 지방자치단체마다 그 선출방법이나 임기 등이 다양하다. 따라서 우리나라 지방자치단체와 유사한 기관대립형 기관구성 형태를 채택하고 있는 게마인데의 선거제도를 중심으로 살펴보자.

---

127) 슐레스비히-홀스타인주의 경우 의회의원의 임기는 4년, 시장은 6년의 임기를 지니고 중임되기도 한다.

128) 바덴-뷔르템베르크주의 경우 의원은 5년, 시장은 8년의 임기를 가진다.

## (1) 선거권과 피선거권

### 1) 선거권

선거권은 만 18세 이상의 독일주민으로 3개월 이상 당해 지역에 거주하거나 통상적으로 거주하는 자이거나 유럽의회 회원국가 국민으로서 최소한 3개월 이상 계속하여 당해 지역에 거주하거나 통상적으로 거주하는 자이다. 결격사유는 하원의원선거의 선거권에서 살펴본 바와 같이 ① 선거권 또는 투표권 상실판결을 받은 자, ② 금치산자 또는 정신적 결함으로 후견하에 있는 자이다.

### 2) 피선거권 결격사유

지방의원의 피선거권은 게마인데 법에 따라 선거권을 상실한 자와 판사의 판결에 따라 피선거권 또는 공직취임능력을 상실한 자는 피선거권 결격사유에 해당한다. 그리고 단체장의 피선거권은 독일 국적을 가지고 선거일 현재 만 25세 이상 65세 이하의 자로서 판사의 판결에 따라 피선거권 또는 공직취임능력을 상실한 자 또한 결격사유에 해당한다.

## (2) 겸직금지

게마인데의 공무원 또는 일반직원, 법규감독관청, 상급 또는 차상급의 법규 감독관청 및 게마인데의 지도적 공무원, 지도적 직원 등이 해당되며, 크라이스에 속하는 게마인데에서는 크라이스 집행기관과 크라이스의 지도적 공무원 및 직원도 해당한다.

### (3) 선거방법

#### 1) 선거관리기관

연방선거관리위원회, 주선거관리위원회, 그리고 각 선거구에는 선거구선거관리위원회가 있으며, 각 투표구에는 투표구선거관리위원회가 있다. 각 선거관리위원회는 선거관리위원회위원장을 의장으로 하고 위원장이 선거권자 중에서 위촉한 6인의 위원으로 구성되며, 각 투표구는 선거권이 있는 3~5인으로 구성된다. 표결은 다수결원칙에 의하며, 가부동수인 경우에는 위원장이 결정한다.

#### 2) 선거기간

지방선거는 5월 10일부터 11월 20일 사이의 일요일에 실시하며, 선거일을 공고하되 단체장선거는 늦어도 2개월 전에 공고된다. 단체장선거는 임기만료, 정년 등의 사유로 직위가 공석이 되기 3개월 내지 1개월 이전에, 기타의 경우에는 사유발생일로부터 3개월 이내에 선거를 실시하여야 한다.

### (4) 선거구제

지방자치단체를 하나의 선거구로 하는 대선거구제가 많다. 경우에 따라 인구수에 기초하여 몇 개의 선거구로 나누어 의원을 선출하기도 한다. 이 경우 후보자추천명부를 선거구역에 따라 등재한다.

### (5) 선출방법

#### 1) 의원 선출방법

의원은 후보자명부를 토대로 거의 모든 주에서 비례대표제에 의하여 선출되며, 후보자명부에는 최대 게마인데의 의원정수와 같은 수의 후보자를 등재할 수 있다. 모든 선거권자는 선출하게 될 게마인데 의원수와 같은 수의 투표권을 가지며, 후보자등록요건으로 일정수의 유권자 서명이 있으면 입후보 가능하다. 주의회에 교섭단체를 갖지 못한 정당의 후보자는 주민의 추천서를 받아 등록한다.

모든 선거권자는 2개의 투표권을 가지는데, 제1표는 선거구의원 선출을 위하여 행사하고 제2표는 후보자명부에 행사한다. 선거구선거에서는 각 선거구별로 1명의 의원이 선출되며 최다 득표를 한 후보자가 당선된다.

#### 2) 단체장 선출방법

단체장은 게마인데의회 의장으로서 집행기관의 장이며 게마인데를 대표한다. 1차 투표에서 유효투표의 과반수를 획득하지 못할 경우 투표 후 두 번째 일요일부터 네 번째 일요일 사이에 재선거를 실시한다.

#### 3) 비례대표제의 채택

지방선거는 기본적으로 비례대표제(돈트식)를 채택하며, 하원선거와 동일하게 최소 5% 득표를 하지 못한 정당은 의석배분에서 배제된다. 일부 주를 제외하고는 비구속명부식 비례대표제를 채택하여 단순히 정당본위 투표뿐만 아니라 후보자 개인에게도 투표할 수 있다.

### (6) 선거운동

선거운동은 지방선거뿐만 아니라 연방선거에서도 특별한 법적 규제 없이 자유롭게 할 수 있다. 따라서 선거운동의 개시시기, 선거비용제한액 등이 법적으로 명시되어 있지 않고 정당간 협정에 의하여 정당위주로 선거운동이 자율적으로 실시된다. 앞에서 살펴본 바와 같이 언론매체 이용은 각 정당에 대해 일정한 제한 하에 방송매체 무료 이용, 공영방송은 정치적 중립성 유지를 위해 무료방송 횟수 제한, 방송시간은 원내의 의석분포 등 정당의 대표성에 따라 각 정당에 배분한다. 그리고 지방선거에서 신문광고는 비용이 많이 들기 때문에 거의 활용되지 않으며 선거광고의 게재여부, 선거에 대한 입장표명 등을 신문사의 재량사항으로 두고 있어 중립적인 신문들은 모든 정당의 광고를 게재하고 있다.

벽보첩부, 개인적인 선전물 등도 법적으로 규제하고 있지 않아 다양한 방법으로 선거운동을 할 수 있다. 투표소가 있는 건물에는 선거인에게 영향을 미치는 문서·도화·음향에 의한 일체의 행위를 금지하고 있으며, 자원봉사자를 활용할 수 있다.

그리고 후보자는 선거운동을 위하여 상점·시장·음식점·병원 등을 방문하여 유권자와 접촉이 가능하다. 연설의 경우 교회·시청·식당 등 다중이 모이는 옥내 집회는 허용되나 원칙적으로 옥외 집회는 불가능하다.

### (7) 선거비용

지방선거의 선거비용모금은 원칙적으로 각 지구당이 책임지며, 제한된 액수가 중앙당으로부터 지원되며 지방선거 비용은 해당 지방자치단체가 지불한다. 독일의 지방선거는 그 비용이 매우 적게들 뿐만 아니라 유권자 역시 많은 선거비용을 지출하는 후보자에게는 회의적이다. 각 정당은

3개 선거(유럽의원, 연방하원, 주의회의원)에서 일정 득표를 한 경우 당비수입액, 기부자 수입액을 기준으로 국고보조금을 배분받아 선거비용으로 사용한다. 이는 연방정부가 정당에 지급하는 것이지 선거비용 부담 명목으로 지급하는 것은 아니다.

## Ⅵ. 소결

이상으로 독일식 선거제도에 대해서 살펴보았다. 독일은 하원의원선거에서는 대표성과 비례성을 조화시키는 독특한 선거방식을 채택하고 있다. 유권자는 2표를 행사하며 1표는 지역구후보자에게, 다른 1표는 정당의 비례대표명부에 투표한다. 독일식 선거제도는 개별정당의 득표율에 따라 일차적으로 정당별 의석을 정한 후, 이를 다시 주별로 재배분하는 2차 배분을 통해 의석할당이 이루어진다. 할당된 의석보다 지역구의석이 많으면 초과의석(overhang seat)으로 인정하고, 적으면 비례의석으로 채우는 방식이다. 이처럼 독일식 선거제도는 의석수를 정하는 방식에 있어서 비례대표제를 따르지만, 당선인결정은 2차 의석배분에서 직선대표와 비례명부를 혼합한 방식을 채택하고 있다. 이러한 독일식 선거제도는 특정 정당이 특정지역에서의 의석편중을 완화하는 효과가 있다. 독일식의 그러한 제도가 효과를 보이는 이유로 비례대표제의 성격이 강하며, 최종 의석배분이 개별정당의 주별 득표율에 따라 이루지는 '권역별 배분식'으로 이루어지기 때문이다. 정당의 전국득표율에 따라 배분된 의석이 다시 주별 득표율에 따라 배분되므로 해당 주에서 지지도가 약한 정당은 많은 의석을 확보하기 어렵게 된다. 따라서 독일식의 지역주의 완화효과는 비례성보다는 의석배분방식에 기인하는 측면이 크다.

독일식선거제도에서는 2차 의석배분에서 주별 할당의석에서 지역구 의석을 뺀 잔여의석을 비례의석으로 채우는데, 지역구의석이 할당의석과 동일하면 모두 지역구의석으로 채워지는 메커니즘이다. 또 지역구의석이 할당의석을 초과하는 초과의석은 해당 정당의 다른 주에 비례의석으로 채워진다. 주단위로 보면, 지역구의석이 배분의석과 같거나 그보다 많을 경우 비례의석은 한 석도 얻지 못하는 셈이다. 이처럼 독일식선거제도에서는 1:1로 설정된 지역구와 비례의석의 배분이 상쇄적으로 작용하기 때문에 특정지역에서 의석을 독점하는 지역패권정당이 출현하기 어렵다.

독일의 선거제도는 위와 같은 비례대표제의 특징뿐만 아니라 선거공영제 등에서도 특징을 가진다. 독일 정당의 정치자금은 당원들이 내는 당비, 국고보조금, 기부금, 교섭단체위원회비, 자산에 의한 수입, 사업 또는 출판에 의한 수입, 선거용 배당금 등으로 충당된다. 독일 정당의 당원은 매월 당비를 내면서까지 당의 활동에 적극적으로 참여하고 있다. 보조금의 지출방법도 독일 연방의회의 피선기간의 제2년차는 보조금의 10%, 제3년차는 15%, 그리고 선거년도에는 35%를 초과하지 못한다고 규정하여 최근의 선거운동은 장기간에 걸쳐 계획되고 준비되지 않으면 안 된다는 사실을 고려한 것으로 풀이할 수 있다.

그리고 독일에서는 회계보고의 공개의무로 당에 수입된 자금의 출처를 회계보고서를 통하여 공개적으로 설명하게 하고, 회계보고서는 경리심사원 또는 경리심사협회의 검사를 받아 독일 연방의회의장에게 제출하여야 하며 독일연방의 관보에 공포하도록 하고, 회계보고서를 제출하지 아니한 경우 독일연방의회의장은 자금의 지불을 중지하여야 한다고 규정하고 있다.

# 제4절 일본의 선거제도

## Ⅰ. 개관

일본은 의원내각제적 정부형태를 채택하고 있다. 내각이 의회에 대하여만 책임을 지는 이른바 일원적의원내각제 형태이다. 절대군주제에서 약간의 과도기를 거치기는 하였지만 제한군주제와 이원적의원내각제의 과정은 거치지 아니하고 일원적의원내각제를 채택하였다.[129] 그것은 메이지헌법의 절대군주제는 군국주의와 결합하게 되었는데, 세계대전에 패하면서 민주주의 정부를 채택하지 않을 수 없었던 역사적 사실에서 비롯된 것이다. 일본의 이러한 의원내각제적 정부형태는 영국의 의원내각제에서 많은 영향을 받은 결과이다. 일본의 선거제도에 대한 고찰을 위해 일본 정부형태의 특징을 살펴볼 필요가 있으므로 이를 먼저 요약하면 다음과 같다.[130]

첫째, 행정권을 이원화하였다. 천황은 국가원수로서 형식적·의례적 권한만을 가지며 정치적으로는 책임을 지지 않는다. 천황은 국정에 관한 실질적 권한을 갖지 않으며, 의례적 국사행위일지라도 내각의 조언과 승인에 의하도록 하여 헌법상 정치적 무책임성을 명문화 하였다. 행정에 관한 실질적 권한은 수상과 내각이 가진다. 내각은 행정권을 담당하는 헌법상 최고의 합의제 기관이며, 내각의 수장인 내각총리대신은 의회의원 중에서 의회의 의결로 지명된 인물을 천황이 임명한다. 그 이외의 각료는 내각총리대신이 임명한다. 내각은 국회에 대하여 연대책임을 지며,

129) 문광삼, “일본의 의원내각제 연구”, 법학연구 제44권 제1호, 부산대학교 법학연구소, 2003. 12, 158면.
130) 長谷部恭男, 憲法, 新世社, 1997, 362-363頁.

하원 해산을 결정할 수 있다.

둘째, 양원제의 국회를 가지고 있다. 참의원의 합의가 없어도 중의원의 의결만으로 의회의 의결효력을 가질 수 있게 중의원에 참의원보다 우월적 지위를 부여하고 있다. 또한 내각불신임에 있어서는 중의원에 전권을 인정하고 있다.

셋째, 입법부·행정부의 관계에 있어서는 원칙적으로 양 기관이 정당을 통하여 밀접한 관계를 가지고 내각의 구성에 있어 의회의존관계, 기능면에 있어서 상호협조 및 견제관계에 있다. 내각은 의회에 대하여 연대책임을 지고, 특히 중의원에 내각불신임권을 인정하고 내각은 중의원의 해산을 결정할 수 있다. 그리고 파벌정치, 야당과 여당모두 정당내의 정당이라 할 수 있는 파벌에 의한 통치 및 정치가 행해진다는 특색을 가진다.

선거제도의 내용과 성격은 정치구조를 장악하거나 지배하는 집단의 성격 및 정치권력간의 상호관계나 타협에 의해 이루어지는 것이 보통이다. 일본의 선거제도도 일본정치체제의 구조적 특징을 반영하는 것이며, 또한 기존 체제를 현상대로 유지하게 하는 중요한 제도적 장치라고 할 수 있다. 일본의 선거에는 전국선거로서는 중의원의원총선거와 참의원의원통상선거, 최고재판소 재판관에 관한 국민심사, 헌법 개정에 관한 국민투표가 있으며 지방선거로는 지사선거, 시·정·촌장선거 및 각종 지방의회의원선거가 있다. 이러한 일본의 선거제도를 일본 헌법과 공직선거법을 중심으로 살펴보도록 하겠다.

## Ⅱ. 중의원의원선거

### 1. 선거권과 피선거권

#### (1) 선거권

일본국민으로서 만20세 이상인 자는 중의원의원 선거권을 가진다.[131] 귀화인도 만20세가 되면 선거권을 가진다. 2000년부터 해외거주 일본 국민들도 총선거에 참여할 수 있다.[132] 그러기 위해서는 만 20세 이상의 일본국민으로 계속해서 3개월 이상 그 자의 주소를 관할하는 영사관 관할구역 내에 거주하는 자 이어야하며, 일본 내 본인의 최종주소소재지의 시정촌 선거관리위원회에 재외선거인명부를 작성하고, 신청하고자 하는 사람은 해당 대사관, 공사관을 경유해서 시정촌 선거관리위원회에 등록을 신청한다. 그러나 다음 각 호에 해당하는 자는 선거권을 갖지 아니한다.[133] ① 금치산자, ② 금고이상의 형을 받고 그 집행을 마치지 아니한 자, ③ 금고이상의 형을 받고 그 집행을 받지 않기로 확정되지 아니한 자(형의 집행유예 중에 있는 자), ④ 법률이 정하는 바에 따라 행하는 선거, 투표 및 국민심사에 관한 범죄로서 금고이상의 형을 받고 그 형의 집행유예 중인 자, ⑤ 공직선거법이 정하는 선거에 관한 범죄로 선거권 및 피선거권이 정지되어 있는 자이다.

시정촌장은 그의 시·정·촌에 본적을 가지고 있는 자로서 타 시정촌에 주소를 두고 있는 자 가운데 공직선거법 제11조 제1항, 제2항(선거권 및 피선거권 결격요건)의 규정에 따라 선거권 및 피선거권을 잃게 되거나

131) 일본 공직선거법 제9조.
132) 일본 공직선거법 제30조의2 내지 제30조의15.
133) 일본 공직선거법 제11조.

또는 그 사유가 없어진 것을 알게 된 때에는 지체 없이 그 뜻을 해당되는 타 시·정·촌의 선거관리위원회에 통지하여야 한다.[134]

### (2) 피선거권

일본국민으로서 만25세 이상인 자는 중의원의원의 피선거권을 갖는다.[135] 피선거권의 결격사유는 위에서 살펴본 선거권의 결격사유와 동일하다. 여기에서 피선거권의 연령은 선거일을 기준으로 하여 산정한다. 그리고 공직 재직 중 수뢰, 알선수뢰 등의 죄로 인하여 형의 선고를 받고 그 집행이 종료되거나, 그 집행을 면제받은 자는 그 집행이 종료되거나, 집행을 면제받은 날로부터 10년간 피선거권이 박탈된다.

## 2. 선거구

### (1) 선거구역과 의원정수

중의원의원의 선거구는 도·도·부·현 단위로 선거구를 나누어 1인을 선출하는 소선거구 300개와 정당의 득표비율에 따라 비례대표로 선출하기 위해 전국을 11개로 나눈 대선거구가 혼합되어 있다[136] 각 선거구에서 300명의 의원을 선출하고 11개의 비례구에서 180명의 의원을 선출한다.

---

134) 일본 공직선거법 제11조 제3항.
135) 일본 공직선거법 제10조 제1항.
136) 일본 공직선거법 제4조 제1항.

### (2) 선거구의 획정

#### 1) 선거구획정심의회

일본은 1994년 중선거구제에서 소선거구제로 전환하면서 '중의원의원선거구획정심의회설치법'을 제정, 총리부 산하에 선거구획정심의회를 상설기관으로 설치하여 이 심의회에서 선거구 획정을 담당한다. 7인의 위원으로 구성되며 의회의원이 아닌 자로 양원의 동의를 얻어 총리대신이 임명하며, 임기는 5년으로 위원장은 호선으로 선출된다. 심의회는 10년마다 실시되는 국세조사 결과에 의한 인구가 처음 관보에 공시되는 날로부터 1년 이내에 선거구 재획정 권고를 총리에게 제출하여야 한다. 총리는 심의회로부터 권고를 받은 때에는 이를 국회에 보고하고 국회에서 획정안을 토대로 법률형식으로 선거구를 획정한다. 선거구 획정시는 다음의 원칙에 입각하여 절차를 진행한다. ① 각 선거구의 인구균형을 고려하되 최소 및 최대 선거구의 인구격차를 2배 이하로 하여야 한다. ② 시·구·정·촌·군의 구역을 원칙적으로 분할하지 않는다. ③ 하나의 선거구가 다른 선거구에 의해 분리될 수 없으며, ④ 지세, 교통, 역사적 연혁 및 그 밖의 자연적·사회적 조건을 종합적으로 고려해야한다.

#### 2) 선거구획정 절차

선거구획정 법정주의로 소선거구 및 비례대표선거구는 공직선거법의 규정에 따라 정해진다. 중의원 소선거구 의석 300석을 먼저 47개 도·도·부·현에 1석씩을 할당하고, 나머지 253석을 인구비례로 할당을 한다. 인구수 2배 이하에서 하한선 기준은 해당년도 1석당 평균인구수의 3분의 2이며, 상한선 기준은 해당년도 1석당 평균인수가 3분의 4이다. 선거구는 구·시 및 홋카이도의 지청의 소관구역을 중심으로 정한다. 행정구역 등의 변경이 있더라도 소선거구는 종전의 구역에 의한다. 그리고 중의원 소선거구선출의원 및 중의원비례대표선출의원 선거일의 공시 또는 고시일 부터 선거일까지 2이상의 선거구에 걸쳐 시·정·촌의 경계변경이 있더라도 해당 선거구는 해당 선거에 있어서는 변경하지 않는다.137)

## 3. 선거운동

### (1) 후보자의 등록

중의원소선거구선출의원의 후보자 등록은 정당이나 선거인의 추천으로 이루어진다. 정당이 후보자를 추천하기 위해서는 소속하는 중의원의원 또는 참의원의원이 5인 이상이거나, 최근 실시된 중의원의원총선거의 소선거구선출의원선거나 비례대표선출의원선거 또는 참의원의원통상선거의 비례대표선출의원선거나 선거구선출의원선거에서 해당 정당 기타 정치단체의 득표총수가 해당 선거에서의 유효투표총수의 100분의 2 이상이어야 한다.138) 선거인명부등록자인 선거인이 다른 사람을 후보자로 추천하는 때에도 본인의 승낙을 얻어야 한다.139)

입후보는 해당 선거일의 공시 또는 고시일에 제출하면 되며 보통 선거일 12일전에 공시된다. 방법은 우편에 의하지 않고 문서에 의하여 해당 선거장에게 제출한다. 정당은 공시 또는 고시일까지 선거장에게 제출하지 아니하면 후보자의 제출을 취하할 수 없으며, 공시 또는 고시일까지 사퇴서를 선거장에게 제출하지 않으면 사퇴할 수 없다.140)

137) 일본 공직선거법 제15조의2.
138) 일본 공직선거법 제86조 제1항.
139) 일본 공직선거법 제86조 제3항.
140) 일본 공직선거법 제86조 제12항.

중의원비례대표선출의원선거의 후보자 등록은 정당 등의 단체만이 입후보 등록신청을 할 수 있다. 소선거구선출의원 선거와 같은 조건을 갖추어야 한다. 입후보기간은 해당 선거일의 공시 또는 고시일에 제출하며, 우편에 의하지 않고 중의원명부와 공직선거법 제86조의2 제2항에서 요구하는 일정한 첨부서류[141]를 선거장에게 제출하여야 한다.

여기서 중요한 것은 이중등록의 예외가 인정되는 것이다.[142] 해당 중의원비례대표선출의원선거와 동시에 실시되는 중의원소선거구선출의원선거에서 같은 구역 안에 있는 중의원소선거구선출의원선거의 후보자를 해당 중의원비례대표선출의원선거의 등록과 관계된 중의원명부의 중의원명부등재자로 할 수 있다. 이러한 규정은 지역구에서 낙선한 자를 비례대표로 구제하기 위한 석패율제도의 도입을 전제로 하고 있다.

중의원명부등재자의 수는 선거구마다 해당 중의원비례대표선출의원선거에서 선출해야 할 의원수를 초과할 수 없다. 다만 중의원소선거구선출의원후보자가 비례대표의원선거의 명부에 등재된 자인 경우는 제외된다. 해당 중의원비례대표선출의원선거와 동시에 실시되는 중의원소선거구선출의원선거의 후보자를 2인 이상 중의원명부의 중의원명부등재자로 할 경우 전부 또는 일부에 대하여 당선인으로 될 순위를 동일하게 할 수 있다. 즉 같은 순위에 등재할 수 있다.

---

141) 첨부서류는 다음과 같다. ① 정당의 명칭, 본부의 소재지 및 대표자의 성명과 중의원명부등재자의 성명·본적·주소·생년월일 및 직업 등을 기재하고 대표자가 서명·날인 한 문서, ② 정당 등의 강령·당규·규약 등을 기재한 문서, ③ 후보자를 추천할 수 있는 자격을 입증할 수 있는 문서, ④ 중복입후보의 금지규정에 위반되지 않았다는 뜻의 대표자의 선서서, ⑤ 중의원명부등재자의 선정을 한 정당 등의 기관명칭, 중의원명부등재자의 선정절차를 기재한 문서와 해당 중의원명부등재자의 선정이 적정하게 실시되었다는 뜻을 선서한 대표자의 선서서 등이다.

142) 일본 공직선거법 제86조의2 제4항.

### (2) 선거운동 기간

선거운동은 후보자의 등록과 선거일 공시일부터 선거일 전일까지 보통 12일 정도 실시되며 사전 선거운동은 금지된다.[143] 사전선거운동이 금지되지만 입후보준비행위로서 정당 공인, 공탁금 공탁, 후보자추천회 개최 등은 허용되며, 선거운동의 준비행위로서 선거사무소 설치 등과, 정책 선전 등의 정치활동, 후원회 활동이나 사교적·의례적 행위는 사전 선거운동행위에 해당되지 않는다. 선거일 이후에도 누구든지 당선 또는 낙선을 이유로 선거인에게 인사할 목적으로 호별방문을 하거나, 문서·도화의 배부·게시, 방송시설을 이용하여 방송, 집회의 개최, 당선에 대한 답례를 위하여 당선인의 성명 또는 정당 기타 정치단체의 명칭을 말하며 다니는 행위는 금지된다.[144]

### (3) 선거운동 방법

후보자 또는 그 추천등록자는 선거사무소를 설치할 수 있다. 선거사무소는 후보자마다 1개소로 한다. 다만 교통곤란 등의 사정이 있는 구역에 있어서는 5개소까지 설치할 수 있다. 선거운동의 구체적인 방법은 문서·도화, 선거공보 등의 인쇄물을 이용한 선거운동과 방송시설을 이용한 선거운동이 있다. 비용이나 효과 등을 고려하여 인쇄물을 이용한 선거운동보다는 방송시설 등을 이용한 선거운동을 주로 하고 있다. 방송시설을 이용한 선거운동 중 정견방송은 선거기간 중 총무대신이 일본방송협회 및 일반방송사업자와 협의하여 시간과 횟수를 정하며 공익을 위하여 무료로 기회를 제공하고 있다.[145] 경력방송의 경우 일본방송협회에서 주관

---

143) 일본 공직선거법 제239조.
144) 일본 공직선거법 제178조.

을 하며, 공직선거법에 의해 라디오 방송 10회, 텔레비전방송이 1회가 보장된다. 방송협회의 사정이 허용하는 한 횟수를 늘리도록 노력해야 한다고 규정하고 있다.[146] 그리고 공직선거법에서 정하는 선거운동의 제한에 관한 규정은 일본방송협회 또는 일반방송사업자가 행하는 선거에 관한 보도 또는 평론에 대하여 방송법의 규정에 따라 방송프로그램을 편집하는 자유를 방해하는 것은 아니라고 규정하고 있다.[147]

인터넷을 이용한 선거운동에 대하여 별도의 규정은 없으나 원칙적으로 금지되고 있다. 현행 일본의 공직선거법상 인터넷 활용은 제142조 제1항에서 금지하고 있는 문서·포스터의 배포에 해당한다고 해석하고 있어, 인터넷을 이용한 음성 사용은 가능하나 동영상 및 그림화상은 사용할 수 없다. 공직선거법상 인터넷 화면은 문서·도화에 해당하는 것으로 중앙선거회가 해석하고 있다. 반면 전화에 의한 선거운동은 법률상 제한없이 자유로이 할 수 있으며, 후보자나 총괄주재자 등의 명령에 의하여 전화를 사용하는 경우 그 요금도 선거비용에 산입된다.

그리고 소선거구 비례대표병립제의 도입 이후로 계속된 정치개혁의 흐름 속에서 정책경쟁을 통한 정당정치의 활성화와 국가 예산의 축소로 한정된 재원에서 정당이 정책의 우선순위를 정하여 유권자에게 제시하고 실행해가는 효율적인 정책집행의 요구에 따라 매니페스토 운동이 2003년 일본 공직선거법의 개정으로 도입되었으며,[148] 각 정당이 선거시 제작 배포하는 매니페스토를 선거 후 각 시민단체와 이익집단에서 주체적으로 평가하고 평가결과를 공개해 다음 선거의 자료로 활용케 하고 있으며, 현재 중요한 선거운동의 수단으로 평가받고 있다.[149]

---

145) 일본 공직선거법 제150조.
146) 일본 공직선거법 제151조.
147) 일본 공직선거법 제151조의3.
148) 일본 공직선거법 제142조의2.

### (4) 선거운동 금지

입후보의 제한을 받는 선거사무관계자는 재직 중 그 관계구역 내에서 선거운동을 할 수 없다. 또한 부재자투표관리자는 부재자투표에 관하여 그 사무상의 지위를 이용한 선거운동을 할 수 없다. 또한 특정공무원으로서 다음의 자는 선거운동을 할 수 없다. ① 중앙선거관리회의 위원 및 중앙선거관리회의 사무에 종사하는 총무성의 직원과 중앙선거관리회의 직원, ② 재판관, ③ 검찰관, ④ 회계검사관, ⑥ 경찰관 등이다. 그리고 국가 및 지방공무원과 국영기업체의 임직원은 그 지위를 이용하여 선거운동을 할 수 없다. 그리고 교육자는 학교의 아동, 생도 및 학생에 대해서는 그 교육상의 지위를 이용하여 선거운동을 할 수 없다.

이외에 선거운동이 금지되는 경우를 살펴보면 다음과 같다. ① 미성년자의 선거운동은 금지된다. ② 선거권 및 피선거권이 없는 자는 선거운동을 할 수 없다. ③ 누구든 선거운동을 위한 호별방문은 금지된다. ④ 누구든지 선거운동의 목적으로 서명운동을 하는 것은 금지된다. ⑤ 선거운동의 일환으로 인기투표를 공표하거나 음식물을 제공할 수 없다. ⑥ 선거운동을 위해서 자동차를 연이어 또는 대오를 지어서 왕래하는 등의 방법으로 기세를 과시하는 행위를 할 수 없다. ⑦ 선거운동의 목적으로 연호행위를 할 수 없다.

후보자의 기부도 제한을 받는다. 먼저 특정기부가 금지된다.[150] 중의원의원 및 참의원의원선거에 관해 국가 또는 일본우정공사와, 지방공공단체의 의회의원 및 장의 선거에 관해서는 해당 지방공공단체와 정부 기타 특별한 이익을 수반하는 계약의 당사자는 해당 선거에 관하여 기

149) 고선규, "일본 매니페스토 선거의 쟁점과 도입효과", 김영래·정형욱 편, 매니페스토와 정책선거, 2008, 16-177면.

150) 일본 공직선거법 제199조.

부할 수 없다. 그리고 회사 기타 법인이 융자를 받고 있는 경우에 융자를 받는 자는 그 융자에 대하여 이자보급금의 교부결정을 받은 때에는 그 통지를 받은 날부터 해당 이자보급금의 교부일부터 기산하여 1년이 경과하는 날까지 해당 선거에 대해 기부를 할 수 없다.

공직후보자 등의 기부도 금지된다.[151] 공직후보자 또는 공직후보자가 되고자 하는 자는 해당 선거구 안에 있는 자에 대하여 명목여하를 불문하고 기부할 수 없다. 공직후보자 등 이외의 자도 명목여하를 불문하고 공직후보자 등을 기부명의인으로 하여 당해 선거구 안에 있는 자에 대하여 기부할 수 없다. 그리고 누구든지 공직후보자 등에 대하여 해당 선거구 안에 있는 자에게 기부하도록 권유하거나 요구해서는 안 되며, 공직후보자 등 이외의 자에게 공직부호자의 이름으로 위와 같이 기부의 권유를 요구해서도 안 된다. 뿐만 아니라 공직후보자와 관계된 회사 등의 기부도 금지되며, 공직후보자의 서명 등을 사용한 단체의 기부도 금지된다.[152] 후원단체 등의 기부도 금지된다.[153]

### (5) 선거일

중의원의원의 임기만료로 인한 총선거는 의원임기 종료일전 30일 이내에 실시한다. 그러나 중의원의 임기만료에 의한 총선거 및 참의원의원의 통상선거를 해야 할 기간이 국회폐회중이거나 23일 이내에 걸친 경우에는 그 총선거 및 통산 선거는 국회폐회일로부터 24일 이후 30일 이내에 하여야 한다. 그리고 중의원해산으로 인한 총선거는 해산일로부터 40일 이내에 실시한다.[154]

151) 일본 공직선거법 제199조의2.
152) 일본 공직선거법 제199조의4.
153) 일본 공직선거법 제199조의5.

### (6) 선거인명부제도

일본은 공직선거제도와 관련하여 영구명부제에 대한 직권등록제를 채택하고 있다.[155] 한 개의 명부로 국회의원선거, 지방공공단체의 의회의원 및 장 선거에 활용하고 있다. 선거인 명부는 시·정·촌 선거위원회가 작성하며, 등재사항은 선거인의 성명·주소·성별·생년월일 등이다. 선거인명부는 해당 시·정·촌의 구역 내에 주소를 가진 만 20세 이상의 일본국민으로서 그 자의 주민표 작성일 현재 계속해서 3개월 이상 해당 시·정·촌의 주민기본대장에 등록된 자를 대상으로 주민기본대장법에 의한 주민기본대장에 의하여 작성한다.[156]

시·정·촌 선거위원회는 선거인명부 등록자격이 있는 자를 상시 조사하여야 하며 선거인명부에 등록하기 위한 정리를 해야 한다. 종전 매년 1회 정기적으로 등록을 실시하였으나 법 개정으로 매년 4회 정기등록을 실시하며, 특별한 사정이 있는 경우에는 등록일을 변경할 수 있다.[157] 선거인명부에 등록된 자가 선거권의 결격사유에 해당되어 선거권을 상실하게 되거나 해당 시·정·촌의 구역 내에 주소를 갖지 않게 된 경우에도 선거인명부의 등록을 즉시 말소하는 것이 아니라 일단 명부상에 그 뜻을 표시하며, 등록자격 회복시 그 표시가 삭제된다.[158] 사망 또는 일본 국적 상실시, 전출로 표시된 자가 당해 시·정·촌의 구역 내에 주소를 갖지 않은지 4개월이 경과된 경우, 오기된 경우에는 즉시 명부에서 등록을 말소한다.[159]

---

154) 樋口陽一·佐藤幸治·中村睦男·浦部法穗, 注釋日本國憲法(上卷), 青林書院, 1984, 123頁.

155) 일본 공직선거법 제19조.

156) 일본 공직선거법 제21조.

157) 일본 공직선거법 시행령 제11조.

158) 일본 공직선거법 제27조.

이렇게 작성된 선거인명부는 종람[160]과 선거인의 이의신청 등을 받아 확정한다. 시·정·촌장 및 시·정·촌 선거위원회도 명부에 누락·오기 등이 있다고 인정한 때에는 시·정·촌 선거위원회에 선거인명부의 수정에 관하여 조사를 청구할 수 있다.[161]

### (7) 선거소송

선거소송에는 선거절차의 하자로 그 선거의 전부 또는 일부의 효력을 다투는 선거소송과 선거가 유효하게 실시된 것을 전제로 당선의 효력을 다투는 당선소송이 있다. 선거소송은 중의원의원 또는 참의원의원선거에 있어서 그 선거의 효력에 관하여 이의가 있는 선거인 또는 공직후보자는 중의원소선거구선출의원 또는 참의원선거구선출의원선거에 있어서는 해당 도·도·부·현 선거위원회를, 중의원비례대표선출의원 또는 참의원비례대표선출의원선거에 있어서는 중앙선거회를 피고로 하여 해당 선거일부터 30일 이내에 고등재판소에 소송을 제기할 수 있다.[162]

중의원의원 또는 참의원의원선거에 있어서 당선되지 아니한 자로서 당선의 효력에 관하여 불복이 있는 자는 중의원소선거구선출의원 또는 참의원선거구선출의원선거에 있어서는 해당 도·도·부·현 선거위원회를, 중의원비례대표선출의원 또는 참의원비례대표선출의원선거에 있어서는 중앙선거회를 피고로 하여 당선인 결정이 있는 날로부터 30일 이내에 고등재판소에 소송을 제기할 수 있다.[163] 선거에 관한 소송에 있어서 재

159) 일본 공직선거법 제28조.
160) 여기서 縱覽은 종합적으로 보고 고찰함을 의미한다.
161) 일본 공직선거법 제29조.
162) 일본 공직선거법 제204조.
163) 일본 공직선거법 제208조.

판소는 다른 소송의 순서에도 불구하고 신속하게 재판을 처리해야 하며, 이의신청·심사청구 또는 소송의 제기가 있더라도 처분의 집행은 정지되지 않는다.

## Ⅲ. 참의원의원선거

### 1. 선거권과 피선거권

참의원의원의 선거권은 앞에서 살펴본 중의원의원의 선거권과 동일하다. 참의원의원의 피선거권은 30세 이상의 자로서 결격사유가 없어야 한다. 결격사유는 중의원의원의 결격사유와 동일하다. 참의원의원의 피선거권 연령은 중의원의원의 연령에 비해서 5세가 많은데 이는 참의원의 성격상 경험 있고 연륜 있는 인사가 당선되는 것이 바람직하기 때문이다.

### 2. 선거구제

참의원의원은 전국 도·도·부·현의 전체구역을 단위로 대선거구로 실시되는 선거인 비례대표와 각 도·도·부·현 구역 단위로 실시되는 중선거구 다수대표제가 혼합되어 있다. 참의원의원정수는 총 242인 이고 임기는 6년이다.[164] 지역구 의원은 각 도·도·부·현 단위의 중선거구에서 2인에서 8인까지 총 146인을 선출한다. 3년마다 2분의 1씩 개선되므로 한 선거구에서 1인에서 4인까지 총 73인을 선출하게 된다. 비례대표의원은 전국을 단위로 하는 대선거구에서 정당명부식 비례대표제로 96인을

164) 일본 공직선거법 제4조.

선출한다. 3년 마다 의원정수 2분의 1씩 개선되므로 1회 선거로 선출되는 비례대표의원은 48인 이다.

참의원의 선거구와 의원정수와 관련하여 특이한 점은 선거구가 도·도·부·현 구역과 일치하며, 참의원의원의 2분의 1 개선제도와 관련해서 선거구별 의원정수는 모두 짝수가 된다. 그리고 의원정수가 2인인 선거구는 실제 선거에서 1인을 선출하는 소선거구가 된다.

## 3. 선거운동

### (1) 후보자의 등록

참의원선거구선출의원선거의 후보자 등록은 중의원소선거구선출의원선거와 같이 정당이나 선거인의 추천으로 이루어진다. 정당이 후보자를 추천하기 위해서는 소속하는 중의원의원 또는 참의원의원이 5인 이상이거나, 최근 실시된 중의원의원총선거의 소선거구선출의원선거나 비례대표선출의원선거 또는 참의원의원통상선거의 비례대표선출의원선거나 선거구선출의원선거에서 해당 정당 기타 정치단체의 득표총수가 해당 선거에서의 유효투표총수의 100분의 2 이상이어야 한다.[165] 해당 참의원선거에서 후보자, 즉 후보자가 될 참의원명부등록자가 10인 이상이어야 한다.

대부분의 규정이 중의원소선거구선출의원선거와 같으나 이중등록예외조항은 해당사항이 없다. 그리고 참의원비례대표선출의원선거의 후보자 등록과 관련하여 후보자명부제출권자와 입후보기간, 방법, 첨부서류 등도 중의원비례대표선출의원선거 후보자 등록과 같다.

165) 일본 공직선거법 제86조의3 제1항.

### (2) 선거운동 방법

선거운동은 후보자의 등록과 선거일 공시일 부터 선거일 전일까지 보통 12일 정도 실시되며 사전 선거운동은 금지된다.[166] 선거운동의 방법은 문서·도화, 선거공보 등의 인쇄물을 이용한 선거운동과 방송시설을 이용한 선거운동이 있다. 중의원선거와 비교해보면 선거운동용 전단의 종이나 매수에 있어서 일부 차이가 있으나 대부분의 방법이 비슷하다. 방송시설을 이용한 선거운동 중 정견방송은 동일하게 적용되나 공직선거법에 의해 라디오 방송 5회, 텔레비전방송이 1회가 보장된다. 일본방송협회 및 일반방송사업자는 참의원선거구선출의원선거에 있어 TV에 의한 정견방송시에 경력방송을 실시한다.

### (3) 선거일

참의원의원 통상선거는 의원의 임기만료 전 30일 이내에 실시된다. 선거일은 늦어도 17일 전에 공시 된다. 통상선거를 행해야 할 기간이 참의원개회중 또는 참의원폐회일로부터 23일 이내에 속할 경우에는 통상선거는 참의원 폐회일로부터 24일 이후 30일 이내에 행한다.

---

166) 일본 공직선거법 제239조.

# Ⅳ. 지방선거

## 1. 개설

### (1) 의의

일본의 중앙정부의 형태는 내각제를 취하고 있지만, 지방정부의 경우 기관대립형의 기관구성을 취하고 있어 우리나라의 지방자치제도와 상당히 비슷한 체제를 지니고 있다. 자치단체는 광역과 기초의 2계층제를 유지하고 있다. 자치단체간 상호관계는 법적인 면에서 상하관계에 놓여 있지 않으나, 실제로는 오랜 전통 등에 의하여 상·하의 계층적 관계를 띄고 있다. 특히, 중앙정부의 통제는 재정적 측면에서 포괄적이고 실체적인 지도·감독이 이루어지고 있다.

지방자치제는 일본 헌법 제8장에서 정식으로 명문화 되어 있으며, 지방자치에 대한 기본법인 '지방자치법'을 비롯하여 공직선거법, 지방공무원법, 지방재정법 및 지방교부세법, 지방공기업법 등 관계 법률이 제정되고 있다.

의회의원 및 단체장을 직접 선출함으로써 의회와 집행부의 기관대립형의 기관형태를 취하고 있다. 또한 이들은 자치입법권을 부여, 법령에 위반되지 않는 범위 안에서 조례·규칙을 제정하며, 주민투표를 의무화(개별 지방공공단체에만 적용되는 특별법 등에 관한 사안)하고 있다.

### (2) 지방자치단체의 종류

지방자치단체는 크게 보통지방자치단체(도·도·부·현과 시·정·촌)와 특별지방자치단체(특별구, 지방자치단체의 조합, 재산구, 지방개발사업단)

으로 나뉜다.

### 1) 광역자치단체(도·도·부·현)

도(都)는 東京都(도쿄)를 말하며, 특별지방자치단체인 23개의 특별구와 주변의 시·정·촌을 포함, 수도권이라는 특수성이 있으며, 특별구제도와 도지사의 보조기구로서 局설치 등의 특례를 적용한다. 도(道)는 北海道(홋카이도)를 지칭하며, 보조부서와 일선기관(지청) 설치 등에 있어 부·현과 약간 다른 취급을 하고 있다. 부(府)는 大阪府(오사카)와 京都府(교토)가 있다. 현(縣)은 43개의 현이 있다.

### 2) 기초자치단체(시·정·촌)

총 3,229개(시: 671, 정: 1,990, 촌: 568)가 있다. 인구와 도시화의 정도에 따라 시·정·촌으로 구분한다. 여기서 말하는 시의 성립요건은 인구5만 명 이상, 가구 수의 분포가 중심시가지에 60% 이상 차지, 상공업 종사인구도 전체인구수의 60% 이상이어야 한다.[167] 또한 중핵시(中核市)제도를 도입하고 있는데, 이는 1994년 6월 지방자치법 개정으로 대도시 문제를 해결하기 위한 지방분권특례법 실시에 따른 것이다. 규모가 비교적 큰 도시에 대해 사무권한을 강화시켜 주기 위한 방안으로 주민과 가까운 자치단체에 권한을 부여하기 위함이다. 이에 따라 가나자와시를 포함하여 17개의 중핵시가 있다.

법적 규정이 명확하다는 점에서 부·현과의 갈등이나 중앙에서의 정치적 개입의 소지가 줄어들고, 시·정·촌 일률주의에서 탈피하는 효과가

167) 指定都市(지정도시) : 우리나라의 광역시에 해당하는 규모의 대도시 행정체계이며, 대도시행정의 능률성을 제고하기 위하여 적정한 사무배분과 자율권을 보장하기 위한 것이다. 현재 12개(오사카, 고베, 교토, 요코하마, 나고야, 기타큐슈, 가와사키, 삿뽀르, 후쿠오카, 히로시마, 센다이, 지바)가 있다.

있다. 이 외에도 광역연합제도가 있는데 이는 다양한 광역행정 수요에 효율적으로 대응하기 위하여 국가로부터 권한을 이양 받을 수 있는 기구를 말한다. 정·촌은 도·도·부·현의 조례가 규정한 요건을 설립요건으로 하며, 정은 도시적 형태가 강하며, 촌은 농촌적 색채가 강하다.

### 3) 특별지방자치단체

조직과 기능, 사무 등에서 특별한 성질을 갖는 단체이다. 특별구는 동경도에만 존재하며, 장은 주민 직선으로 선출한다. 일반시와 법적 지위나 기능이 비슷한 성격을 갖지만, 내부적 구성단체라는 지위를 가진다. 동경도 안에는 23개의 특별구가 존재한다. 또한 지방자치단체 조합이 있는데 고유사무 및 기관위임사무 등을 공동으로 처리하는 것이 능률적이고 합리적인 경우 공동으로 설치하는 단체이며, 2,830개의 사무조합이 있다. 이외에도 공공법인의 재산을 관리·처분하기 위하여 법인으로 설립한 재산구와 지방자치단체가 일정지역의 종합적인 개발과 건설을 위하여 다른 자치단체와 공동으로 사업실시를 위탁받은 단체를 뜻하는 지방개발사업단이 있다.

## 2. 지방선거제도

### (1) 선거관리기관

일본의 선거관리총괄기관은 총무성이다. 중앙선거관리회는 임기 3년의 위원 5명으로 구성되는 총무성의 부속 합의제 행정기관이며, 비례대표 중의원·참의원선거를 관리하고 도·도·부·현 선거관리위원회를 감독한다.

지방자치단체에는 도·도·부·현 및 시·정·촌선거관리위원회를 두고, 특별지방자치단체에는 특별구선거관리위원회를 두고 있다. 도·도·부·현

선거관리위원회는 소선거구로 선출되는 중의원과 참의원선거, 도·도·부·현의회의원 또는 지사 선거를 관리한다. 시·정·촌 선거관리위원회는 시·정·촌 의원 또는 단체장선거를 관리한다.

### (2) 선거일

일본의 지방자치단체의회의원의 임기만료로 인한 선거 또는 장의 임기만료로 인한 선거는 그 임기만료일전 30일 이내에 실시하며, 지방자치단체의회의 해산으로 인한 일반선거는 해산일로부터 40일 이내에 실시하며, 시·정·촌의 설치로 인한 의회의원 선거 및 장의 선거는 당해 시·정·촌의 설치일로부터 50일 이내에 실시한다. 그리고 이러한 사유로 인한 선거실시에 따른 선거일을 다음과 같이 고시한다.[168]

도·도·부·현지사선거는 17일전, 지정도지사선거는 14일전, 도·도·부·현 및 지정도시의 의회의원 선거는 9일전, 지정도시 이외의 시의회의원 및 장선거는 7일전, 정·촌의회의원 및 장선거는 5일전으로 한다.

그리고 동시선거에 관한 특례규정에 의해 도·도·부·현의회의원선거, 도·도·부·현지사선거, 시·정·촌의회의원선거 및 시·정·촌장의 선거는 각각 동시에 실시할 수 있다.[169]

### (3) 선거구제

지방자치단체장 선거구는 자치단체 전체가 하나의 선거구를 형성하나, 지방의원선거구는 기초단체인 시·정·촌과 광역자치단체인 도·도·부·현이 각기 다른 제도를 가지고 있다.[170] 도·도·부·현의원선거구는 원칙적

168) 일본 공직선거법 제33조.
169) 일본 공직선거법 제119조.

으로 군·시가 하나의 선거구가 되며, 동경도의 특별구와 지정도시의 구는 시로 간주하며, 군의 지청 또는 도의 지청관할구역은 군으로 간주한다. 시·정·촌의원선거구제는 대선거구제로 의원정수가 평균 약 20인이고, 40인 이상인 시도 있다.

### (4) 선거권과 피선거권

#### 1) 선거권

만 20세 이상의 일본인(귀화한 외국인 포함)으로서, 3개월 이상 당해 지방자치단체의 관할구역 내에 거주한 자이다. 이 3개월의 기간은 시·정·촌의 폐치·분합이나 경계변경으로 중단되지 아니한다. 선거권 결격사유는 앞에서 설명한 중의원 선거에서와 같다.

#### 2) 피선거권

도·도·부·현의회의원은 만 25세 이상, 도·도·부·현지사는 만 30세 이상, 시·정·촌의회의원 및 시·정·촌장은 만 25세 이상이어야 한다. 지방자치단체장 선거에서는 피선거권에 거주요건이 따로 규정되어 있지 않다. 피선거권 결격사유는 앞에서 설명한 중의원 선거에서와 같다.

### (5) 겸직금지

지방의회의원은 일본의회의원 또는 지방자치단체의 상근 직원을 겸할 수 없으며, 국가 또는 지방자치단체의 공무원은 재직 중 선거직 공무원이 될 수 없다. 국가·지방공무원 및 선거장, 투·개표관리자 등 선거사무

170) 일부 농촌지역의 경우는 소선거구제이나 대다수는 중대선거구제를 채택하고 있다.

관계자는 입후보제한을 받는다. 국유철도공사, 전매공사, 토지개량구, 수해예방조합 등의 임·직원 또한 겸직이 금지 되어 있고, 기타 지방자치법상 지방자치단체 직원 또는 단체장 겸직이 금지되어 있는 자도 이에 해당한다.

### (6) 선출방법

지방의원 선출방법은 단순히 후보자 개인에게 투표하게 되는 단기비이양식이며, 상대다수대표제로 선출한다. 지방선거에 한해 당해 지방자치단체의 조례로 기호식 투표제를 채택하고 있다. 지방자치단체장선거는 유효투표총수의 1/4 이상을 득표하여야 하며, 지방의회 선거의 경우에는 유효투표총수 중 당해 선거구의 의원정수로 나눈 수의 1/4 이상을 득표하여야 하며 유효투표의 다수득표자순으로 당선인을 결정한다.

### (7) 선거운동

선거운동기간은 당해 후보자등록일로부터 선거일전까지이며, 선거운동기간을 정한 것은 사전선거운동을 금지하고자 한 것이다. 선거운동주체는 후보자, 선거사무장, 회계책임자, 선거운동원, 정당 기타 정치단체 등이며, 선거운동은 자유이므로 자원봉사자도 가능하다.

선거운동기구로는 선거사무소가 있으며, 유사기관으로 정당의 선거대책기구, 후보자를 위한 후원단체가 있다.[171)]

공직선거법상 임의제 선거공영제로 임의제 포스터 게시장 설치와 임

---

171) 지방의회의원, 시·정·촌선거에서 설치 가능한 선거사무소는 후보자당 1개소로 제한하며, 도·도·부·현지사선거에서는 특별한 사정이 있는 경우 5개소 이내에서 설치 가능하다.

의제 선거공보발행 등 두 종류가 있다. 임의제 포스터 게시장 설치 수량의 기준과 범위는 후보자마다 1게시장 1매가 적용된다. 임의제 공영선거공보는 당해 선거관리위원회가 발행하며, 발행비용은 당해 지방자치단체가 부담한다.

선거운동방법에 관하여 포괄적으로 제한하는 규정을 두고 있지 않으므로 후보자에 의한 선거운동방법 이외에도 막간연설, 유권자 개인접촉, 전화 등을 이용하여 선거운동이 가능하다. 중의원선거에서와 같이 도·도·부·현지사선거에서 정견방송과 경력방송이 제공된다.

### (8) 선거비용

선거운동에 사용하는 비용의 최고액(법정제한액)을 각 선거마다 공고일 후 즉시 해당 선거를 관리하는 선거위원회가 공시한다. 여기서 비용의 최고액은 해당 선거구 내 유권자수에 따라 산출하는 인구할당액과 유권자수와 관계없는 고정액을 합산하여 계산한다.[172]

그러나 입후보 준비에 소요된 지출로 후보자나 출납책임자[173]가 한 지출 이외의 것, 입후보등록후의 지출로 후보자 또는 출납책임자의 의사에 의한 지출 이외의 것, 후보자가 사용하는 선박·차량 등에 소요된 지출, 추천단체 또는 확인단체가 행하는 선거운동을 위하여 필요한 지출, 선거운동용 자동차 및 선박을 사용하기 위하여 필요한 지출 등은 선거비용에 산입하지 않는다.[174]

---

172) 일본 공직선거법 제194조, 제196조, 동법 시행령 제127조.

173) 선거운동에 관한 수입·지출에 있어 그 책임을 담당하며, 선거비용은 원칙적으로 출납책임자만 지출이 가능하다. 각 후보마다 1인의 출납책임자를 두며, 이를 서면으로 선거위원회에 선고해야 한다(일본 공직선거법 제180조).

174) 일본 공직선거법 제197조.

출납책임자가 선거운동에 관한 지출금액제한액으로 고시된 금액을 초과하여 선거운동에 지출을 하거나 하게 된 때에는 3년 이하의 금고 또는 50만엔 이하의 벌금에 처한다.[175] 그리고 출납책임자가 선거비용의 법정액 위반의 죄를 범하여 형에 처해진 때에는 관련된 공직후보자였던 자의 당선은 무효로 하며, 5년간 해당 선거에 관련된 선거구에서 실시하는 해당 공직에 관한 선거에서 후보자가 될 수 없다.[176]

## Ⅴ. 소결

위와 같이 일본의 선거제도에 관해서 중의원선거를 중심으로 참의원선거와 지방자치선거에 대해서도 알아보았다. 일본에서는 정치제도 개혁을 위해 선거제도 개선을 중요한 현안으로 보고 많은 노력을 해오고 있다. 단기적으로는 중의원 정수조정에 장기적으로는 정당이나 선거제도 자체에 대한 근본적인 개혁에 중점을 두어오고 있으며, 공정하고 투명한 선거제도의 구현을 목적으로 계속적으로 개혁적 입법이 이루어졌다.

일본에서는 공정한 선거실시를 위해 많은 비중과 규정을 두고 있다. 이를 위해 일본에서는 선거를 공정하게 관리하기 위해서 선거관리회를 두고 있다. 선거관리회는 중앙선거관리회와 도·도·부·현선거관리회로 이루어져 있다. 비례대표로 선출되는 중의원의원·참의원의원의 선거사무에 관해서는 중앙선거관리회가 관리하고, 선거구에서 선출되는 중의원의원·참의원의원의 선거사무는 도·도·부·현선거관리위원회가 담당한다. 뿐만 아니라 총무대신, 중앙선거관리회, 도·도·부·현선거관리위원회 및

175) 일본 공직선거법 제247조.
176) 일본 공직선거법 제251조의2.

시·정·촌선거관리위원회는 선거가 공명하고 적절하게 이루어질 수 있도록 하기 위하여 늘 여러 가지 기회를 통하여 선거인의 정치의식의 향상을 위한 조치를 취하고 있으며, 특히 선거에 임해서는 투표의 방법, 선거법위반사유, 그 외 선거에 관해서 필요하다고 인정되는 사항을 선거인에게 주지시키도록 되어 있다.

그리고 공정한 선거를 위해 제도적 장치로서 정치자금규제법과 공직선거법에 의한 정치자금 규제를 통한 투명화에 주력하고 있다. 정치자금규제법은 정치단체의 수입·지출공개강화, 정치활동에 관한 기부의 제한, 개인헌금에 대한 세제상의 우대조치를 담고 있을 뿐만 아니라, 정치가 개인의 정치자금을 명백히 하기 위하여 정치단체중심의 규제를 더욱 확대 적용하여 정치가 개인의 수입·지출 내역까지도 공개하도록 규정하게 되었다.

한편 공직선거법은 법정선거운동비용을 명시함과 아울러 그 내용의 공개와 기부의 제한에 관한 규정을 두고 있다. 그리고 공직후보자 등의 기부행위금지 및 후보자 등에 대한 기부의 권유 또는 강요행위의 금지, 이에 대한 벌칙의 강화에 관한 사항, 후원단체의 기부금지 강화에 관한 사항, 인사목적 유료광고행위의 금지에 관한 사항, 인사상의 금지에 관한 사항 등을 담고 있다.

# 제4장 한국 선거제도의 문제점과 개선방안

## 제1절 헌법과 선거제도

### Ⅰ. 헌법의 선거제도에 관한 규정

우리 헌법상의 선거에 관한 원칙적인 규정들을 보면, 우선 국민주권의 원리(헌법 제1조 제2항)에 기초하여 국민의 선거권(헌법 제24조)과 피선거권(제25조)을 규정하고 있다. 그리고 국민의 대표기관인 국회의 구성과 대통령의 선출에 관하여 "국민의 보통·평등·직접·비밀선거에 의하여 선출 한다"고 규정하여 선거에 관한 헌법상의 원칙을 천명하고 있다(헌법 제41조 제1항, 제67조 제1항). 그 밖에 제7장에서는 선거관리에 관한 규정들을 두고 있는데, 제114조 제1항은 "선거와 국민투표의 공정한 관리 및 정당에 관한 사무를 처리하기 위하여 선거관리위원회를 둔다"라고 규정하고 있으며, 제116조 제1항은 "선거운동은 각급 선거관리위원회의 관리하에 법률이 정하는 범위 안에서 하되, 균등한 기회가 보장되어야 한다"라고 규정하고 있다.[1)]

1) 정만희, 앞의 책(헌법과 통치구조), 법문사, 2003, 441면.

이와 같이 우리나라에서는 선거제도의 기본원리에 관하여는 헌법에 직접 규정하면서 그 이외의 선거에 관한 구체적인 제도의 형성은 헌법상 법률사항으로 위임하고 있으며, 의원의 정수·선거구제·투표의 방법 등에 관해 헌법에서 명확한 기준을 제시하고 있지 않으므로 구체적으로 어떠한 선거제도를 구축할 것인가는 입법부의 재량 내지 입법형성의 자유에 맡겨져 있다.[2] 이와 같이 헌법에 의한 선거제도의 구체적 내용의 형성을 입법재량에 위임하고 있다고 하더라도 그 재량은 헌법상 선거에 관한 원칙에 의한 명백한 한계가 있는 것이며, 또한 선거제도의 헌법적 보장은 그 제도의 본질을 법률에 의해 침해할 수 없다.[3]

## Ⅱ. 공직선거법의 특징

### 1. 공직선거법의 제정과 개정

#### (1) 제정 배경

공명선거는 참된 민주정치의 구현을 위한 요체일 뿐 아니라 국가와 사회 발전의 초석이다. 지방의회의원선거, 국회의원선거 및 대통령선거를 거치면서 불법선거운동을 보다 엄격히 규제하여 깨끗한 선거풍토를 조성하고 이를 위해 선거법을 정비할 필요성이 증가하였다.

이에 선거부정 및 부패에 대한 제재를 강화하여 공명정대한 선거풍토를 정착하기 위한 법적 토대를 마련하고, 각각 별개의 선거법체계로 유

2) 정만희, 앞의 책(헌법과 통치구조), 444면.
3) 정만희, 앞의 책(헌법과 통치구조), 446면.

지되어 온 종래의 대통령선거법·국회의원선거법·지방의회의원선거법·지방자치단체장선거법 등을 단일 법률로 통합하여 체계화함으로써 후보자나 국민들로 하여금 선거제도를 쉽게 이해하도록 함과 아울러 각 선거의 관리에 형평성을 기하고자 하는 취지에서 1993. 5.경 부터 국회 정치관계법심의특별위원회에서 새로운 선거법의 제정을 추진하게 되었다.

1993. 5. 국회 정치관계법심의특별위원회에서 새로운 선거법을 제정하기 위한 논의가 시작된 이래 1993. 11. 15. 여당인 민자당에서 '공직선거및선거부정방지법안'을, 같은 달 25. 민주당에서 '공직선거법안'을 각 발의, 심의 작업을 계속하여 여야 합의로 위 위원회 명의의 '공직선거및선거부정방지법안'을 마련하기에 이르렀다.

그 후 동 법률안은 국회 본회의의 의결을 거쳐 정부로 이송된 후 1994. 3. 16. 법률 제4739호로 '공직선거및선거부정방지법'이라는 명칭으로 공포되어 즉시 시행에 들어가게 되었다. 당시 공직선거및선거부정방지법은 종래의 4개의 각종 선거법을 통합한 것에 연유하여 '통합선거법'이라 불리게 되었다.[4)]

### (2) 개정 경과 및 주요 내용

#### 1) 개관

공직선거및선거부정방지법은 1994. 3. 16. 제정된 이후 2012. 2. 29. 개정되기까지 18년간 46차례에 걸쳐 크고 작은 개정이 있었다. 이와 같이 개정이 많았던 이유는 법 제정 후 전국동시지방선거, 국회의원선거, 대통령선거 등을 치러 오면서 선거관리 제도 개선, 선거공영제의 확대, 선

4) 정만희, "정치관계법의 근본문제와 개정방향", 헌법학연구 제13권 제2호, 한국헌법학회, 2007. 6, 58-59면.

거의 공정성 확보, 재외선거제도의 도입, 행정구역 변경이나 타 법률의 개정과 선거운동과정에서 나타난 선거운동방법 및 선거관리상의 일부 문제점을 보완하고 헌법재판소의 위헌결정 등에 따라 효율을 잃은 조항을 바로잡기 위한 긍정적인 이유이다.[5] 그러나 법률의 시행과정에서 매년 개정되고 있다는 점은 아직도 우리의 선거법제가 안착되지 못하는 문제점으로 지적되고 있다.[6] 이 중 가장 최근에 이루어진 46차 개정 내용의 고찰을 통해 최근 공직선거법의 동향과 내용을 살펴보도록 한다.

### 2) 제46차 개정

#### 가. 개정 이유

2012. 2. 29. 공직선거법의 제46차 개정이 있었다. 공직선거법 제93조 제1항에 대한 헌법재판소의 한정위헌결정의 취지를 반영하여 인터넷 홈페이지 또는 그 게시판·대화방 등에 글이나 동영상 등의 게시나 전자우편·문자메시지 전송에 의한 사전선거운동을 허용하고, 선상에서 장기 기거하는 선원들의 선거권을 행사할 수 있도록 제18대 대통령선거부터 선상 부재자투표를 도입하며, 2013. 1. 1.부터 부재자투표에서 통합선거인명부를 활용한 사전투표제도를 신설하여 선거일 전에 투표하려는 선거인이 부재자 신고 없이도 부재자투표기간에 투표를 할 수 있도록 함으로써 투표편의를 제고하고, 재외선거의 공정성 확보를 위하여 국외에서 중대한 선거범죄를 행한 자에 대하여 여권의 발급 등을 제한할 수 있도록 하며, 국외에서 공직선거법 위반행위를 한 외국인에 대하여는 입국을 금지할 수 있도록 하고, 재외선거사범 등에 대한 영사조사제도 및 인터넷화상조사제도를 도입하는 한편, 여론조사결과를 왜곡하여 보도하거나

5) 대검찰청, 공직선거법 벌칙해설, 2012, 4면.
6) 정만희, 앞의 책(헌법과 통치구조), 447면.

객관적인 근거 없이 선거결과를 예측하는 보도를 하는 경우 처벌규정을 신설하는 등 여론조사의 객관성·공정성을 강화하였다. 아울러 인구수, 행정구역 등을 고려하여 국회의원지역선거구 획정도 이루어졌다.

### 나. 개정 내용[7)]

(가) 정보통신망 이용 선거운동 확대 등

인터넷 홈페이지 또는 그 게시판·대화방 등에 글이나 동영상 등을 게시하거나 전자우표·문자메시지 전송에 의한 사전선거운동을 허용하고, 특정 정당 또는 후보자를 지지·추천하거나 반대하는 내용 없이 투표참여를 권유하는 행위를 선거운동으로 보지 않는 것으로 하였다(제58조 제1항 제5호, 제59조 제2호·제3호).

후보자도 인터넷 홈페이지 관리·운영자 또는 정보통신서비스제공자에게 직접 공직선거법에 위반되는 게시물 등에 대한 삭제 요청 등을 할 수 있도록 하였다(제82조의4 제3항).

선거에 영향을 미치게 하기 위하여 문자·음성·화상·동영상 등을 인터넷 홈페이지의 게시판·대화방 등에 게시하거나 전자우편·문자메시지로 전송하게 하고 그 대가를 제공 또는 그 제공의 의사표시를 하거나 그 제공을 약속한 자는 5년 이하의 징역 또는 1천만원 이하의 벌금으로 처벌하고, 그 대가를 제공받은 자에게는 10배 이상 50배 이하의 과태료를 부과하도록 하였다(제230조 제1항 제5호, 제261조 제6항 제2호).

(나) 선상부재자투표제도 도입

대통령선거와 임기만료에 따른 국회의원선거에서 원양어업·외항여객운송사업·외항화물운송사업에 사용되는 대한민국 선박 등에 승선하고

7) http://www.assembly.go.kr/

있는 선원이 선거일에 투표소에서 투표할 수 없는 때에는 해당 선박에 설치된 팩시밀리를 이용하여 선상부재자신고 및 선상투표를 할 수 있도록 하되 이 법 시행 후 최초로 실시하는 임기만료에 따른 대통령선거부터 적용하도록 하였다(제38조 제2항, 부칙 제2조).

(다) 통합선거인명부 도입 등

중앙선거관리위원회는 구·시·군의 장으로부터 선거인명부의 전산자료 복사본을 제출받아 전산조직을 이용하여 하나의 선거인명부(통합선거인명부)를 작성한 후 부재자투표소에서 사용할 수 있도록 하였다(제158조의3 제1항)

통합선거인명부를 사용하는 경우 부재자투표기간은 선거일 전 5일부터 2일간으로 하며, 선거인은 누구든지(거소투표대상자, 기관·시설거주자 및 보궐선거 등에 있어서 선거구 밖에 거소를 둔 사람은 제외한다) 부재자신고 없이도 부재자투표기간 중에 부재자투표소에서 투표할 수 있도록 하되, 통합선거인명부를 이용한 부재자투표제도는 2013. 1. 1.부터 시행하도록 하였다(제158조의3 제2항 내지 제9항, 제201조 제7항 부칙 제1조).

(라) 재외선거의 공정성 확보

외교통상부장관은 국외에서 장기 3년 이상의 형에 해당하는 선거범죄를 범한 혐의를 인정할 만한 상당한 이유가 있으나 중앙선거관리위원회의 조사에 불응하거나 소재가 불명하여 조사를 종결할 수 없는 사람 등에 대하여 중앙 선거관리위원회 또는 검사의 요청이 있는 때에 여권의 발급·재발급을 제한하거나 여권의 반납을 명하도록 하고, 여권의 발급·재발급 제한기간 또는 반납된 여권의 보관기간을 해당 선거의 선거일 후 5년 이내로 하였다(제218조의30).

그리고, 법무부장관은 국외에서 이 법에서 금지하는 행위를 하였다고 인정할 만한 상당한 이유가 있는 외국인에 대하여 입국을 금지할 수 있고, 입국금지기간은 해당 선거 당선인의 임기만료일까지로 하였다(제218조의31). 한편, 영사는 법원 또는 검사의 의뢰를 받아 대한민국 재외공관 등에서 선거범죄의 피의자 또는 피의자 아닌 자의 출석을 요구하여 진술을 들을 수 있도록 하고(제218조의32), 검사 또는 사법경찰관은 재외공관에 출석한 선거범죄의 피의자 또는 피의자 아닌 자를 상대로 인터넷 화상장치를 이용하여 진술을 들을 수 있도록 하였다(제218조의33).

(마) 여론조사제도의 개선

누구든지 선거에 관한 여론조사결과를 왜곡하여 공표 또는 보도할 수 없도록 하고, 방송·신문·잡지, 그 밖의 간행물을 경영·관리하는 자 등이 여론 조사결과 등과 같은 객관적 자료를 제시하지 아니하고 선거결과를 예측하는 보도를 하는 행위를 금지하며, 위반시 3년 이하의 징역 또는 600만원 이하의 벌금으로 처벌하도록 하였다(제96조, 제252조 제1항).

누구든지 선거에 관한 여론조사를 하는 경우에는 피조사자에게 여론조사기관·단체의 명칭, 주소 또는 전화번호와 조사자의 신분을 밝혀야 하고, 선거에 관한 여론조사결과를 공표 또는 보도하는 때에는 표본의 크기, 조사된 연령대별·성별 표본 크기의 오차를 보정한 방법 등을 함께 공표 또는 보도하도록 하였다(제108조 제4항·제5항).

선거에 관한 여론조사결과를 공표 또는 보도하는 경우에는 해당 여론조사를 실시한 기관·단체는 해당 여론조사의 조사설계서·피조사자선정·표본추출·질문지작성·결과분석 등 조사의 신뢰성과 객관성의 입증에 필요한 자료를 자신의 인터넷 홈페이지에 공개하여야 하고, 관할 선거구선거관리위원회로 부터 여론조사와 관련된 자료제출의 요구를 받은 때에는 지체 없이 이에 따르도록 하였다(제108조 제6항·제7항).

또한, 특정 정당 또는 후보자에게 편향되도록 하는 어휘나 문장을 사용하여 질문하는 방식 등으로 여론조사를 하거나, 여론조사결과를 공표·보도시 함께 공표·보도하여야 하는 요소를 같이 공표·보도하지 아니한 경우 벌칙을 현행 '2년 이하의 징역 또는 400만원 이하의 벌금'에서 '3년 이하의 징역 또는 600만원 이하의 벌금'으로 상향 조정하였다(제256조 제1항·제2항).

(바) 기타

출구조사 거리제한을 '투표소로부터 100미터 밖'에서 투표소로부터 50미터 밖'으로 완화하였다(제167조 제2항, 제241조 제1항). 그리고 제19대 국회의원선거에 적용하기 위하여 국회의원지역선거구구역표를 개정하고, 국회의원 정수를 299명으로 유지하되(제21조 제1항), 2012. 4. 11. 실시하는 국회의원선거에서는 제21조 제1항에도 불구하고 2012. 7. 1. 세종특별자치시가 새로이 설치되는 것을 고려하여 국회의원정수를 300인으로 하였다(부칙 제3조).[8]

## 2. 공직선거법의 특징

### (1) 통합선거법으로서 공직선거법

공직선거법은 헌법과 지방자치법에 의해 선거가 국민의 자유로운 의사와 민주적인 절차에 의하여 공정히 행하여지도록 하고, 선거와 관련한 부정을 방지함으로써 민주정치의 발전에 기여함을 목적으로 제정되었다. 공직선거법은 대통령선거·국회의원선거·지방의회의원 및 지방자치단체

8) 대검찰청, 공직선거법 벌칙해설, 2012, 43면.

의 장의 선거에 적용한다. 선거인이라 함은 선거권이 있는 자로서 선거인명부에 올라 있는 자를 말한다. 통합선거법으로서의 공직선거법은 선거법규를 모든 선거에 통일적으로 적용하도록 함으로써 선거관리에 있어서 일관성을 유지하고, 선거에 참여하는 정당과 후보자는 물론이고 국민들도 선거법규를 쉽게 이해할 수 있도록 하고 있다.[9)]

### (2) 공정선거를 보장하기 위한 공직선거법

#### 1) 정당·후보자 등의 공정경쟁의무

선거에 참여하는 정당·후보자 및 후보자를 위하여 선거운동을 하는 자는 선거운동을 함에 있어 이 법을 준수하고 공정하게 경쟁하여야 하며, 정당의 정강·정책이나 후보자의 정견을 지지·선전하거나 이를 비판·반대함에 있어 선량한 풍속 기타 사회질서를 해하는 행위를 하여서는 아니 된다.

#### 2) 언론기관의 공정보도의무

방송·신문·통신·잡지 기타의 간행물을 경영·관리하거나 편집·취재·집필·보도하는 자와 인터넷언론사가 정당의 정강·정책이나 후보자의 정견 기타사항에 관하여 보도·논평을 하는 경우와 대담·토론을 행하고 이를 방송·보도하는 경우에는 공정하게 하여야 한다.

공정보도의무를 지는 언론매체는 방송·신문·통신·잡지 기타의 간행물이다. 공정보도의무를 지는 주체는 경영·관리자와 편집·취재·집필·보도하는 자이다. 언론매체의 경영자와 보도 관련자에 대하여 널리 포괄적으로 공정보도의무를 부과한 것은 현실적으로 경영과 편집의 완전한

---

9) 정만희, 앞의 책(헌법과 통치구조), 446면.

분리가 불가능하기 때문이다. 그런 의미에서 총체적으로 언론사 내지 언론기관의 공정보도의무라고 할 수 있다. 공정보도의 대상은 보도·논평과 대담·토론이다.

현행법상 언론사의 정치적 경향성의 표현 여부는 언론보도의 공정성 개념에 포괄되는 것인지의 여부로 판단되어야 한다. 일반적으로 언론기관이 특정한 정치적 성향을 명시적으로 밝히는 것 자체가 현행 공직선거법의 틀을 벗어나는 것으로 이해하고 있다. 그리고 선거보도의 공정성을 확보하기 위하여 공직선거법에서는 선거방송심의위원회, 선거기사심의위원회, 인터넷선거보도심의위원회, 선거방송토론위원회를 설치하고 있다. 또한 공직선거법에서는 선거보도에 관한 반론보도의 특칙을 규정하고 있다.[10]

### 3) 공무원의 중립의무 등

공무원 기타 정치적 중립을 지켜야 하는 자는 선거에 대한 부당한 영향력의 행사 기타 선거결과에 영향을 미치는 행위를 하여서는 아니 된다. 공무원의 정치개입은 언제나 논란이 되고 있다. 특히 정무직 공직자의 정치적 중립의무는 때로 격론의 대상이 되기도 한다. 대통령 노무현의 정치적 발언은 결국 2004년의 탄핵사태로까지 비약한 바 있다.[11]

### 4) 사회단체 등의 공명선거추진활동

사회단체의 정치활동 특히 선거개입은 금지된다. 그런데 사회단체 등은 선거부정을 감시하는 등 공명선거추진활동은 할 수 있다. 그 경계선이 문제된다. 즉 정치활동인지 공명선거추진활동인지의 경계가 반드시

10) 성낙인, 공직선거법과 선거방송심의, 나남출판사, 2007 참조.
11) 헌재 2004. 5. 14. 2004헌나1, 대통령(노무현) 탄핵(기각).

분명한 것은 아니기 때문이다. 다만, 특별법에 의하여 설립된 국민운동단체 등은 그 명의 또는 그 대표의 명의로 공명선거추진활동을 할 수 없다.12)

### 5) 선거부정감시단

각급선거관리위원회(읍·면·동 선거관리위원회는 제외한다)는 선거부정을 감시하기 위하여 선거부정감시단을 둔다. 선거부정감시단은 선거운동을 할 수 있는 자로서 정당의 당원이 아닌 중립적이고 공정한 자 중에서 중앙선거관리위원회규칙으로 정하는 바에 따라 10인 이내로 구성한다. 다만, 선거일 전 60일(선거일 전 60일 후에 실시사유가 확정된 보궐선거 등의 경우 그 선거의 실시사유가 확정된 때)부터 선거일 후 10일까지는 중앙선거관리위원회 및 시·도선거관리위원회는 10인 이내의, 구·시·군선거관리위원회는 20인 이내의 인원을 추가하여 구성할 수 있다.

중앙선거관리위원회는 인터넷을 이용한 선거부정을 감시하기 위하여 중앙선거관리위원회규칙으로 정하는 바에 따라 5인 이상 10인 이하로 구성된 사이버선거부정감시단을 설치·운영하여야 한다. 다만, 선거일 전 60일(선거일 전 60일 후에 실시사유가 확정된 보궐선거 등의 경우 그 선거의 실시사유가 확정된 때)부터 선거일 후 10일까지는 10인 이내의 인

12) 1. 특별법에 의하여 설립된 국민운동단체로서 국가 또는 지방자치단체의 출연 또는 보조를 받는 단체(바르게살기운동협의회·새마을운동협의회·한국자유총연맹을 말한다)
2. 법령의 의하여 정치활동이나 공직선거에의 관여가 금지된 단체
3. 후보자(후보자가 되고자 하는 자를 포함한다. 이하 이 조에서 같다), 후보자의 배우자와 후보자 또는 그 배우자의 직계존·비속과 형제자매나 후보자의 직계비속 및 형제자매의 배우자(후보자의 가족)가 설립하거나 운영하고 있는 단체
4. 특정 정당(창당준비위원회를 포함한다. 이하 이 조에서 같다) 또는 후보자를 지원하기 위하여 설립된 단체
5. 선거운동을 하거나 할 것을 표방한 노동조합 또는 단체

원을 추가하여 구성할 수 있다. 시·도선거관리위원회는 인터넷을 이용한 선거부정을 감시하기 위하여 선거일 전 120일(선거일 전 120일 후에 실시사유가 확정된 보궐선거 등에 있어서는 그 선거의 실시사유가 확정된 후 5일)부터 선거일까지 30인 이내로 구성된 사이버선거부정감시단을 설치·운영하여야 한다. 인터넷언론사는 게시판·대화방 등에서 의견제시자의 실명을 확인하여야 한다. 인터넷실명제에 대하여 일부 비판도 제기되지만 선거의 공정성 확보를 위하여 불가피한 측면도 있다.

### (3) 선거공영제

#### 1) 의의

선거공영제는 선거운동의 자유방임에서 오는 폐단을 없애고 선거가 국가나 지방자치단체가 관리하는 제도로써 공무인 까닭에 국가 또는 지방자치단체가 선거운동의 기회균등을 보장함과 동시에 선거운동 비용의 일부 또는 전부를 부담하는 것을 말한다. 이 제도는 국가나 지방자치단체가 선거비용을 부담함으로써 선거의 공정성을 확보하고 경제적 능력이 없는 정치신인이나 유능한 사람의 당선을 보장하기 위한 법적 장치이지만 실제로는 과열경쟁과 불법 타락선거의 방지가 목적이라 할 수 있다.

우리 헌법은 제116조 제1항에서 '선거운동은 각급 선거관리위원회의 관리하에 법률이 정하는 범위 안에서 하되, 균등한 기회가 보장되어야 한다'고 규정하고, 제2항에서는 '선거에 관한 경비는 법률이 정하는 경우를 제외하고는 정당 또는 후보자에게 부담시킬 수 없다' 고 하여 선거비용의 경우 원칙적으로 공영제를 채택하고 있다.

결국 선거공영제는 경제력을 배경으로 한 유력후보자나 정당이 자금력을 이용하여 선거에 영향력을 행사하는 것을 배제하여 선거의 평등과 후보자의 기회균등을 확보하기 위한 것이고, 이러한 경제력의 평등화야 말로 현대 민주주의에 있어서 최소한의 요청이라 할 수 있다. 아울러 선거공영제는 선거운동을 국가나 지방자치단체가 직접 관리하는 관리공영제와 선거비용을 보조하는 비용공영제로 구분할 수가 있다.[13]

### 가. 관리공영제

관리공영제는 선거관리기관이 정당 또는 후보자의 선거운동을 직접 관리함으로써 선거운동의 공정을 기하려는 제도이다. 우리의 경우 선거관리위원회에 의한 선전벽보 등 인쇄물 첩부·발송 등이 그 대표적인 사례라 할 수 있다. 다만 이처럼 선거관리 기관의 직접적인 선거운동의 관리가 확대될 경우 후보자의 선거운동 방법이 획일화되기 쉽고 후보자의 자유로운 선거운동을 제한할 수 있는 부정적인 면도 있다.

### 나. 비용공영제

비용공영제는 정당 또는 후보자의 선거운동비용의 일정 부분을 국가 또는 지방자치단체 등이 직접 부담하거나 정당 또는 후보자에게 보조 또는 보전하여 경제력의 차이에 의한 선거운동 기회의 불균형을 시정하기 위한 제도이다.[14]

현행법에서 국가 또는 지방자치단체가 직접 부담하는 경비로는 선전벽보의 첩부 및 철거비용, 점자형 선거공보의 작성비용, 선거공보 및 전단형 인쇄물의 발송비용과 우편요금, 선거방송토론회 주관 대담·토론 또는 합동방송연설회 및 정책토론회 개최비용, 투·개표참관인 수당과 식비 등이 있고, 후보자에게 보전해 주는 경비로는 신문·방송·광고비용, 선전

13) 성낙인, 선거법론, 법문사, 1998, 254-255면.
14) 정만희, 앞의 책(헌법과 통치구조), 424~425면.

벽보, 전단형 인쇄물 작성비용 등이 있다.

보조대상을 기준으로 보면 정당에 보조하는 경우와 후보자에게 보조하는 경우로 구분할 수 있으며, 우리나라는 대통령선거와 비례대표선거에서는 정당에 보조하고 기타 선거에서는 후보자에게 직접 보조하는 방식을 채택하여 양 제도를 병행하고 있다고 할 수 있다.

후보자에게 보조하는 방식에 의하더라도 총액으로 보조하는 경우와 선거운동의 방법별로 정해진 금액을 보조하는 사례가 있는데 우리나라는 총액으로 보조하는 방식을 채택하고 있다.

### 2) 공직선거법상의 선거공영제

우리 헌법은 제116조에서 선거공영제를 원칙적으로 채택하고 있으나 공직선거법에서는 제한적으로 실시하고 있는 것이 현실이며 선거공영제 상당부분을 후보자가 부담하고 있다. 공직선거법제122조의2에서 선거공영제보전 등을 규정하고 있다.

그 중요한 내용을 살펴보면 첫째, 대통령선거, 국회의원선거, 지역구지방의회의원선거 및 지방자치단체의장선거는 후보자가 당선되거나 사망한 경우 또는 득표수가 유효투표총수의 100분의 15이상인 경우는 후보자가 지출한 선거비용의 전액을, 그리고 후보자 득표수가 유효투표총수의 100분의 10 이상 100분의 15 미만인 경우는 후보자가 지출한 선거비용의 100분의 50에 해당하는 금액 둘째, 비례대표국회의원선거 및 비례대표지방의회의원선거 후보자 명부에 올라 있는 후보자 중 당선인이 있는 경우에 한해 정당이 지출한 선거비용의 전액을 부담한다고 하였다.

그리고 공직선거법 제122조의2 제3항에서 제64조(선전벽보)의 규정에 의한 첩부 및 철거의 비용, 제65조(선거공보)의 규정에 따른 점자형 선거공보의 작성비용과 책자형 선거공보(점자형 선거공보를 포함한다)및 전단형 선거공보의 발송비용과 우편요금, 제66조(선거공약서)제8항의 규정에 따른 점자형 선거공약서 작성비용, 제82조의2(선거방송토론위원회 주관 대담·토론회)의 규정에 의한 대담·토론회(합동방송연설회를 포함한다)의 개최비용, 제161조와 162조 및 제 181조의 규정에 의한 투·개표참관인의 수당과 식비 등의 비용은 국가 또는 지방자치단체가 후보자를 위하여 부담하며, 제82조의 3(선거방송토론위원회 주관 정책토론회)의 규정에 의한 정책토론회의 개최비용은 국가가 부담한다고 규정하고 있다. 아울러 이렇게 규정한 비용의 산정 및 보전청구, 그밖의 필요한 사항은 중앙선거관리위원회의 규칙으로 정하도록 하였다.

한편 제135조에서는 선거사무관계자에 대한 수당과 실비보상을 규정하여 선거사무장, 선거연락소장, 선거사무원, 활동보조인 및 회계책임자에 대하여 수당과 실비를 지급하도록 하였다.

## Ⅲ. 현행 선거제도의 내용

### 1. 선거일 결정

대통령선거시기에 관해서 현행 헌법은 대통령의 임기가 끝나는 경우와 대통령궐위시 또는 대통령당선자가 사망하거나 판결 기타의 사유로 그 자격을 상실한 때를 구별해서, 전자의 경우에는 임기만료 70일 내지 40일 전에, 그리고 후자의 경우에는 사유 발생일로부터 60일 이내에 후임대통령을 선거토록 규정하고 있다. 공직선거법은 2004. 3. 12. 법 개정을 통해 임기만료에 의한 선거의 경우 대통령선거는 임기만료일 전 70일 이후 첫 번째 수요일, 국회의원 선거는 그 임기만료일 전 50일 이후 첫 번째 수요일, 지방의회의원 및 지방자치단체의 장의 선거는 그 임기 만료일 전 30일 이후 첫 번째 수요일에 실시하되(제34조 제1항), 그 날이 국민생활과 밀접한 관련이 있는 민속절 또는 공유일인 때와 선거일 전일이나 그 다음 날이 공휴일인 때에는 그 다음 주의 수요일에 하도록 법정해 놓음으로서(제34조 제2항) 정당·후보자·유권자 모두가 당해 선거를 미리 알 수 있도록 하였다.[15]

지역구국회의원·지방의회의원·지방자치단체장의 보궐선거·재선거, 지방의회의원의 증원선거는 전년도 10월 1일부터 3월 31일까지의 사이에 그 선거의 실시사유가 확정된 때에는 4월중 마지막 수요일에, 4월 1일부터 9월30일 까지의 사이에 그 선거의 실시사유가 확정된 때에는 10월중 마지막 수요일에 실시하도록 하였다(제35조 제2항 1호). 이 경우 선거일에 관하여는 위 제34조 제2항의 규정을 준용한다.

그러나 대통령의 궐위로 인한 선거 또는 재선거는 그 사유가 확정된 때부터 60일 이내에 실시하되 선거일은 늦어도 선거일 전 50일에 대통령 또는 대통령권한대행자가 공고하도록 규정하고 있다.(제35조 제1항)

## 2. 선거일 공고

공직선거법은 임기만료에 의한 통상의 선거뿐 아니라 지역구국회의원·지방의회의원·지방자치단체장의 보궐선거·재선거에 있어서도 선거일을 법정해 놓음으로써 선거일 공고에 관하여는 특별한 규정을 두고 있지 않다.

그러나 일부 선거 등의 경우에 일정기일 전에 선거일을 공고하도록 하고 있다(제35조). 이를 선거별로 살펴보면, 대통령의 궐위로 인한 선거

15) 대검찰청, 공직선거법 벌칙해설, 2012. 95면.

또는 재선거의 경우는 대통령 또는 대통령권한대행자가 늦어도 선거일 전 50일 까지(제1항), 지방자치단체의 설치·폐치·분할·합병에 의한 지방자치단체의 장 선거의 경우는 관할 선거구 선거관리위원회위원장이 해당 지방자치단체의 장과 협의하여 늦어도 선거일 전 30일까지 각각 공고하여야 한다(제2항 제2호)고 규정하고 있다.

### 3. 선거인명부 작성

선거권을 행사할 수 있는 선거인을 특정하기 위하여 선거인명부가 작성되는데 원칙적으로 그 선거인명부에 올라 있는 자만이 투표를 할 수 있다(제156조 제1항).

선거인명부는 구·시·군의 장이 대통령선거에 있어서는 선거일 전 28일, 국회의원선거와 지방자치단체의 의회의원 및 장 선거에 있어서는 선거일 전 19일 현재로 그 관할구역에 주민등록 또는 국내거소신고가 되어 있는 선거권자(지방자치단체의 의회의원 및 장의 선거의 경우 제15조 제2항 제3호에 따른 외국인을 포함하고, 제218조의13에 따라 확정된 재외선거인명부 또는 다른 구·시·군의 국외부재자신고인명부에 올라 있는 사람은 제외)를 투표구별로 조사하여 선거인명부작성기준일부터 5일 이내에 작성하여야 하며(제37조 제1항), 이 경우 제218조의13에 따라 확정된 국외부재자신고인 명부에 올라 있는 사람은 선거인명부의 비고란에 그 사실을 표시하여야 한다. 선거인명부에 오를 자격이 있는 국내거주자로서 선거일에 투표소에서 투표할 수 없는 사람(제15조 제2항 제3호에 따른 외국인은 제외)은 선거인명부작성기간 중 구·시·군의 장에게 서면으로 부재자신고를 할 수 있고, 이러한 신고가 있는 경우 구·시·군의 장은 선거인명부와는 별도로 부재자신고인명부를 작성하여야 한다(제38

조 제1항, 제4항).

선거인명부에는 선거권자의 성명·주소·성별·생년월일 등 본인임을 확인할 수 있는 사항을 기재하여야 하며 누구든지 같은 선거에 있어 2 이상의 선거인명부에 오를 수 없다(제37조 제2항. 제3항). 구·시·군의 장은 선거인명부작성기간 만료일의 다음날부터 3일간 장소를 정하여 선거인명부를 열람할 수 있도록 하여야 하며, 이 경우 해당 구·시·군이 개설·운영하는 인터넷 홈페이지에서 선거권자가 선거인명부를 열람할 수 있도록 기술적 조치를 하여야 한다(제40조 제1항). 선거인명부는 선거일 전 9일에, 부재자신고인명부는 부재자신고기간 만료일의 다음날에 각각 확정되며 해당 선거에 한하여 효력을 가진다(제44조).

### 4. 후보자등록

대통령선거는 선거일 전 240일, 지역구국회의원선거 및 시·도지사선거는 선거일 전 120일, 지역구 시·도의회 의원선거, 자치구·시의 의회의원 및 장 선거에는 선거 기간 개시일 전 90일, 군의 지역구 의원 및 장 선거에서는 선거기간 개시일 전 60일부터 등록이 가능하다(제60조의2 제1항).

선거에 출마하는 자는 후보자등록 절차를 마침으로써 비로서 '후보자'가 되고 선거운동을 할 수 있게 된다(제59조). 대통령선거에 있어서는 선거일 전 24일, 국회의원선거와 지방자치단체의 의원선거 및 장의 선거에 있어서는 선거일 전 20일(후보자등록신청 개시일)부터 2일간 관할선거구 선거관리위원회에 등록신청을 하고, 관할선거구 선거관리위원회는 특별한 사유가 없는 한 이를 즉시 수리하도록 규정하고 있다(제49조 제8항). 다만 대통령선거에 있어서 정당추천 후보자가 후보자등록기간중 또는 그 기간이 지난 후에 사망한 때에는 후보자등록 마감일 후 5일까지 추가로 후보자등록을 신청할 수 있다(제51조).

정당추천후보자의 등록은 대통령선거와 비례대표국회의원선거 및 비례대표지방의회의원선거에 있어서는 그 추천정당이, 지역구국회의원선거와 지역구지방의회의원 및 지방자치단체의 장의 선거에 있어서는 정당추천후보자가 되고자 하는 자가 신청하되, 추천정당의 대표자가 서명·날인한 추천서와 본인승낙서를 등록신청서에 첨부하여야 한다. 이 경우 비례대표국회의원후보자와 비례대표지방의회의원후보자의 등록은 추천정당이 그 순위를 정한 후보자명부를 함께 첨부하여야 한다(제49조 제2항).

무소속후보자는 선거권자의 후보자추천의 규정에 의하여 선거권자가 기명·날인한 추천장을 등록신청서에 첨부하여야 한다(제49조 제3항).

기탁금은 대통령선거 3억원,[16] 국회의원선거 1천500만원, 시·도의회의원선거 300만원, 시·도지사선거 5천만원, 자치구·시·군의 장 선거 1천만원, 자치구·시·군의원선거 200만원이다.

정당의 당원인 자는 무소속 후보자로 등록할 수 없고 후보자등록기간 중 당적을 이탈·변경하거나 2 이상의 당적을 가지고 있는 때, 그리고 소속 정당의 해산이나 그 등록의 취소 또는 중앙당의 시·도당 창당승인취소로 인하여 당원자격이 상실된 경우에는 당해 선거에 후보자로 등록될 수 없도록 규정하였다(제49조 제6항).

---

16) 헌재 2008. 11. 27. 2007헌마1024 결정에서 대통령 선거에서 5억원의 기탁금 조항을 두고 있는 공직선거법 제56조 제1항 제1호에 대해서 개인에게 현저하게 과다한 부담을 초래하며, 고액 재산의 다과에 의하여 공무담임권 행사기회를 비합리적으로 차별하므로 공무담임권을 침해한다면서 헌법불합치 결정을 하고서, 입법자는 2009. 12. 31.을 시한으로 개정하되, 개정시까지는 계속 적용을 명하여 2010. 1. 25.자로 동 조항이 개정되었다.

## 5. 투표 및 개표

선거일이 되면 선거인명부에 등재되어 있는 선거인은 그날 오전 6시부터 오후 6시(보궐선거 등에 있어서는 오후 8시)까지 투표소에 가서 자신의 신분증명서를 제시하고 본인임을 확인받은 후 선거인명부에 서명이나 날인 또는 무인한 후 투표용지 1매를 교부받아 기표방법으로 투표를 한다. 다만, 부재자신고인은 선거일전 6일부터 2일간 매일 오전 10시부터 오후 4시까지 부재자투표소에서 투표를 한다.

그리고 구·시·군선거관리위원회는 관할구역내의 매세대에 선거인명부 확정일 후 2일까지 투표안내문을 우편으로 발송하여야 한다(제153조). 투표구 선거관리위원회는 선거일전까지 투표구마다 투표소를 설치하여야 하되 병영 안과 종교시설 안에는 투표소를 설치하지 못한다. 다만, 종교시설의 경우 투표소를 설치할 적합한 장소가 없는 부득이한 경우에는 그러하지 아니한다(제147조 제1항, 제4항).

개표사무는 구·시·군 선거관리위원회가 이를 행하는 바, 선거일 5일 전까지 개표소를 공고하여야 한다. 구·시·군 선거관리위원회는 2개 이상의 개표소를 설치할 수 있으며, 그 경우 개표의 절차 및 방법 기타 필요한 사항은 중앙선거관리위원회규칙으로 정하도록 하고 있다(제173조 제2항, 제4항). 종래에는 투표함이 모두 도착한 후 개표하도록 하였으나 2004. 3. 12. 법 개정 시 이를 삭제하였다.

## 6. 당선인 결정 및 공고

### (1) 대통령선거

중앙선거관리위원회가 유효투표의 다수를 얻은 자를 당선인으로 결정하되, 후보자가 1인인 때에는 선거권자 총수의 3분의 1이상을 득표하여야 당선인으로 결정하고, 중앙선거관리위원회는 당선인 결정 사실을 국회의장에게 통지하고 중앙선거관리위원회 위원장이 이를 공고한다(제187조 제1항, 제3항). 최고득표자가 2인 이상인 때에는 중앙선거관리위원회의 통지에 의하여 국회는 재적의원 과반수가 출석한 공개회의에서 다수표를 얻은 자를 당선인으로 결정하고, 국회의장이 이를 공고한다.

### (2) 지역구국회의원선거

선거구선거관리위원회가 당해 국회의원지역구에서 유효투표의 다수를 얻은 자를 당선인으로 결정하되, 최고득표자가 2인 이상인 때에는 연장자를 당선인으로 결정하며, 당해 선거구선거관리위원회 위원장이 이를 공고하고 당선인에게 당선증을 교부한다(제188조 제1항, 제6항). 그러나 후보자가 1인이 된 때에는 투표를 실시하지 아니하고 선거일에 그 후보자를 당선인으로 결정하며, 선거일의 투표마감시각 후 당선인결정 전까지 후보자가 사퇴·사망하거나 등록이 무효로 된 경우에는 개표결과 유효투표의 다수를 얻은 자를 당선인으로 결정하되, 사퇴·사망하거나 등록이 무효로 된 자가 유효투표의 다수를 얻은 때에는 그 국회의원 지역구는 당선인이 없는 것으로 되고 이와 같이 당선인이 없게 되는 경우 재선거를 실시하게 된다(제195조 제2호).

### (3) 비례대표국회의원선거

중앙선거관리위원회는 비례대표국회의원선거에서 유효투표총수의 100분의 3이상을 득표하였거나 지역구국회의원선거에서 5석 이상의 의석을 차지한 각 정당에 대하여 당해 의석할당정당이 비례대표국회의원선거에서 얻은 득표비율에 따라 비례대표국회의원 의석을 배분한다(제189조 제1항).

### (4) 지방의회의원선거

선거구선거관리위원회가 당해 선거구에서 유효투표의 다수를 얻은 자를 당선인으로 결정하되, 최고득표자가 2인 이상인 때에는 연장자를 당선인으로 결정하며(제190조 제1항), 후보자등록 마감시각에 후보자가 당해 선거구에서 선거할 의원정수를 넘지 않거나 후보자등록 마감 후 선거일 투표개시까지 후보자의 사퇴·사망하거나 등록이 무효로 되어 후보자가 당해 선거구에서 선거할 의원정수를 넘지 않게 된 때에는 투표를 실시하지 않고 선거일에 그 후보자를 당선인으로 결정한다(제190조 제2항).

지역구자치구·시·군의원선거에 있어 당선인이 당해 선거구에서 선거할 지방의회의원 정수에 달하지 아니한 때에는 재선거를 실시하게 된다(제195조 제2호). 한편, 비례대표지방의회의원선거에 있어서는 당해 선거구선거관리위원회가 유효투표총수의 100분의 5이상을 득표한 각 정당에 대하여 당해 선거에서 얻은 득표비율에 비례대표지방의회의원정수를 곱하여 산출된 수의 정수의 의석을 그 정당에 먼저 배분하고 잔여의석은 단수가 큰 순으로 각 의석할당정당에 1석씩 배분하되, 같은 단수가 있는 때에는 그 득표수가 많은 정당에 배분하고 그 득표수가 같은 때에는 당해 정당 사이의 추첨에 의한다(제190조의2 제1항).

비례대표시·도의원선거에 있어서 하나의 정당에 의석정수의 3분의 2 이상의 의석이 배분될 때에는 그 정당에 3분의 2에 해당하는 수의 정수의 의석을 먼저 배분하고, 잔여의석은 나머지 의석할당정당간의 득표비율에 잔여의석을 곱하여 산출된 수의 정수의 의석을 각 나머지 의석할당정당에 배분한 다음 잔여의석이 있는 때에는 그 단수가 큰 순위에 따라 각 나머지 의석할당정당에 1석씩을 배분한다.

### (5) 지방자치단체의 장 선거

선거구관리위원회가 유효투표의 다수를 얻은 자를 당선인으로 결정하되, 최고득표자가 2인 이상인 때에는 연장자를 당선인으로 결정하며(제191조 제1항), 당선인이 결정되면 지방의회의장에게 통지하고, 당해 선거구선거관리위원회 위원장이 이를 공고한다.

## 7. 보궐선거, 재선거 및 연기된 선거

'보궐선거'는 선거법 소정의 공직에 궐원 또는 궐위가 생긴 때에 실시하는 선거를 말하며(제200조), '재선거'는 당해 선거구의 후보자가 없는 때, 당선인이 없거나 지역자치구·시·군의회의원선거에 있어 당선인이 당해 선거구에서 선거할 지방의회의원정수에 달하지 아니한 때, 선거의 전부무효의 판결 또는 결정이 있는 때, 당선인이 임기개시 전에 사퇴하거나 사망한 때, 당선인이 임기개시 전에 피선거권 상실·등록무효사유 발견 등으로 당선이 무효로 된 때, 선거비용 초과지출, 당선이 또는 선거사무장 등의 선거범죄로 당선인 무효로 된 때 등에 실시하는 선거를 말한다(제195조).

'연기된 선거'는 천재·지변 기타 부득이한 사유로 인하여 정상적으로 선거를 실시할 수 없거나 실시하지 못하는 경우 실시하는 선거를 말한다(제196조). 대통령의 궐위로 인한 선거 또는 재선거는 그 실시사유가 확정된 때부터 60일 이내에, 지역구 국회의원·지방의회의원 및 지방자치단체의 장의 보궐선거·재선거, 지방의회의원의 증원선거는 그 실시사유가 확정되는 시기에 따라 4월중 마지막 수요일 또는 10월중 마지막 수요일로 나누어 연 2회 실시한다(제35조). 다만, 국회의원선거와 지방선거가 있는 해의 재·보궐선거는 그 국회의원선거와 지방선거의 선거일부터 50일 후의 첫 번째 수요일에 실시한다(제203조 제3항).

연기된 선거의 경우에 대통령선거 및 국회의원선거에 있어서는 대통령이, 지방의회의원 및 지방자치단체의 장 선거에 있어서는 관할선거구선거관리위원회위원장이 각 선거일에 결정하여 공고한 날에 선거를 실시한다(제36조).

비례대표국회의원 및 비례대표지방의원에 궐원이 생긴 때에는 선거구선거관리위원회는 궐원통지를 받은 후 10일 이내에 그 궐원된 의원이 그 선거당시에 소속한 정당의 비례대표국회의원 후보자명부 및 비례대표지방의회의원 후보자명부에 기재된 순위에 따라 궐원된 국회의원 및 지방의원의 의석을 승계할 자를 결정하여야 한다(제200조 제2항). 다만, 그 정당이 해산되거나 임기만료일 전 120일[17] 이내에 궐원이 생긴 때에는 그러하지 아니한다(제200조 제2항 단서).

지역구국회의원 및 지방의회의원, 지방자치단체의 장의 보궐선거의 경우 그 선거일부터 임기만료일까지의 기간이 1년 미만이거나 지방의회의원정수의 4분의 1이상이 궐원(잔여임기가 1년 이상인 때에는 재선거·연기된 선거 또는 재투표사유로 인한 경우를 제외한다)되지 아니한 경우에는 보궐선거를 실시하지 아니할 수 있다(201조 제1항).

17) 종전 선거법은 180일 이내에 궐원이 생긴 경우로 규정하였으나, 헌법재판소가 비례의 원칙에 위배된다고 헌법불합치 결정(헌재 2009. 6. 25.. 2008헌마413)을 함에 따라 2010. 1. 25. 개정되었다.

## 8. 동시선거에 관한 특례

동시선거란 선거구의 일부 또는 전부가 서로 겹치는 구역에서 2이상의 다른 종류의 선거를 같은 선거일에 실시하는 것을 말한다(제202조 제1항). 이러한 동시선거에 있어서 선거기간 및 선거사무일정이 서로 다른 경우 선거기간이 긴 선거의 예에 따르도록 하는(제202조 제2항) 한편 선거인명부, 선거운동기구의 설치 및 선거사무관계자의 선임, 선거벽보, 책자형 선거공보, 공개장소에서의 연설·대담, 선거와 관련있는 정당활동의 규제, 투표용지·투표안내문·부재자투표용지의 발송과 회송, 투표참관인 선정 및 지정, 투표함의 개함, 개표참관인, 4개 이상의 선거의 동시실시, 투표록·개표록 등 작성 등에 관하여 특례규정을 두고 있다(제204조 내지 제217조).

임기만료일이 같은 지방의회의원 및 지방자치단체의 장 선거는 그 임기만료에 의한 선거의 선거일에 동시 실시하며(제203조 제1항), 임기만료에 의한 선거와 보궐선거 등이 인접한 시기에 있게 되는 경우 그 보궐선거 등은 임기만료에 의한 선거의 선거일에 동시 실시하는 것이 원칙이다(제203조 제2항). 다만, 보궐선거 등의 선거일이 임기만료에 의한 지방의회의원 및 지방자치단체의 장의 선거의 선거기간개시일 전 40일부터 선거일 후 50일 까지의 사이에 있는 때에는 당해 임기만료에 의한 선거의 선거일부터 50일 후 첫 번째 수요일에 그 보궐선거 등을 실시하되, 그 연기된 보궐선거 등의 선거일전 30일까지 선거의 실시사유가 확정된 보궐선거 등도 동시에 실시한다(제203조 제3항).

## 9. 선거에 관한 소송

선거에 관한 소송은 선거소송과 당선소송으로 나눌 수 있다. 대통령선거에 관한 소송도 선거소송과 당선소송의 두 가지를 인정하고 있는데 전자는 선거일로부터 30일 이내에 선거인·대통령후보자·대통령후보자추천정당이 당해 선거관리위원회위원장을 피고로, 후자는 대통령후보자 또는 대통령후보추천정당이 당선결정일로부터 30일 이내에 대통령당선인 또는 중앙선거관리위원회위원장 내지 국회의장을 피고로 하여 대법원에 소를 제기하는 것이다. 대법원은 소가 제기된 날로부터 180일 이내에 신속히 처리해야 한다.[18)]

국회의원선거에 관한 소송도 선거소송과 당선소송의 두 가지를 인정하고 있다. 전자는 선거일로부터 30일 이내에 선거인·정당 또는 후보자가 관할지역구 선거관리위원회위원장을 피고로, 후자는 당선결정일로부터 30일 이내에 정당 또는 후보자가 당선인 또는 당해 선거구선거관리위원회위원장을 피고로 하여 각각 대법원에 소를 제기한다. 대법원은 소가 제기된 날로부터 180일 이내에 신속히 사건을 처리하여야 한다. 그리고 선거범의 처리도 신속히 하기 위해서 공소시효를 선거일 후 6개월로 하고, 그 재판기간도 제1심은 공소제기일로부터 6월 이내, 제2심 및 제3심은 각각 3월 이내로 정하고 있다.

---

18) 선거사범의 재판기간도 제1심은 6월 이내, 제2심 및 제3심은 각각 전심선고 후 3월 이내에 반드시 하도록 강행규정을 두어 1년 이내에 재판이 종결되도록 했다(법 제270조). 그리고 선거범의 공소시효는 선거일 후 6월(범인도피시는 3년)이다(공직선거법 제268조).

# 제2절 선거제도의 일반적 문제점과 개선방안

## Ⅰ. 후보자 선출의 민주성

### 1. 문제점

우리나라 선거제도의 문제점과 개선방안에 관하여는 종래 많은 논의가 전개되어 왔으나 특히 최근에 와서 활발하게 제기되고 있는 것이 정당 내부질서의 민주화 내지는 공천과정의 민주화라고 할 수 있다. 정당의 내부질서의 민주화를 요구하는 필요성 내지 이론적 근거로는 크게 다음의 두 가지 이유에서 찾아 볼 수 있다. 첫째, 정당이 담당하는 헌법적 기능이나 정당의 헌법상의 지위에서 볼 때 정당의 민주적 내부질서는 필수불가결한 것이고, 둘째, 정당조직 자체의 성격, 즉 정당의 과두화 현상이 나타남에 따라 이를 방지하기 위해 민주주의 원칙에 입각한 정당의 내부질서를 강하게 요구하는 것이다.[19]

우리나라 정당내부의 의사결정은 하향식으로 당 간부나 지도부의 의사에 따라 결정되는 권위적인 조직의 형태를 벗어나지 못해왔다. 특히 여·야를 막론하고 당권의 획득과 공천에 관한 전권을 가지기 위해 치열한 다툼을 펼치고 여기에서 이길 경우 공천보복을 통한 반대되는 정치세력의 축출을 시도하는 경우를 보아왔다. 이처럼 중요한 의미를 갖는 공천권을 중앙당에 의해 하향적으로 행사하게 된다면 정당의 과두화현상은 더욱 촉진되며 이는 당내민주주의에 역행하는 결과를 초래할 뿐이다.

지금까지 우리 사회의 공직선거의 후보자지명은 정당의 내부의사결정

---

19) 정만희, 앞의 책(헌법과 통치구조), 551면.

문제로 보아 왔으며, 그것을 선거과정의 일부로 보려는 시각이 결여되어 있었다고 할 수 있다. 따라서 후보자 결정과정을 미국의 경우처럼 선거과정의 제1단계로 보고 그 과정을 선거법에 의해 규율한다는 법적 사고는 존재하지 않았다. 다만 정당의 내부질서의 민주화, 즉 당내민주주의의 관점에서 공천절차의 민주화문제가 학계의 일부에서 주장되어 왔을 뿐이다.

헌법적 관점에서 당내민주주의의 요구는 헌법상의 정당조항인 제8조 제2항은 '정당은 그 목적, 조직과 활동이 민주적이어야 하며, 국민의 정치적 의사형성에 참여하는데 필요한 조직을 가져야 한다'라고 규정한 정당조직의 민주화의무 규정에서 그 근거를 찾을 수 있으며, 공직선거법은 정당의 후보자에 관한 제 47조 제2항에 단지 '정당의 후보자를 추천함에 있어서는 민주적인 절차에 의하여야 한다'라고 하여 민주적 공천절차의 원칙만을 선언하고 있다.

이와 같이 우리의 공천제도는 형식적으로 선거법에 후보자추천의 민주적 절차에 관한 최소한의 규정을 두고 있을 뿐이며, 그에 관한 구체적 절차는 당헌에 위임되어 있다. 이는 공천의 민주적 절차를 갖추지 못한 정당에 대한 제재가 불가능하게 되는 문제점이 지적된다. 이러한 우리 정당들의 모습은 당내민주주의 실현뿐만 아니라 선거를 통한 국민의 대표자 내지는 바람직한 공직자의 선출이라는 목적에 역행하고 있다.

## 2. 개선방안

정당공천의 민주화에 관한 규정은 선언적 의미를 갖는 데 불과하여, 실제로 정당에 의한 비민주적 공천이 행해지는 경우 그에 대한 제재가 곤란하게 된다. 즉 법률에 정당공천의 원칙만을 선언하고 아무런 실효적 보장책 없이 일방적으로 당헌에 위임하고 있는 것은 정당공천에 대한 입법자의 의지가 결여되어 있음을 말해주는 것이므로 공천절차의 민주성을 담보하는 최소한의 조건을 법률차원에서 규정하는 것이 요구된다.[20]

정당공천의 민주적 절차에 관한 구체적 내용으로는 우선 미국식의 예비선거제도의 도입을 생각할 수 있다. 지역구 후보자의 추천은 일반당원과 일정한 범위내의 유권자가 참여한 비밀투표에 의한 예비선거방식을 채택할 수 있을 것이다.

영국의 제도는 크게 참고가 될 수 있다. 영국의 경우에는 정당의 후보자결정과정이 전적으로 상향식으로 지구당의 의사로 결정되는 것이 아니라 어느 정도 중앙당에 의한 통제가 이루어지고 있는 것이 특색이다. 영국의 보수당은 하원의원의 후보자결정을 중앙당에서 전국으로부터 입후보의 지원자를 모집하여 당의 중앙사무국에서 1차적으로 객관적인 심사를 하여 엄선된 후보자리스트(Approved List)를 작성하여 각 지구당에 통보하게 되면 각 지구당은 이 리스트를 중심으로 엄격한 심사를 통해 6명 정도로 입후보 지원자들을 압축하여 지구당의 집행위원회가 다시 면접을 통해 마지막으로 3명 이내의 후보 지원자들을 놓고 지구당 당원들의 질의응답을 거쳐 당원 전원의 투표로 최종 후보자를 결정한다.[21] 노동당도 중앙당에 의해 작성된 후보자 리스트 중에서 지구당이 심사하여 최종적으로 5명 내지 15명의 리스트로 압축하여 선거인단의 투표로 최종 1인의 후보자를 결정하였으나, 1993년 이후부터는 지역구의 전당원에 의한 투표(OMOV: one member-one vote)로 후보자를 결정하고 있

---

20) 김선택, "정당의 민주화를 위한 법적 방안", 심천 계희열 박사 화갑기념논문집, 정당과 헌법질서, 박영사, 1995, 287면.

21) Dick Leonard, Elections in Britain Today, 3rd ed., New York: Palgrave Macmillan, 1996, p. 94.

다. 그러나 후보자선정은 여기에서 그치는 것이 아니라 최종적으로는 전국집행위원회(NEC)의 승인을 받아야 하며, 경우에 따라서는 전국집행위원회의 승인이 거부될 수도 있다.[22)]

독일의 경우처럼 정당법뿐만 아니라 선거법에 후보자의 지명과정에 대한 규정을 두고 있는 것도 우리가 참고 할 수 있는 좋은 예이다. 독일은 후보자추천에 관하여 정당법과 연방선거법에 의해 정당 후보자의 선출을 당원대회나 대의원대회에서 비밀투표에 의하도록 규정하고 있으며, 특히 연방선거법은 이러한 비밀투표에 의한 결정을 주의 당 집행부나 중앙당이 개입할 수 없도록 하고 있다.

최근 우리 정당들, 특히 진보성향의 정당들은 대통령후보자나 광역자치단체 후보자 선출을 위한 국민참여형 경선제 도입에 적극적이다. 이것은 중앙당의 하향식 공천의 비민주성에 대한 반성의 결과라는 측면에서 긍정적으로 평가될 수 있다. 그러나 이러한 민주적 공천절차 도입의 논의가 정당 차원에서 이루어지고 있을 뿐이며, 선거법을 통해 이러한 민주적 지명절차를 직접적으로 입법화하려는 분위기는 보이지 않고 있다.

그러나 선거과정의 필수부분을 의미하는 정당의 후보자추천의 핵심적인 최소한의 규율은 '선거법적 결정의 대상'이 되어야 하며, 여기에서 핵심적인 사항이란 정당의 최소단위에서 입후보자가 민주적 정당성을 획득할 수 있도록 후보자선출과정에서 자유롭고 평등한 기회가 보장될 수 있게 하는 전체적인 과정을 말한다.[23)] 따라서 정당의 민주적 공천절차 확보를 위해서는 그 구체적 절차를 당헌에 위임할 것이 아니라 법률로써 규율할 필요가 있으며, 그 위반에 대한 적절한 제재의 입법화가 필요하다.

---

22) Pippa Norris and Joni Lovendusky, Political Recruitment, New York: Cambridge University Press, 1995, pp. 60-76.

23) 정만희, 앞의 책(헌법과 통치구조), 557면.

## Ⅱ. 선거운동규제

### 1. 선거운동기간

#### (1) 문제점

현행 공직선거법은 원칙적으로 선거운동의 기간을 특정하고 그 외의 기간에 하는 선거운동을 모두 위법한 것으로 규정하고 있다. 선거운동의 기간의 제한이 없이 무한정으로 허용할 경우 후보자간의 지나친 경쟁으로 선거관리가 곤란해지고 부정행위의 발생을 막기 어렵게 된다. 또한 후보자간의 무리한 경쟁의 장기화는 경비와 노력이 지나치게 들어 사회경제적으로 많은 손실을 가져올 뿐만 아니라 후보자간의 경제력의 차이로 불공평이 생기게 된다.[24] 헌법재판소도 "선거운동기간을 제한하고 그 기간 전에 하는 선거운동을 처벌하는 것은 그 입법목적, 제한의 내용, 우리나라에서의 선거의 태양, 현실적 필요성 등을 고려할 때에 선거운동의 자유를 과도하게 제한하는 것으로 볼 수 없다"고 판시[25]한 바 있다.

그러나 선거운동기간의 제한을 반대하는 입장에서는 선거의 과열을 예방하기 위함이지만 유권자의 입장에서는 후보자에 대한 정보 접근이 어려워 알권리 내지 선택의 자유에 제약을 받을 수 있다. 과거의 군중집회나 정당연설회 같은 선거방식이 아니고 매스미디어나 인터넷을 통한 선거운동이 주류를 이루는 지금 선거운동 기간의 한정의 실효성이 없다고 본다.[26]

---

24) 정병욱, 공직선거법, 박영사, 2006, 534면.
25) 헌재 1995. 11. 30. 94 헌마 97.
26) 탁진영, "국회의원선거와 미디어선거운동", 사회과학논총 제23권 제1호, 2004, 32면.

그리고 선거의 자유성과 공정성 확보가 최우선 되어야 할 선거제도에서 선거운동자유의 지나친 제한은 국민의 자유로운 선택권을 제한할 수 있을 뿐만 아니라, 자칫 선거의 주체가 되어야 할 선거인을 수동적 지위로 두게 하여 선거의 왜곡현상을 낳게 할 우려가 있다. 이러한 현상은 정치신인과 무소속후보자들에 대한 규제로 이어질 수밖에 없고 기존의 주류 정당 및 현역의원의 경우는 의정보고회 등의 명분으로 선거운동기간을 사실상 연장할 수 있게 됨에 따라 선거운동기간의 기회균등이라는 측면에서 문제가 있다.[27)]

최근 선거운동기간의 예외를 인정하는 내용의 공직선거법 개정은 주목할 만하다. 공직선거법 제59조의 개정내용은 '동법 제60조의3 제1항 및 제2항에 따라 예비후보자 등이 선거운동을 하는 경우' 외에 '선거일이 아닌 때에 문자(문자 외의 음성·화상·동영상 등은 제외한다)메시지를 전송하는 방법으로 선거운동을 하는 경우'[28)]와 '선거일이 아닌 때에 인터넷 홈페이지 또는 그 게시판·대화방 등에 글이나 동영상 등을 게시하거나 전자우편(컴퓨터 이용자끼리 네트워크를 통하여 문자·음성·화상 또는 동영상 등의 정보를 주고받는 통신시스템을 말한다)을 전송하는 방법으로 선거운동을 하는 경우'[29)]에는 예외를 인정하고 있다. 이러한 내용의 공직선거법 개정은 2011. 12. 29. 선고된 공직선거법 제93조 제1항

---

27) 정만희, "선거제도에 관한 헌법재판소 판례의 평가", 공법학연구 제7권 제1호, 한국비교공법학회, 2006. 2, 182-183면.

28) 이 경우 컴퓨터 및 컴퓨터 이용기술을 활용한 자동 동보통신의 방법으로 전송할 수 있는 자는 후보자와 예비후보자에 한하되, 그 횟수는 5회(후보자의 경우 예비후보자로서 전송한 횟수를 포함한다)를 넘을 수 없으며, 매회 전송하는 때마다 중앙선거관리위원회규칙에 따라 신고한 1개의 전화번호만을 사용하여야 한다.

29) 이 경우 전자우편 전송대행업체에 위탁하여 전자우편을 전송할 수 있는 사람은 후보자와 예비후보자에 한한다.

등의 한정위헌결정의 판결취지에 따른 것이다.

그러나 공직선거법 개정 내용을 보면 헌재의 공직선거법 한정위헌결정에 따라 선거운동기간의 제한 등에 있어 많은 부분 개정이 이루어졌으나 여전히 실효성 면에서 의문시되는 내용이 포함되어 있어 문제점으로 지적된다. 동 법의 개정으로 온라인상에서 선거운동 기간제한이 완화되었지만, 선거 당일의 경우는 이러한 선거운동이 제한되도록 규정되었다. 공직선거법상에서 선거당일 선거운동의 규제는 주로 오프라인에서의 과열 및 선거 방해를 방지하고자 하는 목적에서였다. 따라서 온라인에서도 이러한 규정이 적용될 수 있는지 여부가 문제시 된다. 온라인에서 정치적 의사표현은 상시적·일상적으로 이루어지는 속성을 가지고 있는 것이어서, 선거 당일의 온라인 선거운동 제한이 규제의 실효성을 가질 수 있는지에 대해 의문이 제기된다.

### (2) 개선방안

공직선거법에서 선거운동기간을 제한하는 것은 단기간에 모든 인적·물적 자원을 총 동원하는 선거운동으로 후보자간의 부정·과열 경쟁을 유발할 수 있기 때문이다. 한편으로 선거운동 기간의 지나친 제한은 원외의 기득권을 가지지 않은 정치신인들이나 중앙정당의 지원을 받지 못하는 무소속후보자에게 불리한 결과로 이어진다. 이는 정치참여 기회의 균등한 보장이라는 차원에서 바람직하지 않다.[30] 특히, 대통령 선거 등과 관련해서 공영방송사 주관의 대통령 예비후보자 또는 대통령 출마를 준비하는 자[31] 초청 정책연설이나 토론회 개최 등은 선거일 120일 전부

30) 정만희, 앞의 논문(선거제도에 관한 헌법재판소 판례의 평가), 180면.
31) 여기서는 출마선언을 했으나 예비후보등록을 하지 않은 자를 의미한다.

터 실시하고 있다. 이처럼 선거일 120일 전에 행해지는 일련의 행위 등이 사전선거운동의 성격을 부인할 수 없다. 즉, 선거를 앞두고 행하여지는 일반 정당 활동과 선거운동을 구별한다는 것은 무의미하거나 불가능할 수밖에 없다. 일부 후보들은 무소속 출마의 불리함을 극복하기 위해 공직선거법상의 정당설립 규정에 최소한만 부합하는 한시적 성격의 정당을 만들기도 한다. 이러한 움직임은 결과적으로 정당의 이합집산으로 이어지고 국민의 정치적 불신을 가중시키는 결과를 가져오고 있다.[32)]

이러한 문제점을 개선하기 위해 최근 공직선거법 제59조의 단서 등의 규정에 대한 개정 보완은 바람직하다. 기존정치인에 비해 대중적 지지도가 낮은 정치지망생들이 보다 손쉽고 적은 비용으로 자신을 알릴 수 있는 방법인 정보통신망을 이용한 선거운동은 기간의 제한을 두지 않기로 한 것은 바람직하나 선거당일 이러한 운동을 하지 못하게 함은 온라인에서 정치적 의사표현의 상시적·일상적 속성에 비추어 볼 때 규제의 실효성에 의문이 제기되므로 허용함이 바람직하다고 본다.

## 2. 선거방송토론위원회 주관 대담 · 토론회 초청 후보자 선정

### (1) 문제점

공직선거법 제82조의2는 제4항 대상자 선정에 있어서 기회불균등이 문제점으로 지적된다. 동법은 선거방송토론위원회 주관 대담·토론회의 대상자로 대통령선거, 비례대표국회의원선거, 비례대표 시·도의원선거의 경우에는 국회에 5인 이상 소속의원을 가진 정당이 추천한 후보자, 직전 대통령선거, 비례대표국회의원선거, 비례대표 시·도의원선거, 또는 비례

---

32) 정만희, “선거비용 제한과 선거공영제”, 공법연구, 한국공법학회, 2000, 128면.

대표 자치구·시·군의원 선거에서 전국유효투표총수의 100분의 3이상을 득표한 정당이 추천한 후보자, 언론기관이 선거개시일 30일부터 선거개시일 전일까지 실시한 여론조사 결과를 평균한 지지율이 5% 이상을 득표한 후보자만 선정되며, 지역구국회의원선거 및 지방자치단체의 장 선거의 경우는 위의 모든 경우를 포함하여 직전 선거에서 당해선거구에 입후보하여 유효투표총수의 10% 이상 득표한 후보자에게만 기회를 부여하고 있다. 더구나 여론조사의 한계로 지적되고 있는 인지도가 지지도로 연결되어지는 등의 문제점이 있음을 감안할 때 지나친 기준은 거대정당의 후보자나 유력후보자에 비하여 정치신인과 무소속후보자는 선거운동의 공정성과 기회균등이라는 측면에서 문제가 있다.

### (2) 개선방안

공직선거법 제82조의2의 후보자간의 공정성과 기회균등의 측면에서 선거방송토론위원회 주관 대담·토론회의 초청대상자에 대한 규정을 완화하고 확대할 필요가 있다고 하겠다.

왜냐하면 거대정당의 후보자라 할지라도 국민의 지지도가 5%미만인 후보가 있는가 하면 이와 관련 동조 제4항 후단에서는 '각급 선거방송토론위원회로부터 초청을 받은 후보자는 정당한 사유가 없는 한 그 대담토론회에 참석하여야 한다'고 규정해 놓았지만 여론 외에는 강제할 수 있는 현실적인 수단이 없다. 그리고 유력정당의 당선가능성이 높은 후보자는 대개 방송사의 초청토론회에 불참하려고 하는 경향을 보이는 반면, 군소정당이나 지지율이 낮은 무소속 후보들에게는 동등한 기회가 주어지지 않고 있다. 이는 정책선거를 요구하는 국민의 알권리 충족이라는 측면과 관련하여 많은 문제를 안고 있기 때문이다.

그리고 선거방송토론위원회의 독립성과 중립성을 보장하는 방법으로 제도개선이 되어야 할 것이다. 선거방송토론위원회의 초청후보자 선정에 있어서도 객관성이 담보되어야 할 것이다. 토론위원회의 인적구성과 선발 과정의 정치적 중립성 여부는 미디어정치시대를 활성화 시킬 수도 퇴행시킬 수도 있다는 점에서 토론위원회의 인적구성은 최소한의 전문성과 대표성, 정치적 중립성과 도덕성을 갖춘 인사라야 할 것이다.

## 3. 정보통신망을 이용한 선거운동의 규제

### (1) 문제점

2011. 12. 29. 헌법재판소의 공직선거법 제93조 제1항에 대한 한정위헌[33] 판결 이후 헌법재판소의 결정 취지에 따라 2012. 2. 29. 공직선거법 제59조 개정으로 '온라인 선거운동기간 확대'가 이루어지기 전 공직선거법 제82조의4 제1항과 제82조의5 규제의 실효성에 대해 의문이 제기된다.

동법 제82조의 4의 제1항에서 "선거운동을 할 수 있는 자는 선거운동기간 중에 정보통신망을 이용하여 인터넷홈페이지 또는 그 게시판·대화방 등에 선거운동을 위한 내용의 정보를 게시하거나 전자우편을 전송하는 방법으로 선거운동을 할 수 있다."고 규정하고 있고, 제82조의5 제1항에서는 "누구든지 정보수신자의 명시적인 수신거부 의사에 반하여 선거운동목적의 정보를 전송하여서는 아니 된다." 규정하였다.

이러한 규정들은 인터넷 등 정보통신망을 이용한 선거운동에서 발생할 수 있는 부정적인 요소 예컨대 익명성이 보장되는 특징상 후보자간의 흑색선전의 가속화가 우려되고 나아가 사이버테러와 같은 불법적인

---

33) 헌재 2011. 11. 29. 2007헌마1001.

선거운동이 출현할 가능성을 배제할 수 없다는데서 등장했으나 인터넷 선거운동 등 정보통신망 선거운동의 특성과 첨단기술의 발달에 따른 기술적인 문제를 간과한 조항으로 법적 실익이 없다는 지적을 받아왔다. 최근 선거법 개정으로 선거일이 아닌 때에 문자메시지 전송, 홈페이지 또는 그 게시판, 대화방 등에 글이나 동영상 등을 게시하는 방법으로 선거운동을 하는 경우 선거운동의 기간을 제한받지 않는 것으로 완화되었지만 온라인에서의 정치적 의사표현은 상시적·일상적으로 이루어지는 속성을 가지고 있어 선거 당일의 온라인 선거운동의 제한이 규제의 실효성을 가질 수 있는지에 대해 의문이 제기된다.

### (2) 개선방안

공직선거법 제82조의4 '정보통신망을 이용한 선거운동' 동법 제59조와 제82조의4의 개정으로 선거운동기간의 제한이 많은 부분에서 완화 되었다. 과거 규제의 실효성이 없으므로 선거운동기간의 제한을 없애는 방향으로 개선해야 한다는 많은 지적에서 볼 때 바람직한 개정이라고 판단된다. 그러나 제59조와 제82조의 4를 개정함으로써 선거일 당일에는 온라인 선거운동을 하지 못하게 규제하고 있어 실효성이 있는지 의문이므로 이 부분도 개정되는 것이 바람직하다. 즉, 2012. 2. 29. 개정의 방향과 같이 앞으로의 공직선거법도 인터넷을 비롯한 정보통신망의 부정적인 요소만을 규제하는 방향으로 개정해야 할 것이다.

그리고, 제82조5 제2항에서 "선거운동정보를 전자우편으로 전송하거나 전화를 이용하여 전송하는 자는 다음 각 호의 사항을 선거운동정보에 명시하여야 한다."고 하여 선거운동에 해당하는 사실, 예비후보자·후보자가 문자메시지를 전송하는 경우 그의 전화번호, 수신거부의 의사를 쉽게 표시할 수 있는 조치 및 방법에 관한 사항은 명시사항으로 규정하였고, 제4항은 선거정보를 전송하는 자는 수신자의 수신거부를 회피하거나 방해할 목적으로 기술적 조치를 하여서는 아니 된다. 그리고 제6항에서는 누구든지 숫자·부호 또는 문자를 조합하여 전화번호·전자우편주소 등 수신자의 연락처를 자동으로 생성하는 프로그램 그 밖의 기술적 장치를 이용하여 선거운동정보를 전송하여서는 아니 된다고 규정하고 있으나 이 규정들의 실효성에 대해서는 의문이다.

이 조항은 선거운동기간을 제한하고 있지 않으나 어느 한 조항이라도 지켜지지 않더라도 수신자가 위법사실에 동의하지 않는다면 이 규정에 대한 위법 사실을 확인할 수 있는 방법이 없으며, 지금과 같이 최첨단 IT시대에 기술적 장치를 이용하여 의도적으로 선거운동을 하려할 경우 이러한 사실을 밝혀내는데도 많은 기술적·현실적 어려움이 따를 수 밖에 없어 이 규정 또한 선언적 의미 외에는 구속력이 없는 규정이라고 보므로 현실적인 방향으로 규정의 개정이 필요하다.

## Ⅲ. 투표율하락과 선거비용

### 1. 문제점

#### (1) 자유선거의 원칙

자유선거란 강제선거의 반대개념으로 선거인이 강제나 외부의 어떠한 간섭도 받지 않고 자기의 선거권을 자유롭게 행사할 수 있는 것을 말한다. 자유선거에서 중요한 것은 선거인이 그 선거권을 자유롭게 행사하는 것이기 때문에 선거권행사 그 자체를 제한하는 것이 아닌 한 외부의 영향이 완전히 배제되는 것은 아니다. 또 자유선거의 원칙은 '선거의 내용' 뿐 아니라 '선거의 가부'까지도 선거인의 자유로운 결정에 맡겨질 것을 요구한다.[34] 현행 헌법은 명문의 규정으로 자유선거의 원칙을 규정하고 있지는 않지만 그 속에는 당연히 자유선거의 원칙이 포함되는 것으로 보고 있다.[35]

### (2) 투표율의 지속적 감소

모든 나라에서 나타나고 있는 투표율 하락에서 우리나라도 예외가 아니다. 1987년 '6월 항쟁'을 통한 제도적 차원의 민주주의의 회복과 그에 따른 국민들의 정치에 대한 관심은 당해 12월 16일에 치러진 제13대 대통령 선거에서 89.7%라는 높은 투표율로 나타났다. 하지만 그 이후의 대통령선거에서 투표율은 꾸준히 하락하고 있으며, 2007년 12월 19일에 치러진 제17대 대통령 선거에서는 63.0%를 기록하면서 1987년 이후 15년 만에 26%가 하락하였다. 대통령 선거의 경우 현행 정부형태의 특징으로 국민적 관심이 높게 나타나 다른 공직선거보다는 상대적으로 높은 수치를 보여주고 있다.

국회의원총선거 역시 투표율 75.7%를 기록한 제13대 총선 이후 계속적으로 감소추세를 보이고 있다. 제14대와 제15대의 경우는 각각 71.8%와 63.9%를 기록한 후 2008년 제18대 총선에서는 46.1%를 기록 50% 이하로 추락하였으며, 2012년 19대 총선에서 54.3%를 기록하였다. 이러한 낮은 투표율 및 감소현상은 특히, 재·보궐 선거에서 심각하게 나타나고

34) 박해영, "전자투표를 통한 국민주권 실현방안 연구" 박사학위논문, 창원대 대학원, 2008, 72면.

35) 헌재 2001. 8. 30. 99헌바92.

있어 대표성과 민주적 정당성에 큰 위협이 되고 있다.

### (3) 빈번한 선거로 인한 비용 증가

우리나라의 전국단위 공직선거는 대통령선거가 5년 국회의원총선거와 전국동시지방선거가 2년 간격으로 4년에 1번씩 치러진다. 따라서 최소 2년에 1번 전국단위 선거가 있으며, 대통령선거와 맞물릴 경우 3년 동안 매년 혹은 1년에 두 번의 전국단위 선거를 치르게 된다. 이 3가지의 전국단위 선거가 대통령선거의 경우 12월, 국회의원총선거는 4월, 전국동시지방선거는 6월로 각각 독립적으로 진행되어 해마다 새로이 유권자명부를 작성하고 투표소설치와 개표 등에 막대한 비용이 소요되고 있다. 2년 차이로 치러지는 국회의원총선거와 전국동시지방선거의 경우 국회의원이 광역자치단체장에 출마를 하거나 지방자치단체장이나 광역의원이 국회의원 선거 출마를 위해서 중도 사퇴하는 경우가 많아 보궐선거가 자주 실시되고 있으며, 각종 선거법 등의 위반으로 발생되는 재선거 등으로 거의 매년 선거가 치러지고 있다.

이러한 복잡한 형태의 전국단위 선거의 분리 현상은 각각의 선거가 가지는 정치적인 중요성에도 불구하고 국가행정 운영측면에서 비효율적인 상태를 보임과 함께 정치적 불안정성을 야기한다는 약점을 지니고 있다. 현재 국회에서 이러한 문제점을 보완하기 위해서 대통령 4년 중임제 등을 중심내용으로 한 제도의 변경을 검토하고 있으나, 단순히 선거법만을 개정하여 보완 할 수 있는 것이 아닌 헌법을 바꾸어야 하는 어려움이 있는 만큼 정치권의 이해관계 절충뿐만 아니라 국민적 공감대의 형성도 필요로 한다.

2011년 10월 26일 실시된 서울시장 보궐선거는 무상급식 시행에 대한 주민투표의 결과로 시장이 사퇴하면서 실시되었는데 이와 같이 외부적 요인이 아니라 내부적인 이유로 시장직을 사퇴하거나 주민투표 등을 붙이는 경우도 있을 수 있다. 우리가 여기서 주의해야 할 것은 앞으로 이러한 현황이 더욱더 빈발할 것으로 예상된다는 점과 보궐선거에 공식적 선거비용이 200억원 이상 집행된 것을  볼 때 이에 관한 대책이 필요하다.

## 2. 개선방안

### (1) 의무투표제의 도입

#### 1) 의의

의무투표제는 선거권의 행사를 선거인의 자유의사에 맡기는 자유투표(임의투표)에 반대되는 개념이다. 이 제도는 에스파냐, 아르헨티나, 루마니아 등에서 채택된 바 있으며, 벨기에, 오스트레일리아, 브라질 등 여러 나라에서 시행되고 있다. 기권자에 대한 제재 방법은 국가에 따라 차이가 있으나 견책, 명단공개, 벌금형, 공민권 정지 등이 주류를 이룬다. 또한 강제투표제를 시행하는 국가에서 투표는 국가기관을 선정하는 공무로 보고 있으며, 자기 이익 때문에 투표권을 행사하는 것이 아니라는 선거권의 공무적 성질을 중시한다.

#### 2) 찬반논의

가. 찬성

(가) 투표율의 제고

의무투표제는 투표율을 제고시키는 가장 효과적인 수단으로 알려져 있다. 투표율 제고는 사회경제적 불평등 해소에 기여할 수 있다. 투표율의 문제는 얼마나 많이 참여하느냐가 아니라 '누가 참여 하는가'의 문제이다. 많은 연구결과에서 투표율이 하락하는 국면에서 사회경제적으로 열등한 위치에 있는 계층의 투표율 하락폭이 더 크다. 다시 말해 의무투표제는 선거과정의 주인성(ownership)을 재 정의할 수 있는 제도인 것이다. 의무투표제는 국민의 민주주의에 대한 만족도와 높은 연관성을 가진다. 이러한 민주적 정당성의 제고는 민주주의의 규칙에 대한 자발적 순응을 제고하고 정책집행을 원활히 하며 국가통합의 촉진제 역할을 할 것이다.

(나) 선거비용 감소와 정책선거의 촉진

자유투표제에서는 정당이나 후보자들이 지지자의 투표참가를 독려하는데 많은 자원을 사용한다. 반면 의무투표제는 투표동원에 사용되는 시간과 자금 등의 자원이 불필요하기 때문에 선거비용을 감소시킬 수 있고, 정당과 후보자는 정책의 개발에 좀 더 자원을 집중시킬 수 있어 정책선거를 촉진할 수 있다. 그리고 자신의 지지자들의 투표는 이미 확보되어 있기 때문에 정당 등은 정치에 관심이 없거나 정치체제에 가장 불만이 많은 집단을 지지그룹으로 끌어 들일 수 있다. 이러한 행동은 대중의 정치적 효능감과 정치시스템에 대한 신뢰를 제고할 수 있다.

또한 비방선전(attack ads)의 동기를 약화시켜 이로 인한 정치냉소주의와 정치에 대한 불신을 줄일 수 있다. 흑색비방선전은 비방선전을 하는 사람(attacker)에게 투표하지 않을 것 같은 사람들의 투표율을 선택적으로 저하시킴으로써 효과가 확인된다. 그런데 대부분의 사람들이 투표한다면 그 효과의 대부분을 잃게 되어 비방선전의 유인이 줄어들 것이다.

(다) 집합행동문제의 해결

산술적 계산에 의하면 한명의 유권자가 선거의 결과를 바꿀 가능성은 아주 적기 때문에, 한 개인이 투표하는 것은 결코 비용이 효과적이지 않다. 투표로 인해 개인이 받는 도구적 효용은 투표비용보다 클 수 없어 기권을 하는 것이 개인의 이익을 극대화하는 행동이다. 그러나 모든 사람이 이러한 행동을 한다면 민주주의체제는 정당성을 잃을 것이고 결국 이 체제는 사라지고 말 것이다. 이것은 투표가 집합행동(collective action)이며 선거의 편익은 공공재(public goods)이고 기권자는 무임승차자(freerider)라는 것을 의미한다. 이러한 무임승차와 죄수의 딜레마(prisoners' dilemma)는 비합리성을 초래한다. 이런 상황에서 자유투표제하의 개인은 단기적 합리성을 추구하다 장기적 불합리성으로 귀결될 것이다.

그러나 의무투표제는 이러한 딜레마 요소를 투표에서 배제할 수 있다. 즉 의무투표제는 서로 소통할 수 없는 대중사회에서 부족한 정보(개인투표의 진정한 가치와 다른 투표자의 의도)의 문제, 정보 불확실성, 투표의 거래 및 기회비용을 해결하여 그들의 편익을 상호 조정하여 공동의 이익을 극대화한다. 결론적으로 의무투표제는 '체제'로서 기능하여 개인이익을 집단이익(bloc interest)으로 조직화시켜 정보탐색 기회비용을 감소시키고 무임승차를 방지하여 집합적 행동의 문제를 극복하는 것이다. 이렇게 체제의 편익을 향상시키거나 만들기 위해 상호조정의 문제를 해결하기 때문에 의무투표제는 합리적이고 어느 정도 국가의 강제를 받아들이게 하는 정당성을 가지게 된다.

나. 반대

(가) 투표하지 않을 권리의 제한

의무투표제에 대한 가장 심각한 반대는 '개인의 자유'를 침해한다는 것이다. 의무투표제가 참가, 평등 그리고 대표성을 높이는 것이 자유의 침해를 정당화시키지 못한다고 한다. 따라서 정부는 시민이 원하지 않는 어떤 것을 강제해서는 안 된다는 것이다. 그러나 이러한 주장은 선택의 자유가, 의무투표제가 기여하는 기회의 균등·정당성·대표성·정치적 평등·엘리트 파워의 최소화와 같은 자유민주주의의 다른 가치 전부보다 더 우월해야 한다는 전제하에서만 타당한 견해이다. 그리고 의무투표는 투표하지 않음으로써 정부로부터 민주적 정당성을 철회할 힘을 빼앗는다.

(나) 정치참여의 수준 하락

의무투표제를 실시하지 않았으면 기권했을 정치에 무관심 하거나 정치에 대한 정보가 적은 유권자가 신중히 고려하여 투표할 것으로는 보이지 않는다는 주장이 있다. 높은 무효표 비율이나 단순하게 투표용지의 가장 위에 있는 후보자를 고르는 무작위투표(donkey vote)는 관심이 없거나 정치적 소양이 적은 시민을 동원한 결과라 볼 수 있다고 한다.

이러한 논의는 "최선의 참여수준은 무엇인가?"라는 문제와 연관되어 있다. 1960, 70년대에 정치학자 사이에서 벌어진 주요한 논쟁 중의 하나는 "더 많은 참여가 항상 좋은 것인가 아니면 100%가 아닌 최적의 참여수준이 있는가?"라는 것이었다. 알몬드와 버바는 '시민문화'(The Civic Culture)에서 가장 이상적인 시민은 일정한 수준까지만 참여하고 그 후로는 뒤로 물러나 정부가 알아서 일을 처리해 줄 것으로 믿어주는 것이라고 주장했다. 립셋(Lipset) 또한 지나친 참여에 대한 불신을 확대시켰는데, '정치적 인간'(Political Man)에서 1932년과 1933년 독일선거에서의 높은 투표율이 히틀러의 승리와 독재자의 출현에 크게 기여했다고 주장하고 있다.

### 3) 소결

강제투표는 기권을 방지하는 효과를 거둘 수 있으나, 투표할 의사가 없는 사람에게 제재라는 강제적 수단을 통해 투표를 강요함으로 위헌의 소지가 있다. 그러므로 이를 도입함에는 많은 논의와 신중함이 필요하다. 독일의 경우 선거의무를 헌법차원이 아닌 법률로 규정하는 것은 자유선거의 원칙에 위배라는 연방헌법재판소 판례가 있다.[36] 우리 헌법재판소도 선거운동의 자유는 헌법상 국민주권의 원칙과 참정권조항 등에 의하여 보장되는 기본권의 성격을 가진다고 보고 있으며, 헌법 제1조와 제24조를 근거로 "자유선거는 모든 선거인이 어떠한 강제도 받지 아니하고 외부의 어떠한 영향도 없이 자유롭게 자기의 선거권을 행사할 수 있는 것을 말한다"고 판시하고 있다.[37] 따라서 선거제도를 실시하고 있는 대부분의 나라에서는 기권의 자유를 인정하는 자유투표제를 채택하고 있다.

## (2) 전자투표제의 도입

### 1) 의의

일반적으로 전자투표(electronic voting)는 전자적 수단에 의한 투표행위나 투표결과 집계, 즉 전자적 수단을 통한 투표방식을 말한다.[38] 우리나라의 경우 공직선거법에서 전자투표의 개념을 직접규정하고 있지 않고 있으나, 공직선거관리규칙 제136조의2 제1항에서 "이 규칙에서 '전자

---

36) 김철수, 앞의 책(헌법학개론), 246면.
37) 헌재 1999. 9. 16. 99 헌바 5; 헌재 2001. 8. 30. 99 헌바 92.
38) 김재광, "전자투표의 도입에 따른 관련법제 정비방안", 한국법제연구원, 2002, 13면; 박영철, "각국의 전자투표법제에 관한 연구", 한국법제연구원, 2002, 5-8면.

투표 및 개표'라 함은 전산조작에 의하여 투표(거소투표를 제외함)·개표를 실시하는 것을 말한다"라고 전자투표의 개념을 간략하게 정의하고 있다. 제2항에서 "전자투표 및 개표에 관하여 이 장에 규정된 경우를 제외하고는 이 법의 투표와 개표에 관한 규정을 준용 한다"라고 규정하여, 동조를 전자투표의 근거규정으로 하고 있다.

따라서 공직선거관리규칙을 근거로 전자투표를 정의하면 선거과정의 전체나 중요부분인 투표 및 개표가 전자적 수단을 통해 이루어지는 선거방식을 말한다. 그리고 전자투표의 용어가 온라인 투표(online voting), 인터넷투표(internet voting), 아이 보팅(i-voting), 사이버 투표(cyber voting) 등으로 혼용되어 사용되고 있지만, 현재 가장 보편적으로 전자투표(electronic voting)의 용어로 사용되어진다.[39]

### 2) 찬반논의

#### 가. 찬성

(가) 투표율 제고

전자투표의 도입을 주장하는 학자들의 가장 큰 논거는 현재의 투표시스템으로 인한 투표율의 하락을 전자투표의 도입으로 제고할 수 있다는 것이다.[40] 1987년 대통령 선거이후 공직선거에서의 투표율이 계속적으로 하락하고 있는 사실은 앞에서 살펴보았다. 투표율이 하락하고 있는 데는 여러 가지 이유가 있을 것이다. 유권자, 특히, 젊은층의 정치에 대한 무관심, 정치에 대한 실망과 불신, 그리고 현재의 투표시스템에 대한 불만족과 번거로움도 이유의 하나로 볼 수 있다.[41]

---

39) 박해영, 앞의 논문, 90면.

40) 김용철, "전자민주주의: 인터넷투표의 활용 가능성과 문제점", 민주주의와 인권 제2권 제2호, 전남대학교 5. 18연구소, 2003, 92-100면.

41) 김용철·윤성이, 전자민주주의: 새로운 정치패러다임의 모색, 오름, 2005, 172-173면.

전자투표방식 중 1차적 단계로 일컬어지는 PSEV방식의 경우 유권자는 투표소가 있는 어디에서도 투표가 가능하므로 현재의 투표방식에 비해 투표자의 번거로움이 많이 해소된다. 물론 전자적 투표방식에 상대적으로 덜 친숙한 노년층 유권자의 새로운 투표방식에 대한 생소함과 거부감으로 부작용이 있을 수도 있으나 사전 교육과 홍보를 통해 극복 가능하며, 오히려 선거에 새로운 투표방식의 도입이 유권자들의 호기심을 자극하여 투표율 제고의 효과가 기대보다 클 수도 있다.

(나) 선거권행사의 물리적 한계의 극복

시간과 장소의 한계를 극복하여 부재자투표에 적극 이용될 수 있으며, 특히, 해외주거 국민들에게 선거권을 확대할 수 있는 중요한 계기[42]가 될 수 있다. 현재의 투표시스템에 의할 경우 유권자는 주민등록지에 설치된 투표소에서 투표를 해야 하며, 그렇지 않을 경우 미리 부재자 신고를 한 다음에 부재자 투표를 해야 하는 번거로움이 있다.

그러나 전자투표에 있어서는 PSEV방식의 경우 유권자가 전자투표기가 설치된 투표소까지 가야하는 번거로움이 있으나 통합선거인명부 확

---

42) 헌법재판소는 공직선거및선거부정방지법(현행 공직선거법) 제15조 제2항 등 위헌확인 등에서, 첫째, 동법 제37조 제1항의 주민등록을 요건으로 재외국민의 국정선거권을 제한하는 것이 재외국민의 선거권·평등권을 침해하고 보통선거 원칙을 위반한다고 하였으며, 둘째, 동법 제38조 제1항의 국내거주자에게만 부재자신고를 허용하는 것이 국외거주자의 선거권·평등권을 침해하고 보통선거 원칙을 위반한다고 하였으며, 셋째, 동법 제15조 제2항 제1호, 제37조 제1항의 주민등록을 요건으로 국내거주 재외국민의 지방선거 선거권을 제한하는 것이 국내거주 재외국민의 평등권과 지방의회의원선거권을 침해한다고 하였으며, 넷째, 동법 제16조 제3항의 주민등록을 요건으로 국내거주 재외국민의 지방선거 피선거권을 제한하는 것이 국내거주 재외국민의 공무담임권을 침해한다고 하였으며, 다섯째, 주민등록을 요건으로 재외국민의 국민투표권을 제한하는 국민투표법 제14조 제1항이 청구인들의 국민투표권을 침해하는 것으로 보아 헌법 불합치 결정을 하였다(헌재 2007. 6. 28. 2004 헌마 644 등).

인시스템에 의해 투표자의 투표여부와 신분확인이 가능해 전국에 설치된 어디의 투표소를 가더라도 투표가 가능하여 주소지의 투표소나 부재자 투표를 하지 않아도 되며, REV방식의 경우에는 인터넷 접속이나 휴대폰이 가능한 지역이라면 전국 어디에서든 투표가 가능하므로 투표자는 투표소를 방문할 필요가 없어 시간의 제약과 장소의 제한을 받지 않게 된다.

(다) 장애인 등의 참정권 보장에 기여

전자투표는 지체장애인이나 시각장애인 등의 투표에 편리함을 제공할 수 있다. 현재의 투표시스템에서 장애인의 투표권 행사에는 많은 어려움이 있으며, 특히, 시각장애인의 경우 누군가의 도움 없이 스스로 투표권을 행사하는 것은 거의 불가능한 것이 사실이다. 전자투표를 도입하고 있는 나라의 전자투표기의 대부분은 시각장애인들을 위한 음성지원기능이 있다. REV방식이 도입될 경우 직접 투표소를 방문할 필요가 없으므로 특히, 장애인들의 참정권 보장에 많은 기여를 할 것으로 예상되며, 주권자의 한사람으로서 실질적으로 이 나라의 주인으로서 역할을 가능하게 한다.

(라) 선거관리비용의 절감

전자투표는 장기적으로 투표과정에 소요되는 비용을 줄일 수 있다. 기존 투표방식의 경우, 투표에 필요한 장비의 구입비용, 장비의 관리 및 보관비용, 부재자 투표비용, 개표비용 등을 필수적으로 수반한다. 전자투표의 경우에도 초기 전자투표 장비 도입시 많은 비용이 소요될 수 있으나, 투표용지가 필요 없고 부재자 투표를 별도로 실시할 필요가 없다. 기존의 방식에서처럼 개표에 많은 인원이 동원될 필요가 없으므로 비용절감의 효과가 크다.[43] 전자투표 장비의 경우에도 초기에는 도입비용이 많이 소요되나 한번 마련해놓은 장비는 특별한 추가 비용부담 없이 계속 사용할 수가 있으므로 현대와 같이 민주주의와 투표가 상시화 되는 추세에서는 효율성이 크다.

(마) 개표의 신속성과 정확성

전자개표 시스템에 의할 경우 선거결과를 신속하고 효율적으로 집계할 수 있으며, 혹시 있을지 모르는 인간적 오류(chance of human error)를 방지 할 수 있다. 현재의 개표방식은 투표시간 종료 후 투표함을 개표소로 이동하여 개표진행요원의 개표작업으로 진행되는데, 이는 개표작업 완료시까지 많은 시간이 소요되었다.

전자투표는 개표가 컴퓨터 연산 작용으로 이루어지므로 사람이 할 경우 있을지 모르는 인간적 오류의 발생 가능성도 방지 할 수 있을 뿐만 아니라 투표결과를 신속히 집계하여 가부여부, 당선인 등의 결과를 국민에게 보다 빠른 시간 내에 알려줄 수 있으므로 국민의 알권리 신장이라는 점에서 긍정적이다.[44]

나. 반대

(가) 선거인의 동일성 및 자유의사 확보의 문제

전자투표에 있어서 투표자 신원확인은 선거의 신뢰성과 유효성을 인정받기 위한 전제조건이 된다. 투표자가 선거인명부에 등록되어 있는 사람인지, 선거에 참여할 자격이 있는 사람인지 확인하기 위해 투표자의 이름을 체크하는 선거과정상의 단계가 투표자 신원확인의 단계이다. 전자투표에서 문제가 되는 것은 투표자의 확인을 전자신분증이나 공인인

43) 정재황, "우리나라에서의 전자투표와 관련한 현행법제 연구", 한국법제연구원, 2002, 25, 31면.

44) 정재황, 앞의 논문, 25면.

증서로서 대체하기 때문이다. 이로 인해 대리투표나 중복투표, 투표자의 자유의사 확보의 문제가 발생한다. 이와 관련한 문제를 투표소 전자투표와 원격 전자투표로 나누어 살펴보고자 한다.

가) PSEV방식(Poll Site Electronic Voting: 투표소 전자투표)

투표소 전자투표 방식에서는 선거관리공무원들의 노력만으로도 이러한 문제를 해결할 수 있다. 현재의 투표방식과 투표소 전자투표 방식에서의 투표자 신원확인에 특별한 차이가 없기 때문이다. 투표 소요시간 및 선거사무 담당인력의 감축을 위해 투표자의 신원확인에 전자적 방식을 채택할 수 있으나, 이는 전자투표의 법적인 문제라기보다는 신분증제도의 개선을 위한 국가정책의 문제로 볼 수 있다.[45]

나) REV방식(Remote Electronic Voting: 원격 전자투표)

원격 전자투표에서의 신원확인은 비대면 행위자를 식별하는 문제로서 기술적으로 뿐만 아니라 법적으로 중요하다.

① 아이디와 패스워드를 통한 신원확인방법

아이디와 패스워드를 통한 신원확인방식은 웹상의 선거시스템에 개별 유권자별로 계정을 부여하는 것이다. 계정은 이용자의 이름과 패스워드로 구성되며, 시스템에 접속할 때는 이들 정보를 정확히 입력해야 한다. 정보의 조합은 이용자가 시스템을 사용할 수 있는 권한이 있음을 검정하는 역할을 한다. 현재 이용되고 있는 대부분의 인터넷 포털사이트의 메일 계정이나 블로그 등이 이런 방식으로 이용되고 있다.

아이디와 패스워드를 통한 신원확인시스템은 이미 알고 있는 바와 같

45) 김재광, "전자투표와 관련한 법적 과제: 인터넷투표의 도입에 따른 문제점과 개선방안", 한국법제연구원, 2002, 128면.

이 이 방식이 갖고 있는 장점과 단점을 동시에 갖게 된다. 장점은 편리하고 기술적인 어려움 없이 바로 채택할 수 있다는 점이다. 그러나 이 방식은 본인이 아이디와 패스워드를 분실할 수 있으며, 해킹 등을 통해 다른 누군가가 자신의 아이디와 비밀번호를 알아낼 가능성이 높다. 그리고 제3자의 개입에 의한 투표내용의 강제와 매매가 이루어질 경우 투표시 이를 감독하고 방지할 수가 없다.[46] 미국의 경우에는 10개의 숫자와 영어를 조합(Personal internet voter Identification Numbers, 이하 PIN)하여 본인인지 여부를 확인하고 있으나 완전한 해결책이 못되고 있으며, 위와 같은 문제는 여전히 남아 있다.[47]

② 전자서명제도의 활용

사이버공간상의 여권이라 할 수 있는 전자인증서는 전자서명기술을 이용한 것이다. 이 기술은 컴퓨터에 관한 정보와 암호, 생체인식장치에 의하여 작용하게 되는데, 이용자에 관한 특정의 정보·이름·국적·나이·직업 등을 인증할 수 있다.

전자인증서는 이용자의 컴퓨터나 모바일 폰에 저장되고, 중앙서버는 이용자가 사이트에 들어갈 때 자동적으로 인증서를 확인하게 된다. 이용자는 공인받은 정식인증서를 보유하고 있어야 접속할 수 있다. 이용자가

46) 전자투표를 찬성하는 입장에서는 이러한 강제투표 및 매매 가능성에 대해서 투표기간 동안 유권자들에게 복수의 투표기회를 제공하고 그 투표행위 가운데 마지막 투표행위를 유효한 투표행위로 간주함으로써 표의 강제 및 매매를 방지할 수 있다고 한다. 그러나 투표기간 동안 유권자들에게 복수의 투표행위를 허용한다 하더라도, REV 방식에 있어서 표의 강제 및 매매의 가능성이 완벽하게 차단되는 것은 어려워 보인다. 선거 브로커가 유권자의 아이디와 패스워드, PIN 등을 확보한다면 표의 매수가 어렵지 않게 이루어 질 수 있기 때문이다. 김용철, 앞의 논문, 107면.

47) 임지봉, "전자투표에 관한 법제 정비에 관한 연구", 전자정부 구현을 위한 법제 동향과 과제, 한국법제연구원, 2000, 24-25면.

접속하면 서버는 이용자에 관해 인증된 사실들을 읽게 된다.

전자인증은 아이디와 패스워드방식에 비해 특별한 암호나 패스워드의 입력을 피할 수 있어 편리하며, 훨씬 많은 데이터를 인증기준으로 할 수 있기 때문에 좀 더 안전한 신원확인시스템이라 할 수 있다.

이 방식의 경우에도 본인의 공인인증서가 저장되어 있는 컴퓨터를 다른 사람이 몰래 사용하거나 분실한 모바일 폰을 이용하여 타인이 투표할 경우 본인인지 여부를 확인할 방법이 없으며, 아이디와 패스워드를 통한 신원확인방법과 같이 외부적인 힘이나 타인의 협박에 의해, 즉 자유의사에 의하지 않은 투표가 이루어질 경우 즉시 이를 확인하고 방지할 수 없다는 점은 여전히 문제점으로 남는다.[48]

(나) 전자투표에 대한 기술적 신뢰성

전자투표의 기술적 신뢰성과 관련해서 투표당일 전자투표시스템이 제대로 작용할 것인지의 여부가 문제된다. 그리고 시스템에는 문제가 없으나 전자투표의 방법상의 특성상 전자기기를 이용하여 투표결과를 조작할 수 있다는 단점이 있다. 인터넷 등의 네트워크를 이용하기 때문에 투표결과에 영향을 미치기 위한 대내외적인 공격으로 네트워크 장애가 생길 수 있다.

투표결과 조작은 내부에서 투표담당 직원이 특정한 목적을 가지고 고의로 투표결과를 조작하는 경우와 외부에서 네트워크를 이용하여 투표결과를 조작하는 경우로 나누어 볼 수 있다. 내부적 조작의 위험은 투표소와 개표소에 감시와 엄격한 통제로 시도될 확률과 성공할 가능성이 높지 않으며, 문제가 되는 것은 네트워크를 이용한 외부의 투표방해 행위이다.

---

48) The Local Government Association, The Implementation of Electoral Voting in the UK, London: The Chameleon Press Limited, 2002, pp. 60-69.

이러한 기술적 보안과 신뢰의 문제는 투표자와 관리자의 컴퓨터가 네트워크화 되어있지 않은 PSEV방식보다는 투표자와 관리자의 컴퓨터와의 실시간 교류를 필요로 하는 REV방식에서 더 문제될 수 있다.[49]

(다) 유권자의 '디지털 디바이드'

유권자간의 디지털 기기에 대한 접근성이나 조작능력의 차이로 인해 계층간 평등의 문제가 제기될 수 있다. 이는 인터넷이 보급되지 않은 지역이나 컴퓨터 등을 사용하지 못하는 유권자에 대한 문제라고 할 수 있는데, 투표소 전자투표의 경우에서 보다는 원격 전자투표에서 제기 될 수 있다. '디지털 디바이드(Digital Divide: 정보격차)'를 우려하는 학자들의 대부분은 전자투표에 비판적이다. 이들은 정보통신기술의 성장과 사회적 확산이 저렴한 비용으로 막대한 양의 정보를 획득하는 것을 가능하게 하지만, 정보의 분배라는 측면에서 사회적 불평등을 심화시킬 수 있음을 지적한다. 특히, 원격 전자투표는 유권자들에게 컴퓨터의 소유와 컴퓨터에 대한 지식을 요구하기 때문에, 시민들의 투표참여 형태에 있어서 '디지털 디바이드'가 발생할 가능성이 크다고 주장한다. 예컨대, 컴퓨터에 익숙한 젊은층이나 교육수준이 높은 계층은 손쉽게 전자투표 웹사이트 등에 접속하여 투표권 행사를 할 수 있으나, 컴퓨터에 익숙하지 않은 집단의 전자투표는 어려움에 처하게 된다. 그 결과, 전자투표방식은 각 사회집단의 성격에 따라 유권자 개인의 투표참여기회가 개방되거나 폐쇄되는 심각한 정치적 불평등의 문제를 야기할 수 있다.[50]

---

49) PSEV 방식의 경우 투표자가 직접 투표소를 방문하여 투표를 함으로 투표자와 관리자의 네트워크 문제는 발생하지 않으나, 투표소의 투표결과를 실시간으로 중앙서버컴퓨터에 보낼 경우 네트워크 장애나 해킹의 위험이 발생할 수 있다. 이러한 우려로 인하여 PSEV 방식을 채택하는 대부분의 나라에서는 투표결과를 실시간으로 보내지 않고 투표종료 후 이동식 메모리(USB)에 저장하여 개표소로 이동시키는 방법을 채택하고 있다.

(라) 전자투표시스템 도입 비용

전자투표의 도입은 투표준비나 개표작업에 소요되는 비용을 줄일 수 있으며, 인적·물적 자원의 소비를 줄일 수 있다는 점에서도 의의가 있다. 하지만 초기에는 전자투표기의 개발과 안전한 통신망의 구축을 위한 많은 비용이 소요되는 단점이 있다. 일본에서는 이러한 문제점을 자치단체가 대여전문회사나, 제작회사로부터 대여하는 방식으로 해결하고 있으며, 단 1회의 선거로 본다면 기존의 오프라인에서의 인쇄비용과 선거관리 비용이 적을 수 있으나 장기적으로는 전자투표의 도입이 훨씬 경제적이라고 봐야 할 것이다.

### 3) 소결

전자투표는 유권자에게 투표의 편리함과 결과의 신속한 제공의 측면에서 투표율 향상에 긍정적인 역할이 예상된다. PSEV방식을 도입할 경우에는 유권자가 현재와 같이 지정투표소를 방문하여 투표해야 함으로 투표의 편리성 제공에는 한계가 있으며, REV방식을 도입하게 되면 현재와 같은 지정투표소의 개념이 사라지고 원격투표를 할 수 있기 때문에 유권자의 투표를 향한 접근성과 편리성이 현재와는 비교할 수 없을 정도로 높아지게 된다. 따라서 전자투표의 도입은 공직선거에서 심화되고 있는 투표율 하락의 제고와 민주적 정당성 확보에 많은 기여가 예상되므로 도입을 위한 긍정적 검토가 필요하다.[51]

50) 김용철, 앞의 논문, 109면.
51) 박해영, 앞의 논문, 76면.

## Ⅳ. 선거사범 처벌의 신속성과 공정성

### 1. 문제점

우리나라에서 선거관련 제도와 문화, 시민의식은 많은 발전을 해왔다. 그러나 아직까지 선거 때만 되면 금권·불법선거를 벗어나지 못하고 있는 것도 사실이다. 여기에는 다양한 이유도 있겠지만 정부와 헌법기관에 의한 철저한 법의 집행과 적용이 이루어지지 않는 것도 큰 원인인 것으로 분석되고 있다. 우선 공정한 선거를 관리하기 위한 선거관리위원회의 권한과 기능이 실질적이지 못하고, 불법선거운동을 단속해야 할 선관위의 역할이 기대에 미치지 못하고 있다. 선거관리위원회법 제42조의2에서는 "선거법위반 행위를 발견한 때에는 중지·경고 또는 시정명령을 하여야 하며, 그 위반행위가 선거의 공정을 현저하게 해치는 것으로 인정되거나 중지·경고 또는 시정명령을 불이행하는 때에는 관할 수사기관에 수사의뢰 또는 고발할 수 있다"라고 규정하고 있으나, 역대선거에 있어서 실제로 선관위가 수사기관에 수사의뢰 또는 고발해 온 건수는 그리 많지 않다. 또한 이러한 수사의뢰 또는 고발에 대한 검찰의 수사와 기소가 소극적인 경우가 적지 않다. 사법부의 선거사범에 대한 재판에 있어서도 지나치게 관대한 판결을 내리는 것이 아닌가 하는 의문이 제기되고 있다.[52)]

특히, 선거사범에 대한 재판에 있어서 최근까지의 선거범죄에 대한 법관의 양형의 실태를 보면 그 재판기간이 신속하지 못하다는 것과 선거범죄의 경우 죄질이 나쁘고 법정형이 중함에도 불구하고 다른 범죄에 비하여 경한 처벌을 받는 경향이 있다. 이것은 개인적 법익을 침해하는

52) 이영란, 한국양형론, 나남출판, 1996, 131면 이하.

범죄보다 국가적·사회적 법익을 침해하는 범죄의 사회적 영향력을 볼 때 문제가 있다, 민주사회에 있어서 공정한 경쟁을 해치는 범죄는 민주주의 자체를 위협하는 중대한 범죄로서 보다 중한 처벌이 뒤따라야 함이 당연하다.[53)]

공직선거법은 선거사범에 대한 재판에 있어서 재판기간이 너무 장기화됨에 따른 폐해를 시정하기 위하여 2000년 2월 개정된 동법 제270조는 재판기간을 강행규정으로 하여 '제1심은 공소가 제기된 날로부터 6월 이내에 제2심 및 제3심은 전심의 판결의 선고가 있은 날부터 각각 3월 이내에 반드시 하여야 한다'라고 하고 있으나, 이 법정기간 위반에 대한 제재가 없으므로 이 규정은 여전히 훈시규정의 성격을 벗어나지 못하고 있어 재판기간의 지연이 문제되고 있다.

## 2. 개선방안

공직선거법은 대통령선거와 국회의원선거에 있어서 선거인·정당 또는 후보자는 선거의 효력에 이의가 있거나 당선의 효력에 이의가 있는 경우에 선거소송과 당선소송을 제기할 수 있다고 규정하고 있다. 이 경우에 재판의 신속성을 기하기 위하여 대법원에 의한 단심제를 규정하고 있다(공직선거법 제222조 내지 제223조). 그리고 당선소송에 있어서는 공직선거법상 후보자의 등록무효(공직선거법 제52조) 또는 피선거권 상

---

53) 현행 공직선거법상 선거범죄에 대한 당선무효의 제재로서는 선거비용초과지출의 경우 선거사무장 또는 회계책임자가 징역형을 선고받은 때에 당선무효가 되며, 당선인 본인이 선거범죄로 100만원이상의 벌금형을 선고받은 경우와 선거사무장 또는 직계존·비속 및 배우자가 징역형을 선고받은 때에 당선무효가 되도록 규정하고 있으나(제263조-265조), 여기서 특히 당선인 본인의 선거범죄의 경우 벌금형 100만원 규정은 사실상 적정한 양형을 왜곡시킬 소지가 있으므로 문제가 있다.

실로 인한 당선무효(공직선거법 제194조) 및 당선인의 결정·공고·통지 등(공직선거법 제187조 내지 189조, 제194조)의 위법을 이유로 소를 제기할 수 있도록 범위를 한정하고 있다(공직선거법 제223조 제1항). 따라서 법정선거비용초과지출을 이유로 선거인 또는 후보자는 당선무효소송을 제기할 수 없으며, 일반 선거범죄와 마찬가지로 3심제의 소송절차에 따라 재판을 하게 된다. 이와 관련하여 영국이나 일본의 경우 선거비용초과지출에 대해서는 후보자에 의한 당선무효소송을 인정하여 단심제로 신속하게 처리하고 있다. 우리나라의 경우에도 선거비용초과지출에 대해서 단심제로 당선무효소송을 제기할 수 있도록 관련 규정을 개정하는 것이 바람직하다고 하겠다. 또한 영국의 경우는 선거재판에 있어서 입증책임은 피고(당선인)에 있으며, 피고가 입증하지 못하면 당선은 무효가 되도록 하고 있다. 이러한 제도는 우리에게 시사하는 바가 크다.

공직선거법상의 선거범죄에 대한 수사에서 공소시효는 원칙적으로 6개월로 되어 있어 선거이후 비교적 빠른 시일 내에 기소여부가 결정되나, 기소이후 각 심급 공판과정에서 검사와 피고인이 지루한 공방전을 거치면서 많은 기간이 소요되고 있다. 선거관련 형사사건의 특성상 대법원까지 3심을 거치게 될 경우 선출직 공직의 임기 절반이상을 경과할 가능성이 많다. 이와 같은 선거사범 처리에서 장기간의 시간이 소요되는 결과는 선거사범에 대한 제재의 실효성을 약화시키므로 법원은 공직선거법상의 재판기간을 엄수해야 할 것이다. 공직선거법은 재판기간에 관한 제270조를 강행규정으로 하고 있으므로 법원에서는 법정처리기간의 절대적 준수를 위한 소송절차의 개선방안을 마련하여 재판과정에서 적극 반영해야 할 것이다.

그리고 재판을 담당하는 법관의 선거범죄에 대한 인식의 전환이 요구된다. 선거관련 범죄가 민주주의에 중대한 위협이 된다는 사실과 부정선거의 결과가 국가와 사회전반에 끼치는 부정적 영향을 고려하여 당선에 영향을 미치는 어떠한 불법적 행위에 대해서도 당선을 무효화 할 수 있는 형을 선고할 수 있게 양형기준을 정립하여 선거사범에 대한 제재의 실효성을 높이는 것이 요구된다.

## 제3절 각 공직선거의 문제점과 개선방안

### Ⅰ. 대통령선거

#### 1. 상대다수선거제

##### (1) 문제점

우리의 대통령선거제도는 직선제를 규정함으로서 대통령의 강력한 민주적 정당성을 확보하였다고 볼 수 있으나, 그 직선제는 대통령후보자 중에서 다수득표를 한 자를 대통령으로 선출하는 상대다수대표선거제를 채택하고 있다는 점에서 문제가 있다고 하겠다.

우리나라 정당정치의 현실은 양당제가 형성되어 있지 않기 때문에 다당제 선거제도 하에서는 각 당의 후보자가 난립하게 되면 과반수의 득표를 얻지 못한 후보자가 대통령으로 당선되는 이른바 소수파대통령(minority president)이 출현하게 된다.[54]

---

54) 정만희, "현행헌법상 대통령선거제도의 문제점과 개선방안", 동아법학 제23호, 동아대학교 법학연구소, 1997. 12, 49면.

직선제에 의한 역대 대통령선거 결과 득표현황을 살펴보면, 현행 제도하에서 처음 실시된 1987년 12월의 제13대 대통령 선거에서는 유효투표의 37%, 전체유권자의 32%라는 소수의 득표만으로 대통령에 당선되었으며, 이후 1992년 제14대 대통령선거에서는 유효투표의 42%득표, 1997년 제15대 대통령선거에서는 유효투표의 40.3%득표, 2002년 제16대 대통령선거에서는 48.9%득표로 대통령에 당선되었으며, 최근의 2007년 제17대 대통령선거에서도 과반수에 못 미치는 유효투표의 48.7%지지로 대통령에 당선되어 민주적 정당성이 미흡한 것으로 지적되었다.

### (2) 개선방안

주요국가의 선거제도에서 살펴본 바와 같이 미국의 경우에는 연방헌법에서 대통령 선거시 선거인 총수의 과반수 득표를 당선요건으로 규정하고 있으며, 과반수 득표자가 없는 경우에는 최다수 득표자 5인을 대상으로 하원에서 선출하도록 규정하고 있다. 독일 기본법에서는 연방의회에서 과반수 득표자를 대통령으로 선출하도록 하고 있으며, 2회의 투표에도 과반수 득표자가 없는 경우에는 최다수 득표자를 당선자로 결정하도록 하고 있다.

대통령의 민주적 정당성과 정통성은 국민의 직접선거에 의한 선출과 함께 절대다수대표선거제에 의한 과반수득표자가 당선되어야만 비로소 완전하게 확보 된다고 할 수 있다. 따라서 대통령제를 권력구조의 중심으로 하고 대통령직선제를 채택하고 있는 국가들은 대부분 과반수득표자를 요구하고 1차 투표에서 과반수득표자가 없는 경우 최고득표자와 차점자에 대하여 결선투표를 실시하여 선출하고 있는 점을 고려하여 볼 때, 우리나라도 총 유효투표의 40%이상 득표를 대통령선거 당선기준으로 규정하여 상대다수대표선거제의 낮은 득표율에 의한 당선가능성을 보완하여 실시하는 것도 고려해볼 필요성이 있다.[55] 왜냐하면 절대다수대표선거제의 채택은 우리사회의 다원화 경향으로 지지를 얻기가 쉽지 않을 뿐만 아니라 결선투표를 위한 엄청난 국가적·사회적 비용과 국가행정력을 소요하게 되고 결선투표를 둘러싼 후보나 정당간의 합의와 협상과정에 부패가 발생할 수 있는 문제점도 예상되기 때문이다.[56]

## 2. 대통령 유고시 권한대행과 후임자 선거기일의 불일치

### (1) 문제점

현행 헌법은 제68조 제1항에 대통령의 임기가 만료되는 때에는 임기만료 70일 내지 40일전에 후임자를 선거하도록 규정하고 있으며, 그에 따라 공직선거법은 제34조 제1항에서 임기만료 전 70일 이후에 첫 번째 목요일을 대통령선거일로 정하고 있다. 그러나 헌법 제68조 제2항에는 대통령이 궐위된 때 또는 대통령당선자가 사망하거나 판결 기타의 사유로 그 자격을 상실한 때에는 60일 이내에 후임자를 선거한다고 규정하여 임기만료에 따른 후임자 선거와 대통령유고시의 후임자 선거일이 동일하지 않게 되어 있다. 이러한 두 선거의 시간상의 간격의 차이는 경우에 따라서는 문제가 될 수 있다. 예컨대 헌법 제68조 제1항에 의거하여 대통령의 임기만료에 따른 후임자를 선거하였으나 그 후임자가 선거직후와 대통령의 잔여임기 60일 이후 사이에 대통령이 유고가 된 경우에

55) 코스타리카(40%이상 득표), 에콰도르(40% 이상 득표하면서 2위와 10% 이상의 격차), 니카라과(40% 이상 득표 또는 35% 이상 득표하면서 2위와 5%이상의 격차), 아르헨티나(45% 이상 득표하면서 2위와 10% 이상 격차).
56) 정만희, 앞의 논문(현행헌법상 대통령선거제도의 문제점과 개선방안), 50면.

는 대통령권한대행자와 새로운 대통령취임 사이의 시간적 공백이 생길 수 있게 된다.[57]

### (2) 개선방안

이와 관련하여 미국은 연방헌법 수정 제25조에서 "대통령이 대통령직의 권한과 의무를 수행할 수 없는 경우 부통령이 대통령의 권한을 대행한다"고 규정하여 이러한 문제의 발생을 원천적으로 차단하고 있다. 독일은 기본법 제57조에서 연방 대통령이 유고되거나 그 직무가 임기만료 전에 궐위된 때에는 연방참사원 의장이 대행하도록 하고 있으며, 제54조 제4항에서는 임기만료 이전에 종료한 경우에는 종료시부터 늦어도 30일 이내에 연방회의를 소집하도록 규정하고 있다. 그리고 프랑스 헌법은 제7조 제5항에서 대통령이 궐위되거나 직무를 수행 할 수 없다고 헌법위원회가 최종적으로 선언한 경우에는 불가항력적인 사유를 제외하고는 궐위개시 또는 직무수행불능이 최종적으로 선언된 날부터 20일 내지 35일 이내에 후임자를 선거하도록 규정하고 있다.

우리나라에서는 위의 문제점이 지적됨에 대해 대통령 후임자가 선출된 경우에는 헌법 제68조 제2항의 해석에 있어서 60일 이내의 후임자와 그에 따른 60일 이내의 대통령권한대행의 규정은 엄격히 해석될 필요가 없다는 주장이 제기되고 있다. 즉 제68조 제2항의 의미는 대통령 유고시 후임자가 선출되지 아니하였을 경우에 한하여 60일 이내 후임자를 선출한다는 의미로 해석할 수 있다는 것이다.[58]

이러한 문제점은 헌법 제68조 제1항의 '임기만료 70일 내지 40일전'과

57) 정만희, 앞의 논문(현행헌법상 대통령선거제도의 문제점과 개선방안), 51면.
58) 성낙인, 정부형태와 대통령선거제도, 법정고시, 1997. 10월호, 128면.

동조 제2항의 '대통령 유고시 후임자 선거는 60일 이내'라는 시기상의 차이를 둠으로써 발생하는 것이므로, 프랑스와 같이 대통령궐위시 후임자선거를 대통령의 임기만료시 후임자선거 일정과 같게 조정하는 것이 필요하다.[59]

그리고 임기만료시 최대 70일 이내로 되어 있는 선거일은 단축하는 것이 바람직하다. 현행 헌법의 대통령 임기만료 70일 내지 40일 전에 후임자 선거조항을 대통령 유고시에 후임자선거와 동일하게 맞추되, 그 기간은 단축하여 임기만료 시에는 50일 내지 40일 전으로, 유고시에는 50일 이내로 수정이 필요하다. 뿐만 아니라 '후임자'라는 표현은 후임자가 전임자의 잔여임기 동안만 재임하는 것인지 아니면 새로 5년의 임기를 시작하는 것인지 불투명한 점이 있기 때문에 '새 대통령' 등의 표현으로 수정하는 것이 필요하다.

## 3. 5년 단임제

### (1) 문제점

1987년 현행 헌법으로 제9차 개정시 대통령 직선제를 채택하면서 제8차 개정의 7년 단임제를 5년 단임제로 개정하였는데, 이것은 평화적 정권교체가 안 되었으므로 그 목적 달성을 위한다는 차원에서 장기집권의 경험에서 고안된 제도이다. 과거 1인 장기집권을 경험했던 우리의 헌정사적 반성에 따른 것이다. 민주주의의 본질에 입각해서 보면 대통령은 국민에 의해 선출되고 국민에 대해 책임지는 것이 기본원리이므로 재임기간중의 행위에 대해 책임을 묻고 그에 따라 국민의 정치적 심판을 받

59) 성낙인, 프랑스헌법학, 법문사, 1995, 890면.

는 기회가 제공되는 것은 당연하다. 따라서 대통령이 재선에 도전하는 것은 자연스러운 현상이며, 단임제로 인해 국민의 심판권을 박탈하는 것은 개선됨이 바람직하다.60)

### (2) 개선방안

대통령 임기와 관련하여 주요국의 규정은 다음과 같다. 미국은 연방헌법 수정 제22조에서 대통령의 임기를 4년으로 3선 금지를 규정하고 있으며, 독일 기본법은 제54조에서 임기를 5년으로 1회 중임이 가능한 것으로 규정하고 있으며, 프랑스 헌법은 제7조 제1항에서 대통령의 임기를 5년으로 3선을 금지하는 것으로 규정하고 있다.61)

우리나라에서는 이와 관련해서 현행 헌법과 같이 5년 단임제로 유지하자는 의견과 4년 중임제로 변경하자는 의견으로 나뉜다. 먼저 5년 단임제를 유지하자는 의견에서는 현행 헌법의 단임제와 중임금지 조항은 과거 우리 헌정사의 경험에 비추어 장기집권에 대한 반성으로서 1980년 헌법에서 최초로 규정된 것으로 1987년의 개정헌법에서도 유지되었으며 임기만 7년에서 5년으로 단축되었다. 이는 여전히 유효하며 중임 허용의 경우 현직 대통령의 선거운동과 관련하여 많은 혼란이 있을 수 있으므로 먼저 원천적으로 막을 수 있는 단임제가 유리하다고 평가하고 있다. 그리고 미국의 경우에도 재선에 성공한 대통령의 후반 4년은 전반 4년에 비하여 성공적인 기간이 아님을 고려할 때 중임 허용의 실익이 떨어진다고 주장하고 있다.

이에 반하여 4년 중임제로 변경하자는 의견은 국민의 심판권을 박탈

---

60) 정만희, 앞의 논문(현행헌법상 대통령선거제도의 문제점과 개선방안), 50면.
61) 정만희, 앞의 논문(현행헌법상 대통령선거제도의 문제점과 개선방안), 51면.

하는 단임제는 대통령제의 본질에도 반하기 때문에 중임을 허용하는 것이 바람직하다는 주장이다. 관권선거 등 부정선거를 통한 장기집권의 위험은 선거법의 엄격한 적용으로 해결해야 할 문제이고 대통령의 중임제한 여부의 논거로서 부적절하며, 중임허용이 대통령의 임기를 8년으로 연장하는 것이 아니므로 8년을 전제로 논의를 전개하는 것은 중임허용 반대의 논거로는 부적절하다고 하고 있다. 승자독식 문제의 해소 및 대통령의 임기 말 현상 방지를 위해서도 5년 단임제는 개정이 필요하다고 주장하고 있다.

우리가 지금까지 경험한 대통령 5년 단임제에 따른 정치적 책임성의 저하, 정책의 일관성·안정적 결여, 임기 말 현상 등으로 비효율적인 것으로 평가되고 있는 것이 사실이므로 대통령의 책임성 및 신뢰성을 제고하고 민주주의의 질적 발전을 유발시키며, 장기적 안목에서 정책결정 및 집행을 가능케 하기 위해서는 중임제로의 개헌이 바람직하다. 장기집권의 우려는 현재의 우리 국민의 정치의식과 선거문화, 인터넷과 SNS 등 정보와 이를 공유할 수 있는 매체의 발달로 어느 누구도 자의적인 장기집권의 기도는 현실적으로 불가능 하다. 따라서 대통령의 중임을 허용하는 방향으로 제도의 개선이 이루어져야 할 것이다.

### 4. 대통령 권한대행

#### (1) 문제점

현행 헌법상의 정부형태는 기본적으로 대통령제를 채택하면서 미국과 같은 부통령제를 두지 않고 의원내각제 정부형태의 특징인 국무총리를 두고 있다. 대통령제와 국무총리제의 결합은 건국헌법의 제정과정에서 도입된 이래 지금까지 유지되어 오고 있다. 건국헌법에서 대통령제와 함께 규정된 국무총리와 국무원제도 등의 요소는 제헌과정에서의 헌법 초안이었던 의원내각제안이 전격적으로 대통령제로 바뀌면서 정치적 타협의 산물로 의원내각제적 요소가 대통령제 정부형태에 포함되었던 것이다.

현행 헌법상 국무총리는 국회의 동의를 얻어 대통령이 임명하기 때문에 미국 대통령제에 있어 대통령을 보좌하는 부통령이 국민에 의해 선출되는 것과는 구별된다. 그리고 국무총리의 국무위원 임명제청권과 해임건의권이 대통령을 기속할 수 있는 실질적 권한으로 본다면 이러한 권한들은 행정부의 일원적 구조라는 대통령제의 기본원리에 반하는 문제가 제기될 수 있다. 반면에 국무총리의 이러한 권한들을 대통령을 기속하지 못하는 형식적 권한으로 본다면 그것은 헌법상 불필요한 권한으로서 오히려 헌법의 규범력을 저하시키는 것밖에 되지 않는다는 견해[62]는 타당하다. 그리고 국무총리는 대통령이 궐위되거나 사고로 인하여 그 직무를 수행할 수 없을 때에 대통령 권한대행자로서의 지위를 갖는다. 그러나 이러한 국무총리의 대통령 권한대행은 통치구조에 있어서 민주적 정당성의 심각한 공백상태를 초래하는 문제가 있다.

### (2) 개선방안

현행 대통령권한대행의 문제점을 개선하기 위해 미국식의 부통령제의 도입과 국무총리제를 유지하면서 프랑스와 같이 이원정부제적으로 운영하자는 의견이 제시될 수 있다. 먼저 국무총리제를 폐지하고 미국형 부통령제를 도입하자는 견해는 현행 대통령제의 민주적 정당성을 제고하

62) 강승식, 미국부통령직에 관한 연구, 중앙법학 제9집 제1호, 중앙법학회, 2007, 7면.

는 관점에서는 타당하다고 하겠으나, 보다 신중한 검토가 필요하다. 부통령제가 미국의 특수한 역사적 배경과 정치적 상황에서 고안되고 운용되어온 제도이므로 한국에 절실히 요청되는 제도인가에 대해서는 의문이 제기될 수 있다. 대통령 유고시 대통령직을 승계하거나 권한을 대행하는 제도로서 부통령제의 존재의의 이외에는 헌법현실에 있어 부통령제가 유명무실하거나 행정부 내부의 갈등요소를 야기하는 제도에 불과하다면 굳이 부통령제를 도입할 필요성을 인정하긴 어렵다. 만일 개헌으로 부통령제를 도입하는 경우 대통령 궐위시 부통령은 대통령권한대행자가 아니라 잔여임기동안 대통령직승계자로서의 지위를 갖도록 하는 것이 타당하며, 부통령제 도입시 예상되는 운용상의 문제점을 감안하여 부통령의 역할과 권한을 명시할 필요가 있다.

부통령제를 도입하지 않고 현행 대통령권한대행 방식을 보완하는 방안으로는 민주적 정당성의 취약성을 극복하기 위해 국회의 동의절차에 관한 헌법상의 일반정족수(제86조 제1항)를 특별정족수로 강화하는 방법을 고려해 볼 만하다. 국무총리임명에 있어 국회의 동의절차는 대통령의 인사권에 대한 통제의 의미와 함께 대통령권한대행자의 지위에 대한 간접적인 민주적 정당성 부여행위로서의 의미를 가지는 것이므로 여기서의 의결정족수는 다른 헌법기관임명의 의결정족수와 구별할 필요가 있다.[63)]

63) 이 점과 관련하여 국회의 동의 없는 대통령의 총리서리임명행위는 위헌임을 면할 수 없다고 하겠으며, 김대중 정부 출범시 김종필총리서리임명행위의 위헌성 여부에 관한 권한쟁의심판에서 헌법재판소의 소극적 태도로 각하결정(헌재 1998. 7. 14. 98헌라1)을 내렸으나 이에 대해서는 비판이 있다. 정만희, "국회의 국무총리임명동의권", 김철수 교수 정년기념논문집, 1998, 793면 이하.

# Ⅱ. 국회의원선거

## 1. 선거구제

### (1) 문제점

우리의 국회의원선거제도는 소선거구 다수대표제를 중심으로 하면서 전국구 비례대표제를 보충적으로 결합시킨 혼합형 선거제도를 채택하고 있다. 여기의 소선거구제는 일반적으로 지적되고 있는 바와 같이 사표가 양산되며 소수파의 국회진출의 기회가 차단되기 때문에 각 정당의 득표율과 의석수 사이의 비례성 상실이 문제점으로 지적된다. 특히 지역적 대립과 갈등이 심각한 한국적 상황에서 소선거구제는 지역대립을 더욱 심화시키고 지역정당성을 고착화시키는 문제점을 안고 있음도 부인할 수 없다. 이에 국회의원선거제도에 있어서 소선거구제를 폐기하고 중·대선거구제를 도입해야 한다는 주장이 강하게 제기된다. 물론 중·대선거구제는 일반적으로 사표가 적어지며, 선거구획정의 불균형을 완화할 수 있고, 소수파와 신진세력의 당선이 용이해져 소수보호에 유리하다는 장점이 거론될 수 있다.

선거구제에 있어서 소선거구제냐 중·대선거구제냐 아니면 비례대표제냐의 문제는 정치적 제도선택의 문제이며 입법재량의 영역에 속하는 것이라 할 수 있으나, 선거구제의 선택에 있어서 기본적으로 '대표의 정확성'과 '정치안정'의 조화가 이루어져야 할 것이다. 그러나 우리의 소선거구제는 대표의 정확성이라는 관점에서 문제점을 안고 있으며 지역에 기반을 둔 현재의 정당구도를 탈피하기 위해 개선이 필요하다.

그리고 전국구 비례대표제에서 후보자명부 작성시 유권자의 의견이 반영되지 않고 정당의 지도부에 의해 일방적으로 결정되는 현재의 공천 시스템에 비추어 볼 때 정해진 한 개의 명부에 투표를 하는 것은 유권자의 후보자 선택의 자유를 침해하는 것으로 문제가 되므로 개선이 필요하다.

### (2) 개선방안

선거구제와 관련하여 과거 우리의 선거에도 중선거구제를 채택한 바 있으나 성공하였다고 할 수 없으며, 일본에서도 종래 중·대선거구제를 채택하여 왔으나 이 제도는 자민당의 일당지배를 가능하게 했던 주된 원인으로 작용하였던 것으로 비판받아 결국 정치개혁입법에 의해 중의원의원을 뽑는 중·대선거구제는 300개의 소선거구제와 11개로 나누어 비례대표를 선출하는 대선거구로 변경하였다. 선진적 선거제도를 확립하고 있는 영국과 미국도 앞에서 살펴본 바와 같이 소선거구제 다수대표제를 유지하고 있다. 따라서 현재의 소선거구제를 유지하되 지역구도 타파를 위해 유력정치인이 텃밭이 아닌 경쟁정당의 연고에 출마를 할 수 있는 정치적 가능성을 부여하는 등의 제도적 보완이 필요하다고 본다. 일본에서 중의원비례대표선출의원선거와 동시에 실시되는 중의원소선거구선출의원선거에서 같은 구역 안에 있는 중의원소선거구선출의원선거의 후보자를 해당 중의원비례대표선출의원선거의 등록과 관계된 중의원명부의 중의원명부등재자로 할 수 있는 석패율제도는 좋은 예가 될 것으로 판단되어 진다. 우리도 지역구에 출마한 후보자가 비례대표에 동시에 출마하는 중복출마를 허용하고 이 중에서 가장 높은 득표율로 낙선한 후보를 비례대표로서 선출할 수 있는 석패율제도를 도입한다면 지금의 지역을 기반으로 한 정당구도 타파에 도움이 될 것이다.

그리고 비례대표의원 선출의 경우에도 유권자의 후보자 선택의 자유를 보장하기위해 정당의 지도부가 정해놓은 하나의 명부에 따라 정당을 선택하여 투표를 할 것이 아니라 복수의 명부를 작성 제출케 하여 유권자로 하여금 정당의 선택뿐만 아니라 복수의 명부에서 후보자를 선택하는 자유를 보장하는 것이 바람직하다고 본다. 이는 비례대표의원에 대한 유권자들의 관심 유도에도 긍정적인 요소로 작용할 것이다.

## 2. 선거구획정과 평등선거

### (1) 문제점

현재의 소선거구 다수대표제에서 선거구획정은 평등선거의 원칙에 반하는 것이 아닌지 헌법적 문제가 제기되어 왔다. 원칙적으로 선거구의 획정은 인구비례를 기준으로 평등하게 이루어져야한다. 각 선거구 유권자의 투표가치는 평등해야 한다. 그러나 사회적·경제적·역사적·행정적 이유 등에 의해 또는 정략적 고려에 의해 각 선거구의 인구가 수학적으로 동일할 수 없다. 즉 인구 수 만을 기준으로 엄격하게 균등화된 선거구를 설정하는 것도 사실상 불가능하다.[64] 하지만 지나친 인구불균형의 선거구획정은 투표가치의 평등에 반하고 헌법상 평등원칙에 위배되는 문제를 안게 된다.

이러한 선거구간의 인구격차에 따른 의원정수의 불균형문제는 초기에는 선거제도 전반의 건전한 운영에 관한 정치기술상의 문제로서 헌법상의 평등선거의 원칙과는 직접 관련되는 것으로 보지 않았다. 그 후 도시문제를 배경으로 한 인구변동으로 대도시의 인구집중과 농촌의 과소화

---

64) 정만희, 앞의 책(헌법과 통치구조), 353면.

가 진행되면서 이 문제는 평등선거에 관한 문제로 인식되었다.[65]

인구편차와 관련하여 우리 헌법재판소는 1995년 12월의 판례에서 지나친 인구편차를 보이고 있는 공직선거법의 관련부분에 대한 위헌결정[66]을 내리면서 다수의견은 각 선거구간 인구편차의 상한선을 4:1로 제시한 바 있다[67]. 그 후 헌법재판소는 2001년 10월 25일 판결에서 현행의 3.88:1의 인구편차를 갖는 선거구는 헌법상 보장된 선거권과 평등권을 침해한다고 헌법불합치 결정[68]을 내리고 선거구간 인구편차가 3:1이 넘지 않도록 2003년 12월 31일까지 선거법을 개정하도록 명함으로써 선거구는 전면적으로 개편되었다.

그리고 선거구의 획정에서 또 하나 문제가 되는 것이 인구편차에는 적정하나 당리당략에 따라 이루어질 경우 불공평 할 수 있다. 바로 게리맨더링(gerrymandering)의 문제이다. 이를 방지하기 위해 선거구의 획정이 정부나 이해관계를 가지는 기관에 의해 정해져서는 안 되며, 공정하고 객관적인 제3의 기관에 의해 다루어지고 획정되는 것이 바람직하다.

선거구 획정과 관련하여 공직선거법은 제24조에서 선거구획정위원회를 규정하고 있으나, 우리의 선거구획정위원회는 법적지위와 기능의 면에서 문제가 있다. 동조에 의하면 위원회는 국회에 설치하도록 되어 있으며, 위원은 단지 명예직으로 한다고 규정하여 위원의 자격에 관해 일반적인 예시만 하고 있을 뿐 구체적인 언급이 없다. 또한 국회가 선거구에 관한 규정을 개정할 때에는 위원회의 선거구획정안을 '존중'하여야 한다고만 규정하여 위원회의 선거구획정안은 아무런 구속력이 없으며,

---

65) 정만희, 앞의 책(헌법과 통치구조), 354면.
66) 헌재 1995. 12. 27 선고 95 헌마 224 등 병합.
67) 당시 이 결정에서 재판관의 소수의견은 최대·최소 선거구간의 합헌적인 인구편차를 2:1로 제시하였다.
68) 헌재 2001. 10. 25. 2000 헌마 92등.

위원회의 구성과 운영에 관하여는 국회규칙으로 정하도록 하고 있어 문제점으로 지적되고 있다.

### (2) 개선방안

일반적으로 선거구의 획정은 인구수를 기준으로 하면서 비인구적 요소인 행정구역이라든지 지리적 조건, 교통문제 등을 고려하게 되지만 투표가치의 평등 확보라는 점에서 인구요소를 가장 중요시해야 하는 것이므로 비인구적 요소를 감안하더라도 인구편차가 2:1을 넘지 않는 것이 바람직하다.

앞에서 살펴본 바와 같이 미국의 연방대법원은 일찍이 1960년대부터 인구불평등의 선거구획정을 위헌이라 판단해 오면서 합헌성이 인정되는 인구편차에 있어 매우 엄격한 기준을 제시하고 있다. 1964년의 Reynolds v. Sims사건[69]의 판결에서 앨라배마주의회의 2.4배의 선거구인구격차가 위헌으로 되었으며, 또한 같은 해의 Wesberry v. Sanders사건[70]에서는 연방하원의원 선거구에 관하여도 수학적 정확성은 불가능하다고 하면서도 연방하원의원 선거에 있어서 유권자의 표는 다른 유권자의 표와 실현가능한 한 평등하지 않으면 안 된다고 하여 위헌판결을 하였다. 이 판결의 영향으로 27개 주에서 258개의 선거구가 구획변경을 하게 되었다.[71]

독일은 연방선거법에 의해 평균선거구인구를 기준으로 인구편차가 100분의 15를 넘거나 미달하지 않아야 하며, 100분의 25이상 차이가 나는 경우에는 새로운 선거구 획정이 이루어져야 한다고 하고 있다. 일본

69) 377 U. S. 533(1964).
70) 376 U. S. 1(1964).
71) 정만희, 앞의 책(헌법과 통치구조), 359면.

의 경우에도 공직선거법에서 격차를 2배 이하로 할 것을 규정하고 있다.

우리의 경우 선거구획정과 관련하여 헌법재판소의 인구편차 기준인 3:1을 가능한 2:1의 기준이 적용되도록 노력하여 1표 등가의 원칙이 지켜질 수 있도록 하여야 할 것이며, 장차 선거구 획정의 기회가 주어질 경우 이러한 기준에 맞추어 획정을 하여야 할 것이다.[72]

이를 위해 공직선거법상의 선거구획정위원회의 위상도 제고되어져야 할 것이다. 선거구획정이 갖는 헌법적 의미와 중요성에 비추어 동 기구는 중립적 기구로 설치되어야 할 것이며, 위원회의 선거구획정안에 대해서 존중하여야 한다는 막연한 비강제적 표현보다는 원칙적으로 법적 구속력을 갖도록 공직선거법의 개정이 필요하다.

## Ⅲ. 지방선거

### 1. 정당공천

#### (1) 문제점

2005년 8월 공직선거법의 개정을 통해 기초의회의원 선거에서도 정당공천을 허용한다는 법안을 통과시킴으로써, 기초의회의원선거에서도 정당의 후보자 공천이 가능하게 되었다. 자치구·시·군의원 선거에서도 비례대표제를 도입하고, 비례대표 구·시·군의원 정수의 100분의 10으로 하도록 하였다(제23조 제3항). 과거 공직선거 및 선거부정방지법은 제47조 제1항에서 “정당은 선거에 있어 선거구별 정수범위 안에서 그 소속

72) 정만희, 앞의 책(헌법과 통치구조), 372-373면.

당원을 후보자로 추천할 수 있다"고 규정함으로써, 기초지방자치단체의 장과 광역지방자치단체의 장, 그리고 광역지방자치단체의 의회의원선거에는 정당참여를 허용하되, 기초지방자치단체의 의회의원선거에는 정당참여를 배제하고 있었다.

이에 대해 헌법재판소는 "그 밖의 공직선거와 비교할 때에 기초의회의원선거의 후보자를 한정하여 정당표방금지라는 정치적 생활영역에 있어서의 차별취급을 한 이 조항은 헌법이 추구하는 지방자치의 제도적 보장을 위한 입법목적에 필요불가결한 것으로써, 그 목적달성을 위한 수단 또는 필요·최소한의 부득이한 경우로 인정되므로 평등원칙에 위반되지 않는다 하고, 모든 선거 중 기초의회의원선거의 후보자만 정당표방을 금지할 것인가의 문제는 헌법상의 정당보호 및 지방자치제의 제도적 보장, 우리의 정치문화와 지방 자치에 대한 국민의식 등 제반사정을 헤아려 입법자가 결정해야 될 입법재량에 속하는 것이다"라고 하였다.[73)]

기초의회의원선거에 정당공천이 선의의 경쟁을 통한 정책정당으로서의 집권을 도모하는 긍정적 효과가 크다면 문제가 없지만 현실은 그렇지가 않다. 생활자치의 현장에서조차 중앙당의 지시와 영향을 받아 결정이 이루어지고, 의회 내에서 당리당략에 의한 패거리집단이 형성되고, 지역주민간 갈등이 심화되는 부작용이 나타나고 있다. 그리고 각 지역의 기반이 되는 정당의 공천을 받기위한 치열한 경쟁과 정치헌금 등 막대한 정치자금에 따른 부담이 가중되어 금품수수 등 각종 탈·불법행위의 유혹을 받게 되는 문제점이 있어 개선이 필요하다고 본다.[74)]

---

73) 헌법재판소 1999. 11. 25. 99 헌바 28 결정.

74) 주용학, "지방선거에 있어서 기초단체장의 정당공천제의 관한 연구", 한국지방자치학회보 제14권 제1호, 한국지방자치학회, 2002, 44면.

### (2) 정당공천에 대한 찬반론

#### 1) 정당공천 찬성론

지방선거에서 정당참여의 순기능을 강조하는 주장의 근거는 다음과 같다. 첫째, 복잡한 각계각층의 의견을 수렴하고 이를 정책에 반영시키기 위해서는 정당이 필요하며, 둘째, 정당은 지방자치에 정치의식을 심어주고 주민의 정치의식을 고양시켜 진정한 민주주의의 훈련장으로서의 여건을 조성하며, 점차 집단화되고 있는 주민들의 요구에 대응하면서 민의의 결집이 용이하고, 셋째, 정당이 관여함으로써 집행기관에 대한 견제와 통제가 활성화되고, 선거에 있어서 후보자 선택 및 선거관리의 간편화, 견제와 균형의 활성화, 정당인들의 정치훈련과 민주주의 교육을 위해 정당참여가 필요하다는 것이다. 마지막으로 정당경쟁은 대체로 지방정부의 정책유형을 결정짓는데 중요한 역할을 담당하기도 한다.[75]

정당공천은 중앙정치와 지방정치를 연계하여 정치의 효율성을 제고시켜주고, 정치지망생에게는 지방자치의 훈련장을 통해 중앙의 정치무대로 진출 할 수 있는 통로 역할을 한다. 정당공천이 실시되면 정당의 뿌리가 지방에서부터 내리기 시작하여 당내 민주화가 이루어지고 중앙당의 전횡이 없어지게 된다. 그리고 규범론적 차원에서 지방선거의 정당공천 찬성론은 지방자치가 단지 정치 중립적인 행정으로서의 지방행정이 아니라 가치배분을 결정하는 지방정치이며, 현대 대의민주주의에서 정당정치가 가장 효율적이라는 평가를 한다. 물론 정당참여의 효과는 어디까지나 기존 정당이 제도화되어 있고, 인물중심이 아닌 정책중심의 정당, 그리고 당내 민주화가 확립되어 있을 때 그 실효성이 있는 것이다.

---

75) Thomas M. Holbrook and Emily Van Dunk, Electoral Competition in the American States, American Political Science Review, 1993, p. 87.

### 2) 정당공천 반대론

반면에 정당참여의 역기능을 강조하는 주장의 근거는 다음과 같다. 첫째, 격심한 정당간의 이해관계대립이 발생할 경우 의회기능이 약화되고, 중앙당의 통제로 중앙집권화 될 우려가 있다. 둘째, 정당개입으로 주민의 의사가 왜곡될 수도 있고, 중앙당의 정치적 격변이 지방에까지 미치므로 지방자치의 저해 및 행정의 중립성 훼손 등이 있을 수 있으므로 정당 참여는 배제되어야 한다는 것이다.[76] 셋째, 만일 지방의원선거가 중앙정치의 하부조직원 내지는 선거운동조직의 구축에 유리한 인물을 선출하는데 주로 활용된다면 지방자치는 중앙정치에 예속될 수밖에 없는 제도적 문제점을 가진다. 넷째, 정당공천 문제는 지방선거를 국정운영의 중간 평가적 의미로 받아들여지게 하는 제도적 요인이 되고 있으며, 시간이 갈수록 지역에 따른 일당지배적 투표성향을 더욱 고착화 시킬 수 있다. 그리고 지방선거 때마다 각 정당은 국가로부터 받은 보조금뿐만 아니라 각 정당의 정치자금을 총 동원하여 자기 정당의 후보자를 전략적으로 지원하고 다양한 선거의 기법을 동원하여 물량공세를 펼치고 있다.[77]

결국 이러한 문제점은 지방의 발전을 위하여 헌신하고자 하는 유능하고 참신한 인물들에 대하여 정당공천이라는 기존의 제도 속으로 몰아가 정당공천 없이 입후보하여 자기비용으로 선거를 치르는 것은 무모한 일로 판단하게 되어 유능한 인재의 참여를 사실상 배제시키는 결과를 초래하게 될 것이라고 한다.

---

76) 최창호, 지방자치학, 삼영사, 2002, 576-577면.
77) 정만희, "지방선거와 정치참여에 관한 헌법적 고찰", 공법연구 제33집 제1호, 2004. 11, 한국공법학회, 23-24면.

### (3) 개선방안

지방선거의 정당공천에 대해서 위와 같이 장단점이 있다. 지방선거가 정당의 공천과 영향을 받게 되면 첫째, 지방자치가 공천권을 가지고 있는 지구당위원장에게 예속되는 정도가 강하여 지방자치제의 취지에 입각한 자유로운 정책결정을 하기가 어렵다. 둘째, 지역주민의 이익보다는 정당의 이익을 우선하여 활동할 수밖에 없다. 셋째, 공천권을 가진 중앙당이 공천을 명분으로 공식적·비공식적 정치헌금을 요구할 경우 이는 곧 매관매직으로 이어질 수 있다는 점, 넷째, 지방선거가 과도한 정쟁하에 치러짐으로써 지방자치가 생활자치로 정착되지 못한다는 점, 다섯째, 정당참여로 지방선거조차 정당별 지역분단구도를 더욱 심화시키고 집행부와 지방의회간의 정상적인 관계를 왜곡시키고 있는 점 등을 들 수 있다. 이에 풀뿌리 민주정치인 지방자치의 영역까지 중앙정치에 영향을 받는 것은 지방자치의 본래의 취지를 벗어나는 것으로 바람직하지 않다. 여기에다 정당공천을 하는 경우 고질적인 지역구도가 극명하게 나타나 국토의 동서 내지 남북을 분단시키는 결과를 초래할 우려도 있다.[78)]

정당은 목표달성을 위해 정당 구성원간의 이질성을 극복하고 행동의 통일을 추구하므로 조직을 집단화 하려는 본질적 경향이 있다. 여기에다 우리 국민의 높은 정당선거 경향과 중앙정당의 지방의원 공천권이 맞물려 후보자의 빈번한 교체가 이루어져 왔다. 그리고 우리나라는 전통적으로 지역에 기초한 정당구조를 가지고 있으며, 정당이 지방의회의 활성화에 기여하고 있지 못한 점, 특히 중앙정치인들이 정당공천을 통하여 지역정치를 왜곡하고 있다는 점 등을 감안할 때 정당이 지역선거에 참여

78) 소순창, “한국지방선거에서의 지역할거주의와 정당투표 : 시민(지역주민)의 긍정적 투표와 부정적 투표”, 한국지방자치학회보 제14권 제3호, 한국지방자치학회, 2002, 27면; 최민수, 지방의회 운영, 서강출판사, 2002, 8면.

하는 것을 금지하는 것이 바람직하다. 기초의회의원선거뿐 아니라 기초단체장 선거에서의 정당참여를 금지하는 방향으로 공직선거법을 개선하는 것이 바람직하다.79)

## 2. 동시선거

### (1) 문제점

지방선거를 실시하는 목적은 지방자치의 발전에 기여할 수 있는 역량 있는 공직자를 선출하는데 있다. 따라서 지방선거는 지방자치의 실시목적에 따라 이루어지고 있는가에 초점이 모아져야 한다. 그 다음에는 수단으로서 효율적인 제도적 절차가 중요하다. 이러한 관점에서 볼 때 동시지방선거는 제고의 필요성이 있다. 자방자치선거에서 규모와 성격을 달리하는 광역자치단체와 기초단체, 집행기관과 의결기관의 차별성이 무시되고 선거가 이루어지기 때문이다. 특히 제한된 선거운동기간 동안에 4개의 선거에 출마하는 모든 후보들이 선거운동을 펼치므로 유권자는 많게는 수십 명에 달하는 출마 후보자의 정보의 홍수 속에서 선택의 혼란을 가중시키고 있다. 그리고 후보자에 대한 낮은 인지도는 후보선택의 기준으로 지연, 학연, 혈연 등의 비합리적인 기준이 작용하게 된다. 또한 광역단체장선거에 대한 상대적으로 높은 관심은, 다른 선거에 대해서도 광역단체장 선거에 따른 일자형 투표가 이루어지는 경향이 있다.

동시선거를 실시하는 목적이 잦은 선거로 인해 국민생활의 불편을 최소화하고 선거사무를 일원화함으로써 원활한 관리와 집행 및 선거에 대한 주민의 관심을 높여서 투표율을 향상시키고 선거관리비용의 절감을

---

79) 정만희, 앞의 논문(지방선거와 정치참여에 관한 헌법적 고찰), 25면.

꾀하는데 있다. 그러나 이러한 목적에도 불구하고 지방자치를 위한 4개의 선거가 집중되어 동시에 실시되다 보니 많은 인력 및 막대한 재원이 소요되고 있으며, 예산절감과 주민편의를 위하기보다는 행정편의 위주라는 비판을 받고 있다. 이러한 현상은 지방자치의 원래의 목적에 반하는 것이다. 따라서 이러한 문제점의 개선이 필요하다.

### (2) 개선방안

#### 1) 분리선거의 검토

2010년 치러진 제5회 지방자치선거는 광역자치의원 및 단체장 선거, 기초자치의원 및 단체장 선거, 교육감 및 교육의원 선거로 6개 동시선거로 치러졌다. 공직선거법이 지방선거를 동시에 실시하는 이유는 선거실시 횟수를 줄여 경제적 낭비를 줄이고 선거에 대한 주민들의 관심을 제고시켜 투표율을 향상시키는데 있다.

동시선거의 이러한 목적에도 불하고 6개선거의 동시 실시로 유권자들의 올바른 선택을 저해하는 문제점을 해결하기 위해서는 선거의 분리실시를 고려할 수 있다. 앞에서 살펴본 바와 같이 지방자치와 선거의 실시목적이 유능한 공직자를 선출하는 것인 만큼 분리실시는 동시선거에서 발생하는 맹목적인 일괄투표를 줄이게 하고 지방자치단체의 수준별·기관별 선거에 관심을 높일 수 있을 것이다. 동시선거는 후보자 입장에서도 효과적인 선거홍보를 어렵게 하는 것이 사실이다. 동시에 6개의 선거가 실시되지만 대부분 유권자들의 관심은 자치단체장 선거에 집중되기 때문이다. 분리선거를 하게 되면 유권자들은 후보자에 대한 정보획득이 용이해지고 후보자는 선거운동에 필요한 인력확보도 쉬워질 수 있을 것이다. 앞으로 지방선거를 2회 또는 3회로 나누어 실시하면 선거관리 비용은 늘어나겠지만, 동시에 많은 인력이 선거운동에 동원되어 생기는 사회적 부작용은 감소할 것이다. 따라서 앞으로 지방선거 동시실시로 인한 문제점을 줄이며, 지방자치의 진정한 의미를 살리기 위해서는 지방선거를 분리하여 실시할 필요가 있다. 이는 2번 내지는 3번으로 분리가 가능하며 구체적인 방법은 다음과 같다.

### 2) 분리선거의 실시

#### 가. 2대 동시선거로 분리

지방선거를 2대 동시선거로 분리시키는 방안은 자치단체의 기관별로 선거를 분리하는 것이다. 즉 기관별로 집행기관과 의결기관을 분리하여 선거를 치르는 것으로서 광역단체장, 기초단체장, 교육감 선거와 광역의원, 기초의원, 교육의원 선거를 일정한 기간을 두고 분리 실시하는 것이다. 이렇게 2대 선거로 분리하여 동시선거하는 안은 집행기관과 의결기관의 차별성을 부각시켜 적합한 인물의 선출가능성이 높아지는 장점이 있다. 물론 2대 동시선거도 상대적으로 기초단체장선거가 광역단체장선거 및 교육감선거에 경시당할 우려가 있다.

#### 나. 3대 동시선거로 분리

지방선거를 3대 동시선거로 분리하는 방안은 행정기관의 단계별로 분리하는 방안이다. 광역자치단체장 선거와 광역의원 선거를 동시에 실시하고, 기초단체장선거와 기초의원 선거를 일정한 기간을 두고 동시에 실시하며, 기간을 두고 교육감 선거와 교육의원 선거를 동시에 실시하는 것이다.

3대 선거로 분리하여 동시에 선거하는 안은 2대동시선거보다 선거비용이 많이 소요되는 단점은 있으나 자치단체의 수준별로 일치하여 선거의 경중에 대한 차별이 없어지고 집행기관과 의결기관의 상호견제에 충실한 선거가 이루어질 가능성이 높다.

# 제5장 결 론

민주주의는 주권이 국민에게 있고 국민의 뜻에 따라 통치하는 정치원리를 뜻한다. 이를 실현하기 위해 현대 민주주의 국가에서는 선거제도와 정당제도가 결합된 대의민주주의에 바탕을 둔 정치체제를 채택하고 있다. 민주주의에서 선거는 필수불가결한 제도이다. 민주주의에서 대표자 선출을 위한 방법으로 선거가 본래의 의의를 가지기 위해서는 선거권의 확대를 통한 평등한 정치적 지위와 선택권의 부여가 있어야 한다. 민주주의의 발전은 이러한 과정을 말한다. 선거권에서 나타난 국민의 자유로운 정치적 의사의 표현과 선택을 통해서 통치 권력의 형성과 정당성, 교체가능성을 부여하는 것이다. 즉 선거는 이해관계를 달리하는 정치집단의 합법적인 투쟁 수단으로서의 기능을 한다. 우리 헌법재판소도 이러한 관점에서 실질적 국민주권의 실현을 위한 선거제도의 중요성을 강조하고 있다. 이처럼 민주주의 역사가 선거로부터 시작된다 해도 과언이 아닐 정도로 선거는 헌법이나 정치에 있어서 중요한 의미를 지닌다. 주권자인 국민의 가장 직접적이고 효과적인 주권행사 방법이 선거이기 때문이다.

본문에서 검토한 바와 같이 국민주권의 실질적 실현을 위한 현행 선거제도의 개선과 이를 위해 비교·분석해본 주요 국가의 선거제도는 다음과 같은 특징을 가진다.

미국은 세계 어느 나라보다도 많은 선거를 실시하고 있다. 대통령 선거를 제외하고도 매 2년마다 선거가 행해진다. 선거가 많다는 것은 민의에 의해서 정치가 이루어져야 한다는 민주주의의 신념이 강하다는 것을 보여주고 있다. 특히, 미국에서 선거가 많은 이유는 권력분립제도와 연방제도, 지방제도의 발달을 들 수 있다. 그리고 개별주에서 독자적으로 정부를 조직할 권한을 연방 헌법으로부터 부여받고 있기 때문에 각 주의 실정에 맞는 제도를 채택하여 다양한 선거를 가능하게 하였고 이러한 요인들로 인해 지방자치가 발달하게 되었다.

미국에서는 공직선거 후보자 선출을 위해 본 선거 전 실시하는 예비선거제도가 특징적이다. 예비선거제도는 많은 특징을 가진다. 먼저 공천과정에서의 조작과 부정을 방지하고 공직 후보자 선출과정의 투명성을 보장할 수 있다. 그리고, 일반 당원이나 시민도 직접 참여 할 수 있어 후보자 선출 과정에 민의를 직접적으로 반영할 수 있는 장점이 있다. 뿐만 아니라, 대통령선거에서 군소후보자들은 예비선거를 거치면서 탈락하기 때문에 본 선거에서 군소 후보의 난립을 방지할 수 있다. 현재 예비선거제도는 미국의 많은 주에서 채택되고 있다.

선호투표의 예선방식을 채택하고 있는 주에서의 예비선거 결과는 전국 당 대회에서 구속력을 갖지는 않지만 일반 국민의 의사 및 동향에 관한 신뢰할 수 있는 자료로서 커다란 관심을 갖게 한다.

그리고, 대통령선거시 직·간접 선거의 성질을 모두 가지는 대통령선거인단에 의한 대통령의 간접선출도 미국만의 독특한 제도이다. 선거자금에 관해서는 대체적으로 관련규정뿐만 아니라 연방 대법원의 판례도 제한에 소극적이다. 선거비용의 총액을 직접적으로 제한하기보다는 선거운동 과정에서의 발생하는 수입과 지출 내역의 투명한 공개를 요구함으로서 직접적 제한보다는 간접적 제한에 중점을 두고 있다.

영국의 선거제도는 의원내각제의 성립·발전과정과 그 궤를 같이 한다. 영국의 의원내각제적 정부형태는 미국의 대통령제와는 달리 이론적이거나 성문법상의 제도로서 확립된 것이 아니라 오랜 정치경험의 산물이기 때문이다. 영국 선거제도의 내용은 1832년 선거법 개정 이전과 이후로 구분할 수 있다. 1832년도 선거법 개정으로 도시의 중산층까지 선거권이 확대되었고 간섭을 받지 않고 후보자나 정당을 자유롭게 선택할 수 있는 독립된 유권자 대중이 나타나는 계기가 되었다.

영국 선거제도에서 공직후보자의 선출은 상향식으로 이루어지는 것이 특징이다. 지역당위원회의 서류심사, 면접, 그리고 연설을 통해 지역구에서 결정된다. 지역당위원회의 결정은 중앙당의 승인을 받아야 하지만 중앙당이 이를 비토하는 경우는 거의 없다. 영국에서는 우리나라에서와 같이 지역당에 대한 중앙당의 지원이 크지 않는 만큼 공직후보자 선출과정에 거의 관여하지 않는다. 이러한 후보자의 상향식 추천은 영국의 오랜 전통이다.

선거비용에 관해서는 제도적으로 엄격하게 다루고 있다. 선거운동 과정에서 발생하는 선거비용은 선거사무장에 의하지 않고는 지출이 허용되지 않으며, 20파운드이상의 지출은 증빙서류를 만들어 사후에 보고하도록 하고 있다. 후보자 개인비용의 지출에 있어서도 사무장을 통하지 아니하고는 할 수 없으므로 제한을 받는다.

독일은 연방대통령이 존재하긴 하나 의원내각제적 정부형태를 취하고 있다. 헌법상의 실질적인 권한은 연방수상에게 있으며 연방수상은 연방의회에서 선출된다. 그러므로 독일 선거제도에서 중요한 것은 연방 하원의원이 어떻게 선출 되는지에 있다. 독일 선거제도에서 연방 하원의원은 '직접·비례대표제'로 선출되는 것이 특징이다. 직접선거에 의한 의원의 선출은 전체 의석수의 절반에 불과하고 연방의회 의원 나머지 절반은 각 당이 각 주마다 작성한 정당명부에 의하여 선출된다. 특히, 하원의원의 의석수를 정하는 방식에 있어서 비례대표제를 따르지만, 당선인 결정은 지역구 직선대표와 비례명부를 혼합한 방식을 채택하고 있다. 이러한 독일식 선거제도는 특정지역에서 특정정당이 의석을 독점하는 현상을 막을 수 있다. 독일 선거제도가 이와 같이 효과를 보이는 것은 비례대표적 성격과 최종 의석배분이 각 정당의 주별 득표율에 따라 이루지는 '권역별 배분식'이기 때문이다.

그리고 선거비용 보전을 해주는 선거공영제의 내용도 특징적이다. 독일 정당의 정치자금은 당원들이 내는 당비, 국고보조금, 기부금, 교섭단체위원회비, 자산에 의한 수입, 사업 또는 출판에 의한 수입, 선거용 배당금 등으로 충당된다. 독일 정당의 당원은 매월 당비를 납부하면서 당의 활동에 적극적으로 참여하고 있다. 그리고 회계보고의 공개의무로 당에 수입된 자금의 출처를 회계보고서를 통하여 투명하게 공개하고 있다. 회계보고서는 경리심사원 또는 경리심사협회의 검사를 받아 독일 연방의회의장에게 제출하여야 하며 독일연방의 관보에 공포하도록 규정하고 있다. 회계보고서를 제출하지 아니한 경우 독일연방의회의장은 자금의 지급을 중지하여야 한다고 규정하고 있다.

일본에서 선거제도의 내용과 성격은 정치구조를 장악하거나 지배하는 특정집단의 성격 및 정치권력집단간의 상호관계나 타협에 의해 이루어지는 것이 특징이다. 일본에서의 선거는 새로운 기회, 변화의 가능성을 의미하는 것이 아니라 기존 체제를 현상대로 유지하게 하는 중요한 제도적 장치로서의 기능이 강하다. 이러한 보수적인 정치풍토는 부패를 낳고 이로 인한 국민의 정치에 대한 불신을 극복하기 위한 정치제도와 선거제도 개선이 중요한 과제로 인식되었다. 선거제도에 있어서는 단기적으로는 중의원 정수조정과 장기적으로는 정당이나 선거제도 자체에 대한 근본적인 개혁에 중점을 두어 공정하고 투명한 선거제도의 구현을 목적으로 하고 있다. 그리고 지역구 선거에서 가장 아깝게 떨어진 후보를 구제해 주자는 것이 기본 취지인 석패율제도는 상당히 의미가 있는 것으로 평가 되고 있다. 이는 정당 내 공천 갈등을 완화시켜주며, 특정 정당이 열세인 지역에서도 후보자 당선이 가능해 지역기반 확대에 도움이 되며, 지역구에서 아깝게 낙선한 후보도 비례대표로 당선됨으로써 사표를 축소하는 기능을 하기 때문이다.

그리고 공정한 선거를 위해 제도적 장치로서 정치자금 규제와 투명화에 중점을 두고 있다. 이를 위해 정치자금규제법과 공직선거법을 두고 있으며, 정치자금규제법은 정치단체의 수입·지출내역 공개 강화, 정치활동에 관한 기부의 제한, 개인헌금에 대한 세제상의 우대조치를 담고 있을 뿐만 아니라, 개인의 정치자금을 명백히 하기 위하여 정치단체중심의 규제를 더욱 확대 적용하여 개인의 수입·지출 내역까지도 공개하도록 규정하고 있다. 공직선거법은 법정선거운동비용을 명시함과 아울러 그 내용의 공개와 기부의 제한에 관한 규정을 두고 있다.

위와 같은 주요 국가의 선거제도의 내용과 특징을 통해 우리나라 선거제도에서 보완 개선해야 할 점 중 선거제도 일반에서는 다음과 같다.

첫째, 정당 내 공직후보자 선출과정이 투명하고 민주적이어야 한다. 아직까지 우리나라의 정당 내의 의사결정은 실질적인 권한을 가진 소수 실력자의 의중에 따라 하향식으로 결정되는 권위적 조직의 형태를 보이고 있다. 특히, 공직후보자를 선출하는 공천은 대부분 중앙당에 의해 하향식으로 이루어지고 있다. 정당 내의 이러한 공직후보자 선출시스템은 민주주의에 역행할 뿐만 아니라 내부 권력의 중앙 집중화 및 과두화 현상을 심화시키고 있다.

정당 내 공직후보자 선출과정의 민주성 보장과 투명성 확보를 위한 구체적 방법으로 미국의 예비선거제도와 같은 국민참여형 경선방식의 법제화를 생각할 수 있다. 지역구 후보자의 추천을 위해 일정비율의 일반당원과 나머지 일정한 비율의 일반 유권자가 참여한 비밀투표에 의한 예비선거방식을 채택할 수 있다. 그리고 영국의 공직후보자 선출제도도 고려해볼만 하다. 영국에서 정당 내 공직후보자의 결정은 대부분 상향식으로 지구당의 자율적 의사에 따라 결정되고 있다. 따라서 정당내 민주적 공천의 추상적 원칙만을 선언하고 구체적인 내용은 각 당의 당헌·당규에 위임하는 현행법의 방식보다 공직후보자 선출방식을 법률로 규정·제도화하여 민주성을 담보할 수 있는 방향으로의 관련 법률의 개정이 요구된다.

둘째, 선거운동기간의 합리적인 완화가 필요하다. 현행 공직선거법은 선거운동기간을 특정하고 이를 벗어난 선거운동을 위법한 것으로 규정하고 있다. 선거운동기간을 제한하지 않고 무제한으로 허용할 경우 후보자간의 지나친 경쟁으로 선거관리가 곤란해지고 부정 선거운동을 막기 어렵기 때문이다. 그러나 선거운동기간의 제한을 반대하는 입장에서는 짧은 선거운동기간으로 후보자에 대한 정보 접근이 어려워 유권자의 후보자 선택의 자유에 제약을 받을 수 있다고 비판하고 있다. 선거의 자유와 공정성이 최우선적으로 보장되어야 할 선거제도에서 선거운동의 지나친 제한은 국민의 자유로운 선택권을 제한할 수 있을 뿐만 아니라, 선거의 주체가 되어야 할 유권자를 수동적 지위에 머물게 하여 선거의 왜곡현상을 낳게 할 수도 있다.

이러한 관점에서 볼 때 최근 선거운동기간의 예외를 인정하는 내용의 공직선거법 개정은 주목할 만하다. 선거일이 아닌 때에 문자메시지를 전송하는 방법으로 선거운동을 하는 경우와 인터넷 홈페이지 또는 그 게시판·대화방 등에 글이나 동영상 등을 게시하거나 전자우편을 전송하는 방법으로 선거운동을 하는 경우에는 예외를 인정하고 있다. 이러한 내용의 공직선거법 개정은 헌법재판소에서 판결한 공직선거법 제93조 제1항 등의 한정위헌결정의 취지에 따른 것이나 실효성 면에서 의문시되는 내용이 포함되어 있어 문제점으로 지적된다. 동 법의 개정으로 온라인상에서 선거운동 기간제한이 완화되었지만, 선거 당일의 경우는 이러한 선거운동이 제한되도록 규정되었다. 공직선거법상에서 선거당일 선거운동 규제의 주된 목적이 오프라인에서의 과열 및 선거 방해를 방지하고자 함에 있고, 온라인에서 정치적 의사표현은 상시적·일상적으로 이루어지고 있어 선거 당일 온라인 선거운동의 제한은 실효성을 가지기 쉽지 않다. 따라서 이를 완화하는 방향으로 공직선거법의 개정이 이루어져야 할 것이다.

그리고 공직선거법에서 선거방송토론위원회 주관 대담·토론회 초청 후보자 선정은 공정하고 모든 후보자에게 균등한 기회를 보장하여야 한다. 미디어가 선거결과에 결정적 영향을 미치는 지금 선거방송토론회의 초청 후보자 선정에서 기회의 균등한 제공은 공정선거의 필수적 요건이다. 현재의 대담·토론회는 유력후보자에게 우선적으로 기회를 보장하고 있으므로 후보자간 균등한 조건과 기회를 부여하는 방향으로 공직선거법 규정의 개정이 필요하다.

셋째, 전자투표의 도입에 대한 검토가 필요하다. 갈수록 하락하는 투표율과 전국단위의 선거에서 발생하는 엄청난 규모의 선거비용을 줄이기 위해서 현재의 종이투표방식은 개선되어야 한다. 이를 위해 전자투표의 도입이 개선방안으로 고려될 수 있다. 전자투표는 신속성, 정확성, 경제성, 투표약자의 참정권 보장 등 많은 장점에도 불구하고, 투표과정에서 본인인지 여부의 동일성 보장 문제, 선거일 전자투표시스템에 대한 외부의 사이버공격 등 아직은 해결해야 할 문제가 많으나 빠른 속도로 진화하는 정보통신기술을 감안할 때 이는 피할 수 없는 시대의 흐름으로 인식되고 있다. 최근 손안의 컴퓨터로 인식되는 스마트폰이나 테블릿PC의 상용화는 이러한 주장을 뒷받침하고 있다. 따라서 장기적 관점에서 전자투표 도입 시 발생할 수 있는 여러 가지 문제점을 보완할 수 있는 방법을 모색하는 등 전자투표 도입의 적극적 검토와 준비가 필요하다.

각 공직선거에서 개선되어야 할 점은 다음과 같다.

대통령선거에서는 먼저, 상대다수대표선거제를 통한 대통령 선출방법이 문제점으로 지적된다. 아직까지 양당제적 정당문화가 정착되지 않은 우리나라의 정치현실에서 다수당적의 후보가 선거에 출마하게 될 경우 과반수의 득표를 얻지 못한 후보자가 대통령으로 당선될 가능성이 높게 된다. 헌법상 최고의 권한을 가지면서 대외적으로 나라를 대표하는 대통령의 법적지위에 부합하는 민주적 정당성의 부여라는 측면에서는 부족함이 있다.

미국의 경우 연방헌법에서 대통령 선거에서 선거인 총수의 과반수 득표를 당선요건으로 규정하고 있으며, 과반수 득표자가 없는 경우에는 최다수 득표자 5인을 대상으로 하원에서 선출하도록 규정하고 있다. 독일 기본법에서는 연방의회에서 과반수 득표자를 대통령으로 선출하도록 하고 있으며, 2회의 투표에도 과반수 득표자가 없는 경우에는 최다수 득표자를 당선자로 결정하도록 하고 있다.

이러한 문제점을 개선하기 위해 미국에서와 같이 의회에서 선출하는 방법이나 결선투표 등의 방법도 고려 할 수 있을 것이다. 그러나 지금과 같이 다원화된 현대사회에서 국민의 절대다수의 지지를 얻는 것은 쉽지 않은 것도 사실이다. 그리고 결선투표를 실시할 경우 소요되는 엄청난 규모의 국가적·사회적 비용뿐만 아니라 결선투표를 둘러싼 후보자나 정당간의 합의와 협상과정에서 발생하는 혼란과 부작용도 또 다른 문제점으로 예상되기 때문이다. 따라서 총 유효투표의 40%이상 득표를 기준으로 대통령선출방법의 변경을 고려해볼 수 있을 것이다.

그리고 대통령선거제도에서 대통령 유고시 권한대행 및 후임자 선거기일의 불일치도 문제점으로 지적된다. 이 문제점은 헌법 제68조 제1항의 '임기만료 70일 내지 40일전'과 동조 제2항의 '대통령 유고시 후임자 선거는 60일 이내'라는 시기상의 차이를 둠으로써 발생한다. 따라서 차후 헌법개정시 대통령궐위시 후임자 선거를 대통령의 임기만료시 후임자 선거 일정과 같게 조정하는 것이 필요하다.

국회의원선거에서는 먼저, 소선거구 다수대표제가 문제점으로 지적된다. 현재의 국회의원선거는 소선거구 다수대표제를 중심으로 전국구 비례대표제를 보충적으로 결합시킨 혼합형 선거제도를 채택하고 있다. 소선거구제는 제도의 특성상 사표가 많이 양산되며 이는 각 정당의 득표율과 의석수가 비례하지 않을 수도 있으며, 소수파의 국회진출 기회를 차단하는 단점도 있다.

이러한 문제점을 개선하기 위해 중·대선거구제 도입이 주장되어지고 있으나 군소정당이 난립할 수 있다는 표면적인 이유와 국회에서 지금과 같은 의석비율을 유지하기를 원하는 다수의석을 가진 여·야 정당의 미온적인 태도로 도입이 쉽지 않다. 외국의 경우에도 오랜 민주주의와 다양한 선거제도를 경험하고 채택하고 있는 영국과 미국도 소선거구 다수대표제를 유지하고 있다.

그렇다면 소선거구 다수대표제를 유지하되 가장 큰 단점으로 지적되는 지역구도 타파를 위해 방법이 강구되어야 할 것이다. 이를 위해 유력정치인이 각 당의 지지기반지역을 벗어나 경쟁정당의 지지기반이 되는 지역에 출마를 할 수 있는 정치적 가능성을 부여하는 등의 제도적 보완이 필요하다. 일본에서 중의원비례대표선출의원선거와 동시에 실시되는 중의원소선거구선출의원선거에서 같은 구역 안에 있는 중의원소선거구선출의원선거의 후보자를 해당 중의원비례대표선출의원선거의 등록과 관계된 중의원명부등재자로 할 수 있는 석패율제도는 좋은 예로 판단된다. 우리도 이와 같은 석패율제도를 도입한다면 현재의 지역주의에 기반을 둔 정당구조의 발전적 개선에 도움이 될 것이다.

그리고, 국회의원선거구간의 인구편차, 즉 투표가치의 불평등도 문제점으로 지적된다. 선거구획정과 평등선거문제에서 우리 헌법재판소는 인구편차 기준을 3대 1을 제시하고 있으나, 앞으로 그 기준은 더욱더 엄격하게 제시 될 것으로 보인다. 인구의 밀집도가 높은 도시지역과 그렇지 못한 농촌지역, 각 지역별 특성을 감안하더라도 가능한 2대 1의 기준이 적용되어야 할 것이다. 차후 선거구 획정의 기회가 주어질 경우 이러한 기준이 적용되어 1표 등가의 원칙이 지켜져야 할 것이다.

지방선거에서는 기초의원까지 확대된 정당공천이 문제점으로 지적된다. 기초의회의원선거에 정당공천을 허용함으로서 각 지역의 자치적 문제에 중앙당의 결정과 지시가 영향을 미치고 있다. 지방의회 내에서도 의안처리를 위해 합리적인 대화와 토론과정을 거치기보다는 중앙당의 영향을 받은 같은 정당소속 의원간의 무조건적인 연대와 집단을 형성하여 처리하고 있는 것이 사실이다. 이러한 현상은 헌법에서 규정하고 있는 지방자치제도 시행의 근본취지에 역행한다. 현재와 같이 지역에 기초한 정당구조에서 정당이 지방의회 활성화에 기여하지 못하고 있는 점, 특히 중앙정치인들이 정당공천을 통하여 지방자치를 왜곡하고 있다는 점 등은 정당의 지방선거 참여가 옳은 것인가라는 판단에 의문을 갖게 한다. 따라서 기초의회의원선거뿐만 아니라 기초단체장선거에서의 정당참여를 금지하는 방향으로 공직선거법을 개정하는 것이 바람직하다할 것이다.

# ·· 참고문헌 ··

## Ⅰ. 국내문헌

### 1. 단행본

구병삭·강경근, 국민투표, 민음사, 1991.
국회사무처 입법조사국, 주요국의 선거제도, 1992.
권영성, 헌법학원론, 법문사, 2009.
김광수, 선거와 선거제도, 박영사, 1997.
김기영, 헌법강의, 박영사, 2007.
김병규 역, 헌법과 정치제도와 헌법, 삼영사, 1979.
김용철·윤성이, 전자민주주의: 새로운 정치 패러다임의 모색, 오름, 2005.
김효전 역, 헌법·국가·자유, 법문사, 1992.
김철수, 법과 정치, 교육과학사, 1995.
______, 헌법학개론, 박영사, 2007.
대검찰청, 공직선거법 벌칙해설, 2012.
민석홍, 서양사개론, 삼영사, 1985.
박병석 역, 선거제도와 정당체제, 도서출판 다다, 1994.
사회사상연구회, 대중의 반역, 한마음사, 1987.
서정갑, 부조화의 정치: 미국의 경험, 법문사, 1989.
성낙인, 공직선거법과 선거방송심의, 나남출판사, 2007.
______, 선거법론, 법문사, 1998.

______, 프랑스헌법학, 법문사, 1995.
신두철, 독일의 선거와 정책공약, 김영래·정현욱 편, 매니페스토와 정책선거, 2008.
신현경, 선거제도, 일조각, 1961.
______, 선거제도론, 청구출판사, 1957.
신윤곤 역, 사회계약론, 배재서관, 1997.
안순철, 선거체제 비교: 제도적 효과와 정치적 영향, 법문사, 1998.
이경구, 국민대표론, 일조각, 1982.
이영란, 한국양형론, 나남출판, 1996.
이종상, 헌법상권력구조론, 경남대학교 출판부, 1997.
장영수, 헌법학, 홍문사, 2007.
정만희, 미국의 헌법과 권력구조, 법문사, 1988.
______, 헌법과 통치구조, 법문사, 2003.
______, 비교헌법강의, 세종출판사, 2007.
정병욱, 공직선거법, 박영사, 2006.
정종섭, 헌법학원론, 박영사, 2007.
중앙선거관리위원회, 각국의 선거제도 비교연구, 2009.
________________, 각국 의회의원선거·발전연대기, 1993.
최민수, 지방의회 운영, 서강출판사, 2002.
최용기, 헌법원론, 대명출판사, 2009.
최장집, 민주화 이후의 민주주의, 후마니타스, 2002.
최창호, 지방자치학, 삼영사, 2002.
한태연, 헌법과 국민, 고시연구사, 1995.
한태연、김남진 역, 민주주의의 본질과 가치, 법문사, 1961.
허영, 헌법이론과 헌법, 박영사, 2007.

____, 한국헌법론, 박영사, 2010.
홍성방, 헌법학, 현암사, 2003.
헌정제도연구위원회, 세계 각 국 헌정제도개관, 1986.

2. 논문

강경근, “헌법 제72조와 법률국민투표”, 월간고시, 1991. 5.
강승식, “미국부통령직에 관한 연구”, 중앙법학 제9집 제1호, 중앙법학회, 2007.
강주훈, “의원내각제의 비교헌법적 연구”, 박사학위논문, 창원대 대학원, 2010.
고선규, “일본 매니페스토 선거의 쟁점과 도입효과”, 김영래·정형욱 편, 매니페스토와 정책선거, 2008.
구병삭, “탄핵과 국민파면제도”, 월간고시, 1974. 8.
권대수, “영국의 선거제도”, 국회보 제407호, 국회사무처, 2000. 9.
김병록, “미국의 선거제도”, 법학논총 제5호, 조선대학교 법학연구원, 1999.
김선택, “정당의 민주화를 위한 법적 방안”, 심천 계희열 박사 화갑기념 논문집, 정당과 헌법질서, 박영사, 1995.
김용철, “전자민주주의: 인터넷투표의 활용 가능성과 문제점”, 민주주의와 인권 제2권 제2호, 전남대학교 5. 18연구소, 2003.
김재광, “전자투표와 관련한 법적 과제: 인터넷투표의 도입에 따른 문제점과 개선방안”, 한국법제연구원, 2002.
김재광, “전자투표의 도입에 따른 관련법제 정비방안”, 한국법제연구원, 2002.
문광삼, “일본의 의원내각제 연구”, 법학연구 제44권 제1호, 부산대학교

법학연구소, 2003. 12.

박남규, “국민투표의 헌법적 기능과 그 전개에 관한연구”, 박사학위논문, 동아대 대학원, 1983.

박영도, “영국의 선거부패 및 위법행위 방지 법제”, 한국법제연구원, 1993.

박영철, “각 국의 전자투표법제에 관한 연구”, 한국법제연구원, 2002.

박인수, “국민투표에 관한 헌법이론적 연구”, 공법연구 제19집, 한국공법학회, 1991.

박해영, “전자투표를 통한 국민주권 실현방안 연구” 박사학위논문, 창원대 대학원, 2008.

서주실, “영국 수상의 제도상 지위와 현대적 기능에 관한 연구”, 박사학위논문, 부산대 대학원, 1976.

성낙인, “민주주의적 원리와 선거”, 한국헌법학의 현황과 과제: 금랑 김철수 교수 정년기념논문집, 박영사, 1998.

______, “정부형태와 대통령선거제도”, 법정고시, 1997. 10.

소순창, “한국지방선거에서의 지역할거주의와 정당투표 : 시민(지역주민)의 긍정적 투표와 부정적 투표”, 한국지방자치학회보 제14권 제3호, 한국지방자치학회, 2002.

이성룡, “영국의 선거제도”, 선거관리 39, 중앙선거관리위원회, 1993.

이헌우, “19세기 영국선거제도개정에 관한 고찰”, 청주교육대학논문집 제5편, 1969.

임지봉, “전자투표에 관한 법제 정비에 관한 연구”, 전자정부 구현을 위한 법제 동향과 과제, 한국법제연구원, 2000.

장용근, “전자민주주의의 헌법적 연구”, 박사학위논문, 서울대 대학원, 2004.

정만희, “현행헌법상 대통령선거제도의 문제점과 개선방안”, 동아법학 제

23호, 동아대학교 법학연구소, 1997. 12.

______, "국회의 국무총리임명동의권", 김철수교수 정년기념논문집, 1998.

______, "선거비용 제한과 선거공영제", 공법연구 제28권 41호, 한국공법학회, 2000.

______, "미국의 예비선거제도에 관한 연방대법원판례", 동아법학 제31호 동아대학교 법학연구소, 2002. 10,

______, "정당의 민주적 공천제의 법리 : 국민경선제의 법적 문제를 중심으로", 공법학연구 제4권 제1호, 한국비교공법학회, 2002. 11.

______, "지방선거와 정당참여에 관한 헌법적 고찰", 공법연구 제33집 제1호, 한국공법학회, 2004. 11.

______, "선거제도에 관한 헌법재판소의 판례의 평가", 공법학연구 제7권 제1호, 한국비교공법학회, 2006.

______, "정치관계법의 근본문제와 개정방향", 헌법학연구 제13권 제2호, 한국헌법학회, 2007. 6.

정재황, "우리나라에서의 전자투표와 관련한 현행법제 연구", 한국법제연구원, 2002.

정종섭, "대의제에 관한 비판적 연구", 박사학위논문, 연세대학교 대학원, 1989.

주용학, "지방선거에 있어서 기초단체장의 정당공천제의 관한 연구", 한국지방자치학회보 제14권 제1호, 한국지방자치학회, 2002.

탁진영, "국회의원선거와 미디어선거운동", 사회과학논총 제23권 제1호, 2004.

한태연, "레프렌덤과 쁠레비시뜨", 동아법학 제5호, 동아대학교 법학연구소, 1987.

허전, "국민발안제 시론", 인권과 정의 제162호, 대한변호사협회, 1990.

## II. 국외문헌

### 1. 영미

Adrian, Charls R., State and Local Government, 4th ed., Yew York: McGraw-Hill Book Company, 1976.

Blank, Robert H., Political Parties, New Jersey: Prentice Hall Inc., 1980.

Brew, David "The United Kingdom" in Geoffrey Hand and Jacques Georgel and Christoph Sasse (eds.), European Electoral Systems Handbook, London: Butterworths, 1979.

Brock, Michael, The Great Reform Act, London: Hutchinson & Co., 1973.

Budge, Ian, The New Challenge of Direct Democracy, Cambridge: Polity Press, 1996.

Butler, David and Austin, Ranney, Referendums Around the World: The Growing Use of Direct Democracy, Washington: AEI Press, 1994.

Cannon, John Ashton, Parliamentary Reform 1640-1832, London: Cambridge University Press, 1973.

Harrison, Reginald J., Pluralism and Corporatism: the political evolution of modern democracies, London: Allen and Unwin, 1980.

Holbrook, Thomas M. and Van Dunk, Emily, Electoral Competition in the American States, American Political Science Review, 1993.

Home Office, Guidance For Acting Returning Office, 1991. 9.

Jennings, Ivor, Cabinet Government, London: Cambridge University Press, 1959.

Keefe, William J., Parties, Politics and Public Policy in America, Hinsdale: Dryden Press, 1976.

Kellner, Peter and Crowther-Hunt, Norman, The Civil Servant: An Inquiry into Britain's Ruling Class, London: MacDonald and Jane's, 1980.

Kelsen, Hans, General Theory of Law and State, trans. by Anders Wedwerg, UK: Russel & Russel, 1961.

Kornhauser, William, The Politics of Mass Society, Glencoe: The Free Press, 1959.

Lakeman, Enid, Power to Election, London: Heinemann, 1982.

Leonard, Dick, Elections in Britain Today, 3rd ed., New York: Palgrave Macmillan, 1996.

Michels, Robert, Political Parties, New York: Collier Books, 1962.

Norris, Pippa and Lovendusky, Joni, Political Recruitment, New York: Cambridge University Press, 1995.

Rae, Douglas W., The political consequences of electoral laws, New Haven: Yale University Press, 1971.

Rousseau, Jean Jacques, The Social Contract, 1762.

The Local Government Association, The Implementation of Electoral Voting in the UK, London: The Chameleon Press Limited, 2002.

## 2. 독일


Böckenförde, Ernst Wolfgang, Verfassung · Staat · Freiheit, Frankfurt: Suhrkamp, 1991.

Degenhart, Christoph, Staatsrecht I, 13. Auflage, Heidelberg: C. F. Müller, 1997.

Eichenberger, Kurt, Der Staat der Gegenwart, Frankfurt: Basel, 1980,

Euchner, Walter, Demokratietheoretische Aspekte der politischen Ideengeschichte, in: G. Kreß/P. Senghaas (Hg.), Politikwissenschaft, Frankfurt, 1971.

Fraenkel, Ernst, "Die repräsentative und die plebiszitäre Komponente im demokratischen Verfassungsstaat", in Heinz Rausch (Hrsg.): Zur Theorie und Gechichte der Repräsentation und Repräsentativverfassung, Darmstadt, 1968.

Hesse, Konrad, Der Gleichheitsgrundsatz im Staatsrecht, in: ders., Ausgwählte Schriften, 1984.

______________, Grundzüge des Verfassungsrechts der Bundesrepublik Deutschland, 14. Aufl., 1984.

Jellinek, Georg, System der subjektiven öffentlichen Rechte, 1960.

Kelsen, Hans, Vom Wesen und Wert der Demokratie, 2. Aufl, Mohr, 1929.

Laband, P., Das Staatsrecht des deutschen Reichs, Bd. Ⅰ, 5. Aufl., 1911.

Leibholz, Gerhard, Strukturprobleme der modernen Demokratie, Karlsruhe: C. F. Müller, 1958.

Marx, Karl, Erster Entwurf zum "Bürgerkrieg in Frankreich"=Karl Marx/Friedrich Engels, Werke, (Karl)Dietz Verlag, Berlin, Band 17, 5. Auflage, 1973, unveränderter Nachdruck der 1. Auflage, 1962.

Mayer-Tasch, Peter Cornelius, Die Bürgerinitiativbewegung, Hamburg : Rowohlt, 1976.

Meyer, Hans, Wahlsystem und Verfassungsordnung, Frankfurt, 1973.

Schmitt, Carl, Verfassungslehre, 5. Auflage, Berlin: Duncker und Humbolt, 1970.

Seifert, Karl-Heinz, Bundeswahlrecht, 3. Aufl., München: Vahlen, 1976.

Stern, Klaus, Das Staatsrecht der Bundesrepublik Deutschland, Bd. Ⅰ. 2. Auflage, München: C. H. Beck, 1984.

von Mangolt, Hermann/Klein Friedrich, Das Bonner Grundgesetz, 2. Aulf., 1959.

3. 일본

小平修, 現代世界の選擧と政堂, ミネウ"ァ書房, 1982.

林田和博, 選擧法, 有斐閣, 1958.

淸宮四郞, 憲法Ⅰ, 有斐閣, 1972.

長谷部恭男, 憲法, 新世社, 1997.

樋口陽一·佐藤幸治·中村睦男·浦部法穗, 注釋日本國憲法(上卷), 青林書院, 1984.

4. 기타

Duverger, Maurice, Les Partys Politiques, Paris: Solin, 1954.

__________________, Institutions politiques et droit constitutionnel, presses universitaires de france, 1978.

## Ⅲ. 웹사이트

http://www.abcounties.co.uk/counties.

http://www.assembly.go.kr/.

http://www.bverfg.de/entscheidungen/cs20080703_2bvc000107.html.

http://www.direct.gov.uk/en/Governmentcitizensandrights/UKgovernment/Politic-alpartiesandelections.

http://www.fec.gov/pages/brochures/candregis.shtml.

http://www.parliament.uk/documents/commons/lib/research/briefings/snpc-04611.pdf

ꕥ Abstract ꕥ

# A Study on the Electoral System by Comparative method

*by Bae, Haeng-Sik*
*Major of Public Law, Dept. of Law*
*Graduate of School Chang-won National University*

The election is the core in process of democracy. Election is the indispensible system for democracy and a procedure through which a nation can exercise political rights, and people for public office are selected. Thus the Public Official Election Law should reflect the intention of the nation for reflecting the political idea of the nation without the distortion in the process of an enactment and an amendment. In a democratic country, because authority is created by election, in total process of election is fair, a democratic system will be able to came true.

Since 1948, established government, Our election systems have dishonored by a unethical election such as money-bounded, authority-bounded and emotion bounded election. Other hand,

Experience in the past election to achieve a fair election was a primary goal of Elections. These restriction that freedom of candidates to vote for the election campaign and to provide information is limited.

In this point of view, My doctor's thesis aim to seek more desirable electoral system for our country through the electoral system and realize principles of national sovereignty by studying foreign content and features of the electoral system. And realizing the principle of national sovereignty and the will to achieve a mature democracy. On the basis of all above, this study is arranged as follows:

In chapter 1, I express the purpose of this study, establish the scope of my study and the method of my study. The purpose of this study is to reform electoral system and realize popular sovereignty. The scope of my study is democracy and electoral system, including representative systems and direct democracy, and electoral system in other countries, the United States, UK, Germany, Japan. Of course this study is related to comparative study of electoral system and substantial principles of sovereignty In chapter 2, I demonstrate the popular sovereignty and the election system. The concept of the democracy is also necessary. I think that democracy means the functional approach of the principle of popular sovereignty. Democracy is not an ideology but a process. because a nations's decision are not fixed but found in the process of debate, and shall be determined through Election. and I examine Our county's electoral system.

including the basic principles of the electoral system, and Public Official Election law, The current electoral system. example, Presidential Election, Parliamentary Elections, and so on.

In chapter 3, The electoral system is studied by comparing the legal. The electoral system is to review foreign. the United State, UK, Germany, Japan. In the United States as each state defines the various electoral systems. To do this, various election laws enacted. example, Voting Right Act, National Voter Registration Act, Uniformed and Overseas Citizens Absentee Voting. Features of the U. S. electoral system is a primary election. and Indirect election by the electoral college is the hallmark of the U. S. electoral system. On the other hand, Britain's electoral system is the evolution of the Parliamentary. The development of the revised election law through the electoral system in the development of the British parliamentary system is significant.

In chapter 4, Identify problems of the election system full of regulation under the current Public Election Law and explore desirable improvement directions from legal and institutional perspectives so that two principles of 'freedom' and 'fairness' of election can be properly harmonized. Further, I discuss electoral system, specially focusing on unfairness of election system, example 'democratic election of a candidate', 'During the regulation of the campaign', and 'relative number of electoral of presidential election', 'issue of electoral districts of parliamentary elections', and so on.

In chapter 5, I Conclude my study, with all the discussion,

summarizations, and proposal of the measures to improve electoral system, which pursue the promotion of political representation as a representative democratic goal and the computerization of election administration system in a good way.

Therefore we need to study more about this election system and should find better ways to resolve problems.

❖ **Key Word**: Electoral System, Public Official Election Law, Democracy, Popular Sovereignty.

# 세계의 선거제도


인 쇄 / 2012년 8월 13일
발 행 / 2012년 8월 20일
지은이 / 배 행 식
발행인 / 김 창 석
발행처 / 홍익출판사
대구광역시 중구 삼덕3가 245-2
(053) 421-6700, 427-3627
등록 1987년 11월 26일 제1-107호

정가 14,000원

ISBN 978-89-7826-240-8 93360